酶　工　程

Enzyme Engineering

（双语教材）

赵　蕾　编著

科 学 出 版 社

北　京

内 容 简 介

本教材是酶工程双语教学的配套教材，包括酶工程的理论教学与实验教学内容。全书力求简明扼要，采用多种形式将英文图表及专业英语融入其中。理论部分共 8 章，分别为绪论、酶的生产、酶的分离纯化、酶与细胞的固定化、酶分子的化学修饰、酶反应器、抗体酶与核酶、生物酶工程，各章均设有英文摘要、英文标题和图表、英文总结框图及英文思考题，对主要知识点以英文框（Box）的形式加以强化。实验部分为综合性实验，包括酵母蔗糖酶的纯化、酵母蔗糖酶的纯度测定、酵母蔗糖酶的固定化、固定化酵母蔗糖酶性质的研究、利用固定化酵母蔗糖酶制备果葡糖浆、酵母蔗糖酶活性功能基团的化学修饰，并有相应的英文概要。书后附主要参考文献、本书出现的专业词汇及中文对照。

本书可作为高等院校本科生或研究生酶工程双语教学教材，也适合研究生备考及教师参考使用。

图书在版编目（CIP）数据

酶工程=Enzyme Engineering/赵蕾编著. —北京：科学出版社，2018.2

双语教材

ISBN 978-7-03-041158-7

Ⅰ. ①酶… Ⅱ. ①赵… Ⅲ. ①酶工程–双语教学–高等学校–教材 Ⅳ. ①Q814

中国版本图书馆 CIP 数据核字（2018）第 035431 号

责任编辑：刘 畅 孙 青/责任校对：彭 涛

责任印制：赵 博/封面设计：迷底书装

科学出版社 出版

北京东黄城根北街 16 号

邮政编码：100717

http://www.sciencep.com

三河市骏杰印刷有限公司印刷

科学出版社发行 各地新华书店经销

*

2018 年 2 月第 一 版 开本：787×1092 1/16

2025 年 2 月第五次印刷 印张：13

字数：308 000

定价：69.80 元

(如有印装质量问题，我社负责调换)

前　言

在经济日趋全球化的当今社会，培养具有国际视野和国际竞争力的人才，已成为高等教育的重要议题之一。高校双语教学的实施，是逐步实现教育与国际接轨的有效措施，学生在学习专业知识的同时，接触专业英文，有利于今后更好地开阔视野，应对挑战。

“酶工程”及“酶工程实验技术”是山东师范大学生命科学学院生物技术专业的必修课，自2009年开展双语教学以来，得到了广大学生的支持与厚爱，由于一些外版教材不能完全适应本课程的教学内容需求，加之普通院校大多数学生对全英文教材阅读有一定困难，以及外文书价较高的现实，教材问题一直未能得到有效解决。编写一本适合目前大学生英语水平，并对大学生系统地获得专业知识、扩大专业英文课外阅读有所帮助的双语教材，是本教材编写的宗旨与目标。

本教材编写的特点如下。

1. 基础理论与相关实验相结合

酶工程及其实验技术是生物技术专业中理论性较强、应用较广的学科分支，本教材将酶工程的理论知识作为第一部分，将与之对应的实验内容作为第二部分。理论部分共分8章，即绪论、酶的生产、酶的分离纯化、酶与细胞的固定化、酶分子的化学修饰、酶反应器、抗体酶与核酶、生物酶工程。实验部分为综合性实验，包括酵母蔗糖酶的纯化、酵母蔗糖酶的纯度测定、酵母蔗糖酶的固定化、固定化酵母蔗糖酶性质的研究、利用固定化酵母蔗糖酶制备果葡糖浆、酵母蔗糖酶活性功能基团的化学修饰，力求将理论部分的重要内容通过实验加以强化，并形成完整的实验体系。

2. 英文表述与中文主体相结合

本教材不是简单的中英文对照形式，而是在中文主体内容的系统介绍中，融入多种英文表述形式。书中的标题及专业词汇有相应的英文标注，每章的开头设英文摘要（Abstract），帮助学生了解本章的主要内容，文中有重要内容的英文框（Box），每章最后有英文总结框图（Summary）及英文思考题（Review Questions），便于学生掌握本章的知识结构与重点。图、表均采用英文编排，书后附有文中与图表中出现的英文专业词汇及其中文对照，方便学生阅读时查阅。实验部分除了标题的英文标注之外，还将实验内容以英文概要（Essentials）的形式提炼出来，便于学生对实验总体过程的掌握。

本教材的编写得到了科学出版社的大力支持；赵彬涵完成了第二章、第三章和第五章大部分图表和方程式的收集和制作，王振完成了第七章部分内容的编写并对综合实验进行了完善，曲俊星参与了第三章、第四章部分图表的收集和制作，崔庆宇完成了第八章部分内容的编写，还有孔爽、梁敏、李哲、王越等的支持，在此一并致谢。

双语教材的编写是新形势下高校教学改革的重要内容，能将多年积累的教学素材整理出来，供求知若渴的学生们使用，实为一件有意义的工作。由于编者的学识、英文水平、经验和精力所限，虽经反复推敲与斟酌，不足和疏漏之处仍在所难免，诚请国内外同行、专家及广大读者指正。

赵　蕾

2018年1月

目　　录

下篇　实验部分
Experimental Part

上篇　理 论 部 分

Theoretical Part

第一章　绪　　论

Introduction

Enzymes are necessary in all living systems, to catalyze all chemical reactions required for their survival and reproduction—rapidly, selectively, and efficiently. The activities of enzymes have been recognized for thousands of years. The fermentation of sugar to alcohol by yeast is an example of a biotechnological process. Although the action and nature of enzymes began to be understood in the thirties of the 19th century, the recognition has been a continuous development and a step by step progress.

The excellent properties of enzymes have been utilized in enzyme technology. Their applications cover the production of many desired products for all human needs, such as chemicals, pharmaceuticals, fuel, food, or agricultural additives. But natural enzymes are not always perfectly suitable for industrial applications, as they might not be stable under process conditions or display low activity on alternative substrates. Fortunately, these properties can be efficiently optimized through enzyme engineering. Enzyme engineering is the applications of modifying enzyme structure (and, thus, its function) or improving catalytic activity of isolated enzymes to produce new metabolites, allow new (catalyzed) pathways for reactions to occur, or convert some compounds into others (biotransformation). Indeed, researches on enzymes have now entered a new phase with the fusion of ideas from protein chemistry, molecular biophysics, and molecular biology.

酶（enzyme）是具有生物催化功能的生物大分子，存在于各种动物、植物及微生物细胞中，没有酶就没有生命。酶催化具有高效性、专一性和作用条件温和等特点，在医药、食品、化工、环保等领域应用广泛。

随着酶学研究的迅速发展，酶学与工程学相互渗透结合形成了一门新的技术科学——酶工程，它是酶的生产、改性与应用的技术过程，是生物技术（biotechnology）的重要组成部分。

生物技术包括基因工程（genetic engineering）、细胞工程（cell engineering）、酶工程（enzyme engineering）和发酵工程（fermentation engineering），酶工程的主要任务是获得大量所需要的酶，并进行高效利用，是生物技术的核心。酶工程的主要内容包括酶的生产、酶的分离纯化、酶的固定化、酶反应器和酶的改造等。酶工程的应用遍及人类社会的各个领域，日益受到世界各国的重视。

第一节 酶学历史
History of Enzymology

一、酶的发现（Discovery of enzyme）

几千年前，人们就开始不自觉地利用酶的催化作用制造食品（酿酒、造酱等）和治疗疾病（用麴治疗消化不良），但并未真正认识到酶的存在。

1. 酶的获得（Acquisition of enzyme）

1783 年，意大利科学家 Spallanzani 通过实验发现，山鹰的胃液能将肉类分解消化，这可能是最早的酶催化实验。

1833 年，法国科学家 Payen 和 Persoz 用乙醇处理麦芽提取物，得到一种能溶于水及稀乙醇，对热不稳定的白色无定形粉末，能使淀粉水解成可溶性糖，称之为淀粉酶（diastase），这可以说是最早的酶制剂。

1836 年，德国生理学家 Schwann 从胃中分离出一种消化蛋白质的物质，将其命名为胃蛋白酶，这是第一个从动物组织中提取到的酶。

2. 酶的命名（Nomenclature of enzyme）

1716 年（康熙五十五年）的《康熙字典》中就收录了“酶”字，并给出了“酶者，酒母也”这个确切的定义。酶乃酒之母，酒乃酶所生，表明我国学者对酶的作用已经有了初步认识，这比 1876 年德国科学家 Kühne 提出“enzyme”(来自希腊语，表示 in yeast，en 表示“在……之内”，zyme 表示酵母或酵素）这个词，早了 100 多年。

1898 年，Duelaux 提出用 diastase （希腊语“分离”的意思）的最后三个字母“ase”作为酶命名的词根，如 oxide（氧化物）—oxidase（氧化酶），pectin（果胶）—pectinase（果胶酶）。

二、酶的作用（Action of enzyme）

19 世纪中叶，关于酵母在发酵中是如何起作用的问题展开了一场持续近 60 年的争论，德国化学家 Liebig 认为，乙醇发酵是一个自发过程，酵母是一个能产生震荡的物质。法国微生物学家 Pasteur 认为，发酵是活体细胞引起的一种生理活动，但直到两人去世谁也没能拿出说服对方的证据。

1897 年，德国化学家 Buchner（Figure 1-1）用石英砂磨碎酵母细胞，发现不含酵母细胞的抽提液也能使蔗糖发酵生成乙醇和二氧化碳，从而阐明了酶的作用是发酵的化学本质，奠定了现代生物化学的基石，并由此获得了 1907 年的诺贝尔化学奖。这是酶学研究史上第一次诺贝尔奖。

Box 1-1 Early concept of enzyme

The term “enzyme” (literally “in yeast”) was coined by Kühne in 1876. Yeast was a popular subject of research due to its well-known importance in fermentation. A major controversy at that time, associated most memorably with Liebig and Pasteur, was whether or not the process of fermentation was separable from the living cells. Nobody believed in the necessity of vital forces until Buchner (1897) demonstrated that alcoholic fermentation could be carried out by a cell-free yeast extract.

The existence of extracellular enzymes had, for reasons of experimental accessibility, already been recognized. For example, as early as 1783, Spallanzani had demonstrated that gastric juice could digest meat *in vitro*, and Schwann (1836) called the active substance pepsin. In 1833, Payen and Persoz extracted an active substance from germinating barley which was even more effective than acid in starch hydrolysis. This substance could be precipitated with ethanol and was called diastase (a mixture of amylases).

三、酶的本质（Nature of enzyme）

人类对酶化学本质的认识也是曲折的。20 世纪初，德国化学家 Willstatter 认为，酶不一定是蛋白质，由于他的权威地位，这种观点在当时较为流行。

1. 蛋白质酶（Protein enzyme）

1926 年，美国化学家 Sumner（Figure 1-2）首次从刀豆中获得脲酶结晶，并证明这种结晶能够催化尿素生成二氧化碳和氨，由此提出了酶的化学本质是蛋白质的观点。

Figure 1-1 Eduard Buchner (1860—1919)

Figure 1-2 James Sumner (1887—1955)

但直到 20 世纪 30 年代，美国生物化学家 Northrop 等得到了胃蛋白酶（pepsin）、胰蛋白酶（trypsin）和胰凝乳蛋白酶（chymotrypsin）的结晶，并用相同方法证明了其化学本质都是蛋白质之后，Sumner 的观点才被普遍接受，他们由此获得 1946 年的诺贝尔化学奖。这是酶学研究史上第二次诺贝尔奖。

2. 核酶（Ribozyme）

1982 年，Cech（Figure 1-3）等发现四膜虫（*Tetrahymena thermophila*）细胞的 26S rRNA 前体具有自我剪接（self-splicing）的功能，这种具有催化活性的 RNA 称为核酸类酶。1983 年，Altman（Figure 1-4）等发现，由 RNA 和蛋白质组成的核糖核酸酶 P（RNase P）中的 RNA 组分具有催化活性，而蛋白质部分却没有催化活性，仅起维持构象的作用。这一发现，改变了以往只有蛋白质才具有催化功能的概念，为此，Cech 和 Altman 获得了 1989 年的诺贝尔化学奖。

Figure 1-3　Thomas Cech（1947—）

Figure 1-4　Sidney Altman（1939—）

Box 1-2　The nature of enzyme

In 1926, James Sumner crystallized enzyme urease from jack bean meal and announced it to be a simple protein. With the conclusive work by John Howard Northrop, who worked on the digestive enzymes pepsin (1930), trypsin and chymotrypsin, the proteinaceous nature of enzymes was established.

Before the discovery of ribozymes, enzymes, which are defined as catalytic proteins, were the only known biological catalysts. In 1981, Thomas Cech was studying the excision of introns in a ribosomal RNA gene in *Tetrahymena thermophila*. While trying to purify the enzyme responsible for the splicing reaction, he found that the intron could be spliced out in the absence of any added cell extract. At about the same time, Sidney Altman and his colleagues isolated an enzyme called RNase P, which is responsible for conversion of a precursor tRNA into the active tRNA. Much to their surprise, they found that RNase P contained RNA besides protein and that RNA was an essential component of the active enzyme. Today we know that although the number of ribozymes is small, they are necessary for life. For example, the actual peptide synthase in ribosomes is a RNA.

四、酶学理论（Theory of enzymology）

酶的研究是沿着理论与应用两个方向展开的。20 世纪初，酶学研究得到迅速发展。按照时间顺序，酶学理论的研究进展如下。

1. 锁钥学说（Lock and key theory）

1894 年，Fischer（Figure 1-5）提出了酶与底物作用的锁钥学说，认为酶与底物分子之间在结构上有严格的互补关系，可以解释酶作用的专一性。

2. 中间产物学说（Intermediate theory）

1903 年，Henri 提出了中间产物学说，酶与底物形成复合物，从而降低了反应的活化能，进而解释了酶的高效性。

3. 米氏方程（Michaelis-Menten equation）

1913 年，Michaelis（Figure 1-6）和 Menten（Figure 1-7）根据中间产物学说，导出了描述酶催化反应动力学的米氏方程。1925 年，Briggs 和 Haldane 对米氏方程进行了修正，提出了稳态学说，形成了酶催化反应的基本动力学方程——米氏方程。

4. 诱导契合学说（Induced fit theory）

1958 年，Koshland（Figure 1-8）提出了诱导契合学说，即底物接近酶的活性中心时，可诱导酶蛋白构象发生变化，使之与底物成互补形状从而催化反应进行，说明酶的活性中心在结构上具有柔性。

5. 操纵子学说（Operon theory）

1960 年，Jacob（Figure 1-9）和 Monod（Figure 1-10）提出了操纵子学说，阐明了酶生物合成的基本调节机制。

Figure 1-5 Emil Fischer（1852—1919）

Figure 1-6 Leonor Michaelis (1875—1949)

Figure 1-7 Maud Menten (1879—1960)

Figure 1-8 Daniel Koshland（1920—2007）

Figure 1-9 Francois Jacob（1920—2013）

Figure 1-10 Jacques Monod（1910—1976）

6. 酶活性中心（Enzyme active center）

1965 年，Phillips 等用 X 射线晶体结构分析法研究了溶菌酶（lysozyme）的三维空间结构，阐明了酶活性中心及其与底物的结合方式和作用机制。

Box 1-3 A brief history of enzymology

In 1902 the French chemist Victor Henri quantitatively described the relationship between substrate concentration and reaction velocity for single substrate reactions. In 1913, the German chemist Leonor Michaelis and his Canadian postdoctor Maud Menten proposed a quantitative theory of Michaelis–Menten kinetics, which confirmed Henri's result with much higher precision. Enzyme kinetics is the investigation of how enzymes bind substrates and turn them into products.

To explain the observed specificity of enzymes, in 1894 Emil Fischer proposed that both the enzyme and the substrate possess specific complementary geometric shapes that fit exactly into one another. This is often referred to as "the lock and key" model. This early model explains enzyme specificity, but fails to explain the stabilization of the transition state that enzymes achieve.

In 1958, Daniel Koshland suggested a modification to the lock and key model: since enzymes are rather flexible structures, the active site is continuously re-shaped by interactions with the substrate as the substrate interacts with the enzyme.

第二节 酶工程历史

History of Enzyme Engineering

酶学应用研究促进了酶工程概念的形成，酶的开发与利用是酶工程的主要内容之一。酶工程是利用酶的催化功能，借助工程手段将酶或细胞置于生物反应器中，将相应的原料转化为有用物质并应用于社会生产的一门技术，其主要目标是提高酶的使用效率，最终形成高效、经济的酶工程产业。

一、酶工程序幕（Prelude of enzyme engineering）

应用研究促进了酶工程的形成，酶在工业上的大规模应用可以追溯到 19 世纪，是在以下成就中拉开序幕的。

1894 年，日本的高峰让吉（Takamin）利用米曲霉（*Aspergillus oryzae*）的表面培养获得淀粉酶，用作消化药，并在多国申请了专利，为工业化生产真菌淀粉酶打下了基础。

1907 年，德国的 Röhm 从动物胰脏中提取得到胰酶，用于皮革的软化。

1911 年，美国的 Wallerstein 从木瓜中获得木瓜蛋白酶，用于啤酒的澄清。

1917 年，法国的 Boidin 利用枯草芽孢杆菌（*Bacillus subtilis* ）生产 α-淀粉酶，用于纺织品的脱浆。

1949 年，日本开始采用微生物液体深层培养方法生产细菌 α-淀粉酶，揭开了近代酶制剂工业的序幕。

Box 1-4 A story of enzyme application in leather manufacture

The use of isolated enzymes in the manufacture of leather played a major role in their industrial-scale production. In 1898, Wood was the first to show that the bating action of the dung was caused by the enzymes (pepsin, trypsin, lipase) that it contained. In 1907, Röhm patented the application of a mixture of pancreatic extract and ammonium salts as a bating agent. As a chemist, Röhm's motivation was to find an alternative to the unpleasant bating practices using dungs.

Although the first tests with solutions of only ammonia failed, Röhm was aware of Buchner's studies on enzymes. He came to assume that enzymes might be the active principle in the dung, and so began to seek sources of enzymes that were technically feasible. His tests with pancreatic extract were successful, and on this basis in 1907 he founded his company, which successfully entered the market and expanded rapidly. During the 1920s, however, when insulin was discovered in pancreas, the pancreatic tissue became used as a source of insulin in the treatment of diabetes. Consequently, other enzyme sources were needed in order to provide existing enzymatic processes with the necessary biocatalysts, and the search successfully turned to microorganisms such as bacteria, fungi, and yeasts.

二、近代酶工程（Enzyme engineering in modern times）

20 世纪 50 年代以来，人们将液体深层培养技术应用于酶制剂的生产，兴起了近代酶制剂工业，其发展经历了三个里程碑。

（一）工业应用（Industry applications）

1. 葡萄糖淀粉酶（Glucoamylase）

1959 年，利用葡萄糖淀粉酶催化淀粉生产葡萄糖新工艺研发成功，废除了酸解法生产葡萄糖的传统工艺，提高了转化率，极大地促进了酶在工业中的应用。

2. 碱性蛋白酶（Alkali protease）

20 世纪 60 年代中期，欧洲加酶洗涤剂的广泛流行，使碱性蛋白酶的生产供不应求，进一步促进了酶制剂工业的发展。

（二）固定化酶（Enzyme immobilization）

1. 固定化氨基酰化酶（Immobilized amino-acylase）

1966 年，日本千畑一郎成功地进行了氨基酰化酶的固定化，并于 1969 年将其应用于工业生产，将 DL-氨基酸拆分，生产 L-氨基酸，同年，“酶工程”这一名词开始使用。1971 年，在美国召开的第一届国际酶工程学术会议，正式采用固定化酶这一概念。

2. 固定化葡萄糖异构酶（Immobilized glucose isomerase）

20 世纪 70 年代初，美国成功地将固定化葡萄糖异构酶用于高果糖浆（high fructose corn syrup）的生产，开创了利用淀粉生产食糖的新途径（具体见第四章），有力地推动了酶制剂工业和整个食品工业的发展。

（三）试剂酶（Reagent enzyme）

随着 DNA 重组技术的发展，酶蛋白异源高效表达技术已普及成为国际酶制剂工业中的常规技术手段。目前世界上生产的商品酶制剂涵盖了酶分类中的六大类酶，即氧化还原酶、转移酶、水解酶、裂解酶、异构酶、连接酶，按用途分为工业用酶、临床检测用酶、治疗用酶和研究用酶。这些应用研究的成果，将给 21 世纪的工农业生产、环境保护以及医药卫生事业带来重大影响。

第三节　酶工程的主要内容

Main Topics of Enzyme Engineering

酶工程是酶学与化学工程、基因工程、微生物学技术相结合而产生的一门新的技术科学，其核心问题是如何廉价而有效地生产出所需要的酶，并通过有效的化学或生物手段来改造酶，使之高效地发挥催化作用，内容包括：酶的生产、酶的改造和酶的应用。

一、酶的生产（Enzyme production）

获得能够满足使用需求的酶制剂，需要经过两个重要环节，即酶的发酵工程和酶的分离工程。

（一）酶的发酵工程（Fermentation engineering of enzyme）

酶的生产主要包括微生物发酵产酶和动植物细胞培养产酶，多数酶制剂的生产采用微生物发酵的方法，可以通过选育优良菌株、构建基因工程菌及优化发酵条件等来实现。利用动植物生产酶的成本较高，只适合生产价值较高且微生物不能生产的酶。具体内容见第二章。

（二）酶的分离工程（Separation engineering of enzyme）

采用各种分离纯化技术，从微生物细胞及其发酵液中或动植物细胞及其提取液中得到不同纯度的酶制剂。研究开发新的分离纯化技术以提高酶制剂的活性、纯度和收率是当前生物技术“后处理工艺”的核心。具体内容见第三章。

酶的发酵生产与分离纯化的主要工艺流程示意图见 Figure 1-11。

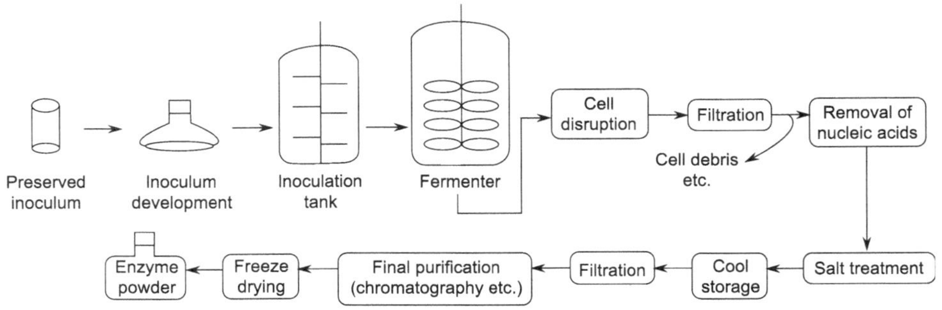

Figure 1-11　An out line of the flow chart for the production of enzymes by microorganism

二、酶的改造（Enzyme modification）

自然酶在实际应用中的条件往往与其生理环境相去甚远，分离纯化工艺复杂也导致酶制剂成本较高，为解决上述问题，有必要通过化学酶工程和生物酶工程修饰改造酶。

（一）化学酶工程（Chemical enzyme engineering）

化学酶工程又称初级酶工程（primary enzyme engineering），是酶化学与化学工程技术相结合的产物。化学酶工程主要有固定化酶、化学修饰酶、抗体酶、模拟酶等。

1. 固定化酶（Immobilized enzyme）

酶的固定化作为化学修饰的重要内容，是从 20 世纪 50 年代开始研究的，用于解决酶与底物作用之后无法反复利用、与产品混在一起增加了后提取的困难、酶的稳定性较差等缺陷。具体内容见第四章。

2. 化学修饰酶（Chemical modified enzyme）

通过对酶分子主链的“切割”、“剪接”和侧链基团的“化学修饰”，改变酶蛋白分子理化性质与生物活性，从而提高酶的应用价值。这种利用化学方法对酶分子施行种种“手术”的技术，称酶分子的化学修饰。具体内容见第五章。

3. 抗体酶（Abzyme）

1986 年，Lerner 和 Schultz 首次制备出催化酯水解反应的单克隆抗体——抗体酶，具有较高的底物专一性、立体专一性和催化效率，可用于酶作用机制的研究、手性药物的合成和拆分以及抗癌药物的制备等，是 21 世纪新酶研究与开发的重要领域。具体内容见第七章。

4. 模拟酶（Mimetic enzyme）

根据酶作用原理，用人工方法合成的具有活性中心和催化作用的非蛋白质结构的化合物称模拟酶，结构比天然酶简单，具有高效和高适应性的特点。由于不含氨基酸，其热稳定性和 pH 稳定性均大大优于天然酶，是 20 世纪 60 年代发展起来的仿生高分子研究的重要内容。目前人工合成酶的研究热点有：固氮酶的模拟、纤维素酶的模拟、大环化合物以及小分子配合物等。

（二）生物酶工程（Biological enzyme engineering）

生物酶工程又称高级酶工程（advanced enzyme engineering），是在化学酶工程基础上发展起来的、酶学与现代分子生物学技术相结合的产物。主要包括如下几种类型。

1. 克隆酶（Cloning enzyme）

用基因工程技术（又称 DNA 重组技术）大量生产的酶称克隆酶。20 世纪 70 年代 DNA 重组技术的建立和发展，使人们能够通过克隆获得多种天然酶基因，并在异源微生物受体中高效表达，再通过发酵技术进行大规模生产。利用该方法，既可大幅度降低酶产品的成本，又可使稀有酶的生产变得更加容易，从而在很大程度上摆脱对天然酶的依赖。

2. 突变酶（Mutation enzyme）

多数天然酶在工业生产的条件下，对反应体系的酸碱和高温敏感，难以具备商业价值的酶学特性，通过对天然酶基因进行分子水平的剪切、修饰或突变，即用蛋白质工程技术定点改变酶的结构基因，获得比天然酶活力更高或催化能力更强的新的天然改造酶，使之更加符合人类社会的生产及生活需要。

3. 新酶（New enzyme）

设计新的酶结构基因，生产自然界从未有过的性能稳定、活性更高的新酶。

三、酶的应用（Enzyme applications）

酶的应用包括酶反应器、酶非水相催化、酶传感器、酶抑制剂以及酶在各领域的具体应用（见本章第四节）。

（一）酶反应器（Enzyme reactor）

根据酶的催化特性而设计相应的反应设备，即酶反应器。酶反应器是酶工程研究中与酶分子本身不直接有关的内容之一，目标是提高生产效率、降低生产成本、减少耗能与污染，从而获得最佳经济与社会效益。

（二）酶非水相催化（Non-aqueous enzymatic catalysis）

许多科学家发现，有些酶在有机溶剂中不但具有催化活性，而且还具有很高的稳定性，能够最大限度地加快生物催化的速率和效率，从而改变了酶只能在水溶液中进行催化的传统观念，在酶学研究领域形成了一个新的分支——非水酶学，已在多肽合成及药物合成等领域显示出蓬勃的生命力。

Box 1-5 Future prospects of enzyme engineering

The development of commercial enzymes is a specialized business, which is usually undertaken by a handful of companies that have high skills in: ①screening for new and improved enzymes; ②fermentation for enzyme production; ③large scale enzyme purification; ④formulation of enzymes for sale.

A most exciting development over the last few years is the application of genetic engineering techniques to enzyme technology. There are a number of properties that may be improved or altered by genetic engineering, including the yield and kinetics of the enzyme, the ease of downstream processing and various safety aspects. Enzymes from dangerous or unapproved microorganisms and from slow growing or limited plant or animal tissue may be cloned into safe high-production microorganisms. In the future, enzymes may be redesigned to fit more appropriately into industrial processes; for example, making glucose isomerase less susceptible to inhibition by the Ca^{2+} present in the starch saccharification processing stream.

第四节 酶工程的任务

Tasks of Enzyme Engineering

酶工程的主要目标是将基因工程、分子生物学等技术成果应用于酶的生产与改造，以提高酶的产量及其催化活性，同时不断开发新型固定化酶技术与酶反应器，将原料催化或加工成相应产品的技术，是生物技术的重要组成部分。

现代酶工程最重要的任务就是利用酶作为催化剂，以生物质可再生资源代替化石资源，生产人类所需要的食品、饲料、纸张、医药品、纺织品、洗涤品以及各种化工产品、生物染料和生物材料等，从而满足绿色环保及可持续发展的要求。

一、酶工程的特点（Characteristics of enzyme engineering）

与传统的化学反应相比，酶催化具有以下特点：①反应效率高；②反应条件温和；③反应产物污染小；④能耗低；⑤反应容易控制。

但是，酶在应用中稳定性低、成本高、具有抗原性等缺陷也正是酶的固定化和酶的修饰与改造的主要内容。

二、酶工程的应用（Applications of enzyme engineering）

酶作为一种催化剂，已被广泛应用于生产和生活的各个领域，举例如下（Table 1-1）。

Table 1-1 Some applications of enzymes

Applications	Enzyme used	Uses
Starch industry	Amylase and glucoamylase	Converts starch into glucose and various syrups. In baking, catalyze the breakdown of starch in the flour to sugar. Yeast fermentation of sugar produces the carbon dioxide that raises the dough
	Glucose isomerase	Converts glucose into fructose in production of high fructose corn syrups from starchy materials. These syrups have enhanced sweetening properties and lower calorific values than sucrose for the same level of sweetness
Dairy industry	Rennin, derived from stomachs of young ruminant animals (like calves and lambs)	Manufacture of cheese, used to hydrolyze milk protein, causing milk to be separated into curd and whey
Laundry detergents	Primarily proteases, produced in an extracellular form bacteria	Used for presoak condition and direct liquid applications helping with removal of protein stains from clothes
Medicine field	Asparaginase	Modified by covalent attachment of polyethylene glycol, has been shown to retain its anti-tumour effect whilst possessing no immunogenicity
	Enzyme-linked immunosorbent assays（ELISA）	Using monoclonal antibodies to respond to a specific antigen in the blood or urine. Enzymes are used to deliver a colour change if the test is positive
Molecular biology	Restriction enzyme, DNA ligase and polymerases	Used to manipulate DNA in genetic engineering. Essential for restriction digestion and the polymerase chain reaction

（一）轻工业（Light industry）

酶在轻工业（非食品领域）中的用途主要包括：饲料加工（如改善饲料利用率等）、纺织品加工（如酶退浆、棉纺织品的酶整理等）、造纸工业（木质素的生物降解、酶漂白等）、制革工业（酶脱毛、酶软化等）、洗涤剂工业（加酶洗衣粉等）。

（二）食品工业（Food industry）

酶在食品工业中最大的用途是淀粉加工，其次是乳品加工、果汁加工、烘烤食品及啤酒发酵。与之有关的各种酶，如淀粉酶、葡萄糖异构酶、乳糖酶、凝乳酶、蛋白酶等占酶制剂市场的一半以上。

（三）医药领域（Medicine field）

酶制剂作为药物可以治疗许多疾病，具有疗效显著和不良反应小的特点。酶在医药领域的应用主要有：疾病诊断（根据体液内酶活力的变化、用酶测定体液中某些物质的变化）、疾病治疗（如治疗白血病的 L-天冬酰胺酶、溶栓药尿激酶等）、药物生产（制造半合成青霉素和头孢菌素的青霉素酰化酶等）。

（四）环境保护（Environmental protection）

随着生物技术的迅速发展，酶在环境监测和环境治理方面的应用日益受到关注，具体表现在：各种污染（农药污染、重金属污染等）的酶法检测、利用酶的催化作用合成可生物降解材料等。

（五）生物技术（Biotechnology）

酶在细胞工程和基因工程中起关键性作用的应用有：除去微生物和植物细胞壁（如溶菌酶、β-1, 3-葡聚糖酶等细胞壁溶解酶）、生物大分子的切割（限制性内切核酸酶等）与拼接（DNA 连接酶等）作用。

Summary

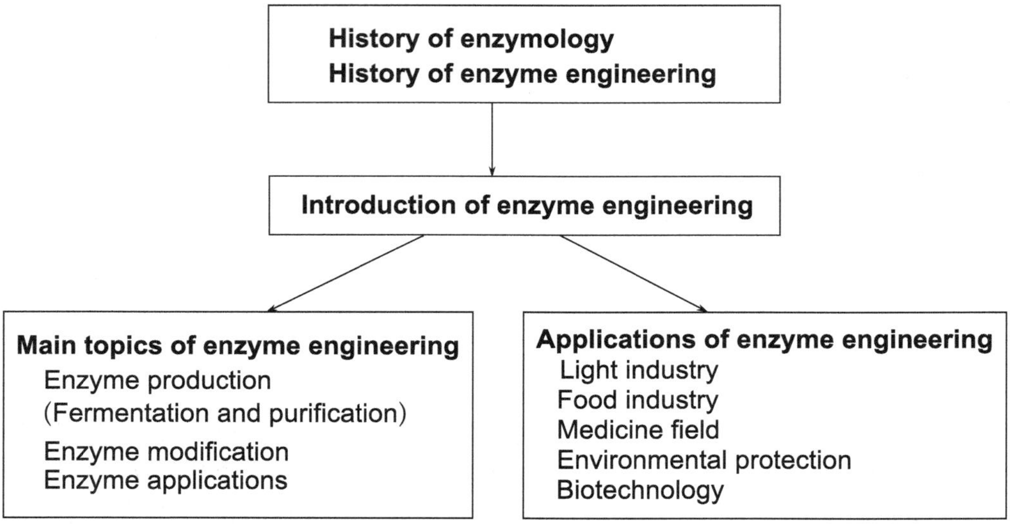

Review Questions

1. What are enzyme engineering and its contents ?

2. What are the main contributions of Payen and Persoz, Buchner, Sumner, Fischer, Koshland, Henri, Michaelis and Menten, Jacob and Monod, Cech and Altman to enzymology?

第二章　酶 的 生 产

Enzyme Production

Enzymes are the biocatalysts synthesized by living cells that may be from different sources such as plant，animal or microorganisms. They are complex protein molecules that involve in the chemical reactions related to life. It is fortunate that these enzymes continue to function when they are separated from the cells i.e. *in vitro*.

Production of enzyme is critical to the modern biotechnology and traditional industries. Microorganisms are the most significant and convenient sources for commercial enzymes. They can be cultivated using inexpensive media to produce abundant quantities of enzymes under suitable growth conditions in a short period. In addition, it is quite easy to manipulate microorganisms using genetic engineering techniques to increase the production of desired enzymes. The desired enzyme genes can be possibly transferred from one organism to the other. Recovery, isolation and purification processes are much easier with microbial enzymes than those with animal or plant sources.

Industrial production of enzymes is mostly carried out by submerged liquid conditions and to a lesser extent by solid-substrate fermentation. In submerged culture technique, the yield is quite high with little contamination. The operation of fermentative production includes selection of microorganisms, regulation of enzyme biosynthesis in microbial cells, fermentation process conditions and their control, etc.

In the early days, animal and plant sources largely contributed to enzyme production. However, there are several drawbacks associated with these processes. The quantities of enzymes are limited and their distribution varies much. Now days it is possible to produce commercial enzymes directly from plant or animal cells, which can be cultured in a bioreactor under artificially controlled conditions to get the desired products.

酶的生产是经过预先设计，通过人工操作获得所需酶的过程。生产方法有提取分离法、生物合成法和化学合成法。

第一节 酶的生产方法
Methods for Enzyme Production

一、提取分离法（Extraction and separation method）

提取分离法是采用各种提取、分离、纯化技术从动物、植物的组织、器官、细胞或微生物细胞中将酶提取出来的技术，是最早采用的酶生产方法。该法受生物资源、地理环境、气候条件等的影响，对于某些难以用生物合成法进行生产的酶，提取法仍然有其实用价值。

酶的提取是指在一定条件下，用适当的溶剂处理含酶原料，使酶充分溶解到溶剂中的过程。由于目标酶在生物体内存在的部位及状态不同，采取的提取方法也不同，具体提取方法和影响因素见第三章第一节。

二、生物合成法（Biosynthesis method）

20 世纪 50 年代以后，随着发酵技术的发展，许多酶采用生物合成法进行生产，它是利用微生物细胞、植物细胞和动物细胞的生命活动而获得人们所需酶的技术过程，具有生产周期短、产率高、不受生物资源和气候条件等影响的特点，是酶的主要生产方法。

（一）微生物发酵产酶（Enzyme production by microbial fermentation）

微生物发酵产酶在当前酶制剂生产中占有重要地位。根据微生物培养方式的不同，分为固体培养和液体深层培养。目前应用最普遍的是液体深层发酵技术，包括优良产酶菌种的获得，培养基的制备和优化，发酵条件的控制以及分离纯化。

采用微生物发酵进行酶的生产有以下优点：①种类繁多，适应能力强；②繁殖快，发酵周期短；③培养基价格低廉，培养方法简便。

（二）动植物细胞培养产酶（Enzyme production by animal and plant cell culture）

动植物细胞培养是通过特定技术获得优良动物和植物细胞，然后在人工控制条件的反应器中进行细胞培养，经过细胞的生命活动合成酶，再经过分离纯化获得所需酶的过程。

植物细胞主要用于生产色素、药物、香精、酶等次级代谢物。动物细胞培养主要获得疫苗、激素、多肽药物、单克隆抗体、酶等功能性蛋白质。

三、化学合成法（Chemical synthesis method）

化学合成法是 20 世纪 60 年代中期出现的新技术。1965 年，我国人工合成胰岛素的成功，开创了蛋白质化学合成的先河。然而，由于酶的化学合成要求单体达到很高的纯度，导致化学合成的成本很高，只能用于合成那些化学结构已经清楚的酶，因而化学合成法受到限制，难以工业化生产。

然而，利用化学合成法可以进行酶的人工模拟和化学修饰，对于设计和合成既有酶催化特点又能克服酶的缺点的高效非酶催化剂具有重要意义，现已成为人们关注的课题。

第二节 酶生物合成及其调节

Enzyme Biosynthesis and Regulation

一、酶生物合成的基本过程（Basic process of enzyme biosynthesis）

酶是由活细胞生物合成的、能推动新陈代谢以及促使一切与生命有关的化学反应顺利进行的有机物质，包括蛋白类酶和核酸类酶。酶的生物合成主要是指生物体内蛋白质和 RNA 的合成过程。

根据 1958 年克里克（Crick）提出的中心法则，DNA 分子可以通过复制，生成与原有 DNA 具有相同遗传信息的新的 DNA 分子，再通过转录把遗传信息传递给 RNA，然后通过翻译成为多肽链，再经过加工、组装成具有完整空间结构的酶分子，见 Figure 2-1。

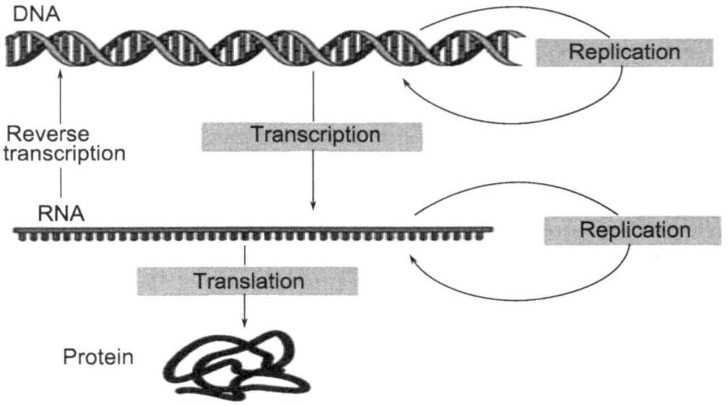

Figure 2-1 Central dogma of gene expression

Box 2-1 Central dogma

The central dogma of molecular biology is an explanation of the flow of genetic information within a biological system. This pathway describes the flow of information from one gene to the corresponding protein. The genetic information is stored in DNA; the DNA is replicated to the offspring cells, or the genetic information can be transcribed from DNA into RNA; and then the RNA is translated into a polypeptide. However, due to the reverse transcriptase reaction, RNA can also be used as a template for DNA synthesis.

1. RNA 的生物合成——转录（RNA biosynthesis—transcription）

转录是以 DNA 为模板，以核苷三磷酸为底物，在依赖于 DNA 的 RNA 聚合酶的作用下，生成 RNA 的过程。

RNA 的转录过程主要包括三个步骤，即转录的起始、RNA 链的延伸和 RNA 链合成的终止。在原核生物和真核生物中，除了转录酶、转录的调节以及转录生成的 RNA 前体的加工外，转录过程大致相同。

2. 蛋白质的生物合成——翻译（Protein biosynthesis—translation）

翻译是以 mRNA 为模板，以各种氨基酸为底物，在核糖体上通过各种 tRNA、酶和辅助因子的作用，合成多肽链的过程。

原核生物与真核生物的蛋白质合成有许多不同，真核生物更复杂，但基本过程均包括氨基酸的活化、肽链合成的起始、肽链的延伸、肽链合成的终止及新生肽链的加工等。

二、酶生物合成的调节（Regulation of enzyme biosynthesis）

（一）操纵子理论（Operon theory）

原核生物中酶生物合成的调节主要是转录水平的调节，这种调节理论最早是由雅各（Jacob）和莫诺德（Monod）于 1961 年提出的操纵子学说来阐明的。根据这一理论，在 DNA 分子中，与酶的生物合成有密切关系的基因如下所述。

1. 调节基因（Regulatory gene）

调节基因可以产生阻遏蛋白，阻遏蛋白是一种由多个亚基组成的变构蛋白，它通过与某些小分子效应物（诱导物或阻遏物）的特异结合而改变其结构，从而改变与操纵基因的结合力。当阻遏蛋白与操纵基因结合时，由于空间排挤作用，RNA 聚合酶无法结合到启动基因的位点上，也就不能起始结构基因的转录；只有当阻遏蛋白与效应物结合，改变其结构不能与操纵基因结合时，RNA 聚合酶才能结合到启动基因的位点上进行转录，进而开始酶蛋白的生物合成。

2. 启动基因（Promoter）

启动基因决定酶的合成能否开始，启动基因有两个位点：一个是 RNA 聚合酶的结合位点，另一个是环腺苷酸 cAMP（cyclic AMP）与受体蛋白 CAP 组成的复合物 cAMP-CAP 的结合位点。CAP 是指环腺苷酸受体蛋白（cAMP acceptor protein），又称分解代谢物活化蛋白（catabolite activator protein）。只有当 cAMP-CAP 复合物结合到启动基因的相应位点时，RNA 聚合酶才能结合到启动基因的相应位点上，转录才有可能开始。

3. 操纵基因（Operator）

操纵基因可以与调节基因产生的变构蛋白（阻遏蛋白）中的一种结构结合，从而操纵酶生物合成的时机与速度。

4. 结构基因（Structural gene）

结构基因与多肽链有各自的对应关系，结构基因上 DNA 的遗传信息可以转录成为 mRNA，经翻译成为多肽链，再正确折叠后成为有活性的酶蛋白。因此，可以说一个结构基因对应一条多肽链。

5. 操纵子（Operon）

启动基因、操纵基因和结构基因一起组成操纵子，如 Figure 2-2 所示。在原核生物中，操纵子有两种类型。

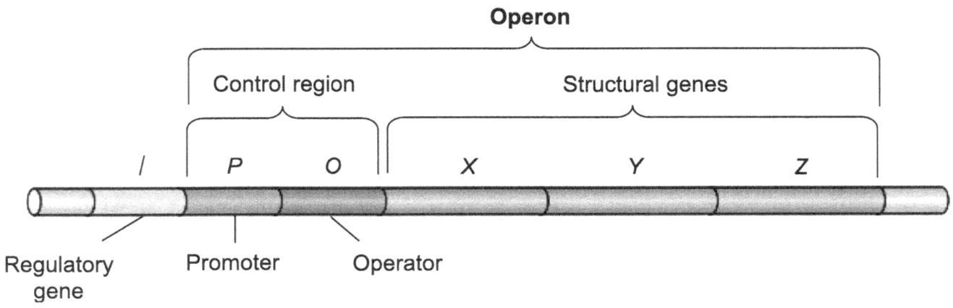

Figure 2-2 Structure of an operon

1）诱导型操纵子（inducible operon）：在无诱导物的情况下，其基因的表达水平很低或不表达，只有在诱导物存在的条件下，才能转录生成 mRNA，进而合成酶，如乳糖操纵子（*lac* operon）。

2）阻遏型操纵子（repressible operon）：无阻遏物时，基因正常表达，当有阻遏物存在时，转录受到阻遏，如色氨酸操纵子（*trp* operon）。另外，启动基因位点上 cAMP-CAP 复合物的结合，也对酶的生物合成起到调节作用。因此，转录水平的调节主要有三种模式，即酶合成的诱导作用、酶合成的阻遏作用以及分解代谢物阻遏作用。

Box 2-2 Operon

In genetics, an operon is a functioning unit of genomic DNA containing a cluster of genes under the control of a single promoter. Operon theory is the concept of gene regulation proposed by Francois Jacob and Jacques Monod (1961). An operon is a group of structural genes whose expression are coordinated by an operator. The regulatory gene codes for the repressor protein. The promoter site is the attachment site for RNA polymerase. The operator site is the attachment site for the repressor protein. The structural genes code for the proteins. The repressor protein is different for each operon and customized to fit to the regulatory proteins. Whether or not the repressor protein can bind to the operator site is determined by the type of operon.

（二）诱导（Induction）

加入某些物质使酶的生物合成开始或加速的现象，称为酶生物合成的诱导作用。

1. 基本概念（Basic concept）

每一个生物细胞都可以在一定条件下合成多种多样的酶。根据酶的生成与环境中所存在的该底物或其相关物质的关系，把酶分成两类：组成酶和诱导酶。

1）组成酶（constitutive enzyme）：在细胞中的量比较恒定，环境因素对这些酶的合成速率影响不大，如 DNA 聚合酶、RNA 聚合酶、糖酵解途径中的各种酶等。

2）诱导酶（induced enzyme）：是细胞为适应外来底物或结构类似物时合成的一类酶，其合成明显受环境因素的影响。

能够引起诱导作用的物质称诱导物，诱导物一般是酶催化作用的底物或其底物类似物。

不同的酶有各自不同的诱导物，而同一种酶往往有多种诱导物，可根据需要进行选择。例如，β-半乳糖苷酶的作用底物及其底物类似物异丙基-β-D-硫代半乳糖苷可诱导 β-半乳糖苷酶的生物合成。

2. 诱导机制（Induction mechanism）

以乳糖操纵子为例，无诱导物时，调节基因产生的阻遏蛋白与操纵基因的结合力较强，由于空间排挤作用，RNA 聚合酶无法结合到启动基因上，故阻断转录进行，如 Figure 2-3A 所示。

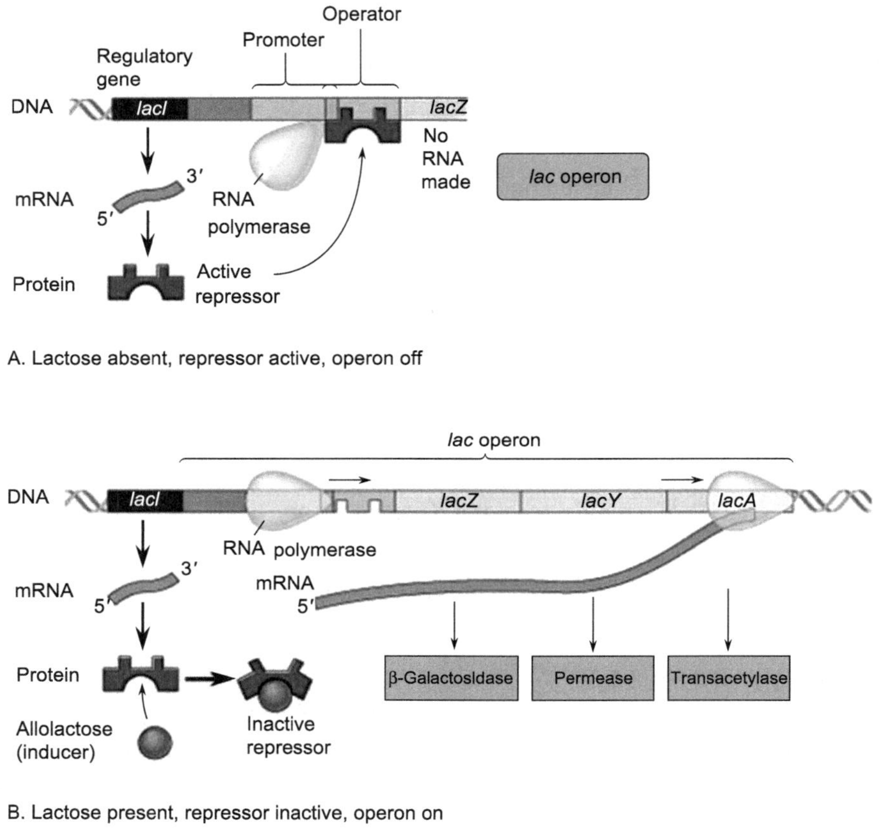

Figure 2-3 The induction mechanism of *lac* operon

当有乳糖存在时，细胞吸收乳糖转变为别乳糖（allolactose），别乳糖作为诱导物与阻遏蛋白结合，使阻遏蛋白的结构发生改变，从而使它与操纵基因的结合力减弱，阻遏蛋白不能与操纵基因结合，RNA 聚合酶能够与启动基因结合，从而进行转录而合成结构基因所对应的乳糖酶，如 Figure 2-3B 所示。

3. 诱导意义（Significance of induction）

当环境中存在可利用的物质时，微生物通过诱导合成相应的酶，可从环境中取得所需营养物质，为微生物提供了一种只是在需要时才合成酶以避免浪费能量与原料的调控手段，也增强了微生物对环境的适应能力。

Box 2-3 *Lac* operon

Although glucose is the preferred carbon source for most bacteria, the *lac* operon allows for the effective digestion of lactose when glucose is not available. Gene regulation of the *lac* operon is the first genetic regulatory mechanism to be understood clearly, so it has become a foremost example of prokaryotic gene regulation. In an *Escherichia coli* cell that growing in the absence of lactose, a repressor protein binds to the operator, preventing RNA polymerase from transcribing the *lac* operon's genes. The operon is off. When the inducer, lactose, is added, it binds to the repressor and changes the repressor's shape so as to eliminate binding to the operator. As long as the operator remains free of the repressor, RNA polymerase that recognizes the promoter can transcribe the operon's structural genes into mRNA. The operon is on. In recent years, attempts are being made to develop mutants of microorganisms in which inducer dependence is eliminated.

（三）反馈阻遏（Feedback repression）

反馈阻遏又称终产物阻遏，是指酶催化反应的产物或代谢途径的末端产物使该酶的生物合成受到阻遏的现象。

1. 实验现象（Experimental phenomena）

能阻遏酶合成的物质称辅阻遏物（corepressor）。辅阻遏物一般是酶催化反应的产物或是代谢途径的末端产物。实验表明，将大肠杆菌培养在含有无机盐和葡萄糖的培养基中时，可检测到细胞内有色氨酸合成酶的存在，可以合成色氨酸满足自身需要。

若在培养基中加入色氨酸，则细胞内色氨酸合成酶的活性降低直至消失，色氨酸停止合成。色氨酸作为色氨酸合成途径的终产物，它的过量积累反过来会对色氨酸的生物合成起反馈阻遏作用。

2. 调控机制（Regulatory mechanism）

以色氨酸操纵子为例，当没有阻遏物存在时，调节基因产生的阻遏蛋白与操纵基因的亲和力弱，不能与操纵基因结合，RNA 聚合酶能够结合到启动基因的位点上进行转录，从而合成结构基因所对应的酶，如 Figure 2-4A 所示。

当环境中色氨酸达到一定浓度时，色氨酸作为辅阻遏物与阻遏蛋白结合，从而使阻遏蛋白结构发生改变而与操纵基因的结合力增强，进而排挤 RNA 聚合酶与启动基因的结合，使转录无法进行，酶的生物合成因此受到阻遏，如 Figure 2-4B 所示。

3. 阻遏意义（Significance of repression）

有效保证了微生物细胞内氨基酸等重要物质维持在适当浓度，体现了菌体不需要就不合成的经济原则。

Box 2-4 *Trp* operon

The *trp* operon, found in *E. coli* bacteria, is a group of genes that encode biosynthetic enzymes for the amino acid tryptophan. It is an example of repressible negative regulation of gene expression.

Unlike the *lacR* that is active when formed, *trpR* gene produce the *trp* repressor that cannot bind to the operator region. When sufficient amount of tryptophan is present, it acts as a corepressor, binds to the inactive *trpR*, and makes conformational changes in the *trpR* that enables it to bind to the operator sequence and repress the *trp* operon.

Feedback regulation by the end product (usually a small molecule, e.g. tryptophan) significantly influences the enzyme synthesis. This occurs when the end product accumulates in large quantities. Large scale production of feedback regulated enzymes is rather difficult. However, mutants that lack feedback repression have been developed to overcome this problem.

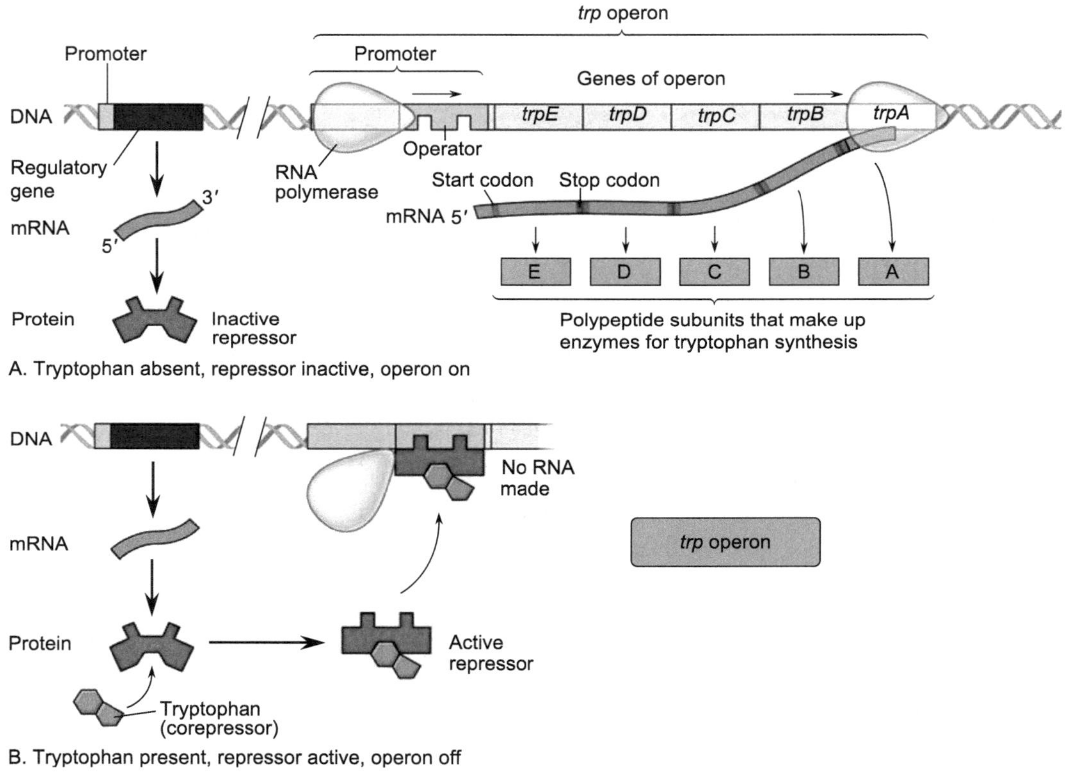

Figure 2-4 The regulatory mechanism of *trp* operon

（四）分解代谢物阻遏（Catabolite repression）

分解代谢物阻遏作用是指某些物质（主要是葡萄糖或其他容易利用的碳源等）经过分解代谢产生的物质阻遏某些酶（主要是诱导酶）生物合成的现象。例如，葡萄糖阻遏 β-半乳糖苷酶的生物合成，果糖阻遏 α-淀粉酶的生物合成。

1. 实验现象（Experimental phenomena）

E. coli 在含有葡萄糖和乳糖的培养基中生长时，首先分解利用葡萄糖，而不分解乳糖，

这是因为葡萄糖的分解代谢产物阻遏了分解利用乳糖的有关酶的合成。

待葡萄糖耗尽后，其分解代谢产物阻遏作用解除，经过一个短暂的适应期，β-半乳糖苷酶等分解利用乳糖的酶被诱导合成，这时细菌便利用乳糖进行第二次生长，形成两个对数生长期中间隔开一个生长延滞期的“二次生长现象”，见 Figure 2-5。

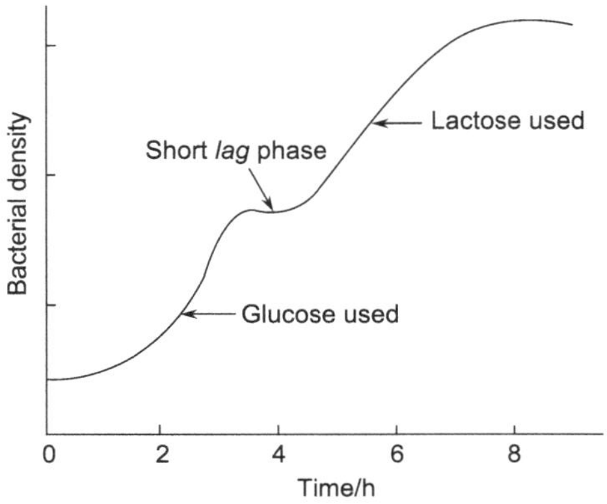

Figure 2-5　Diauxic or diphasic growth curve of *E. coli* grown with a mixture of glucose and lactose

2. 调节机制（Regulatory mechanism）

分解代谢物阻遏作用，并非可快速利用的碳源本身直接作用的结果，而是碳源在分解过程中所产生的中间代谢物引起的。例如，当培养基中有葡萄糖时，葡萄糖的降解物对腺苷酸环化酶活性有抑制作用，阻止 ATP 环化形成 cAMP，同时提高磷酸二酯酶的活性，促进 cAMP 分解成 AMP，导致细胞内的 cAMP 浓度降低，无法形成有效的 cAMP-CAP 复合物，RNA 聚合酶无法结合到启动基因的相应位置，转录不能进行。

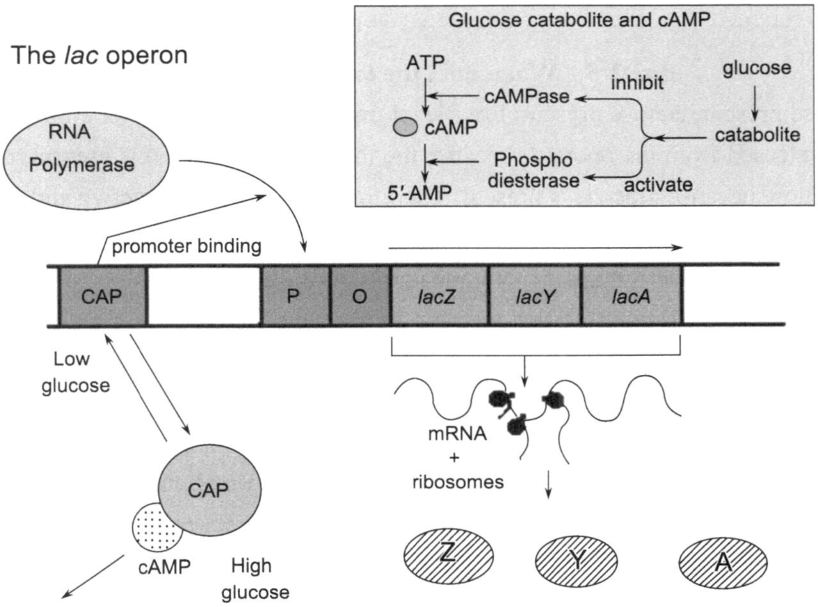

Figure 2-6　Catabolite repression of the *lac* operon

当容易利用的碳源不存在或被细胞耗尽后，随着细胞中 ATP 浓度的下降，ADP、AMP 浓度增加，当 cAMP-CAP 的浓度增加到一定量的时候，即可结合到启动基因的特定位点上，RNA 聚合酶随即结合到其位点上，酶的生物合成才有可能进行，如 Figure 2-6 所示。因此，分解代谢产物阻遏作用及其解除，实质上是 cAMP 通过启动基因对酶生物合成的调节，加入 cAMP，阻遏就能得到减轻或解除。

乳糖操纵子的调控机制总结见 Figure 2-7。

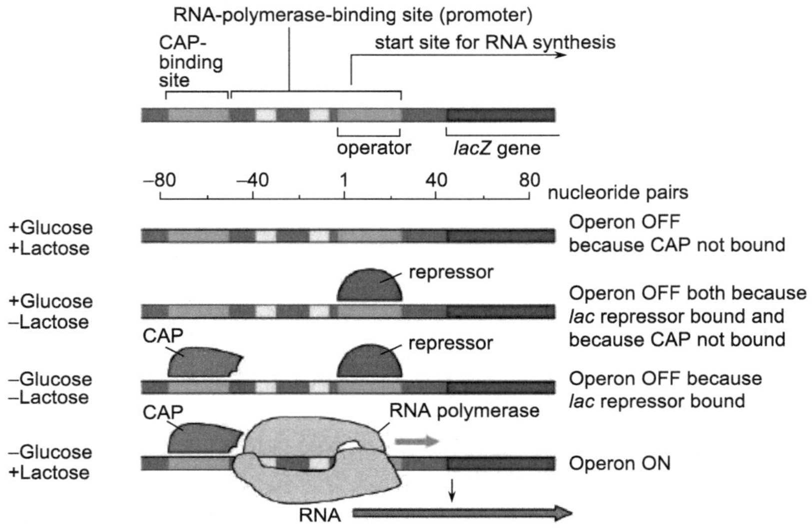

Figure 2-7 Summary of *lac* operon regulation

Box 2-5 When does the *lac* operon turn on?

• Glucose present, lactose present: Low-level transcription of the *lac* operon occurs. The *lac* repressor is released from the operator because the inducer (allolactose) is present. cAMP levels, however, are low because glucose is present. Therefore, CAP remains inactive and cannot bind to DNA, so transcription only occurs at a low level.

• Glucose present, lactose absent: No transcription of the *lac* operon occurs. That is because the *lac* repressor remains bound to the operator and prevents transcription by RNA polymerase. Additionally, cAMP levels are low because glucose levels are high, so CAP is inactive and cannot bind DNA.

• Glucose absent, lactose absent: No transcription of the *lac* operon occurs. cAMP levels are high because glucose levels are low, so CAP is active and can be bound to the DNA. However, the *lac* repressor may also be bound to the operator (due to the absence of allolactose), acting as a roadblock to RNA polymerase and preventing transcription.

• Glucose absent, lactose present: Strong transcription of the *lac* operon occurs. The *lac* repressor is released from the operator because the inducer (allolactose) is present. cAMP levels are high because glucose is absent, so CAP is active and bound to the DNA. The CAP helps RNA polymerase bind to the promoter, permitting high levels of transcription.

三、酶生物合成的模式（Modes of enzyme biosynthesis）

微生物细胞的生长一般经历延滞期（lag phase）、对数期（log phase）、稳定期（stationary phase）和衰退期（decline phase），见 Figure 2-8。

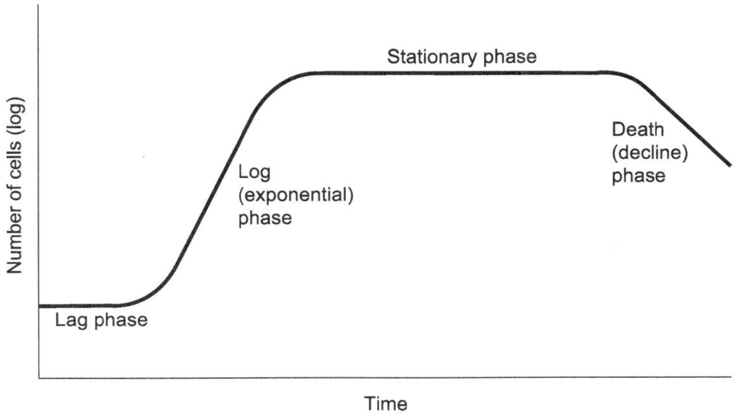

Figure 2-8　Cell growth curve

通过比较细胞生长与产酶之间的关系，可以把酶生物合成模式分为以下 4 种类型。

1. 同步合成型（Synchronous synthesis）

同步合成型是指酶的生物合成与细胞生长同步进行，酶的生物合成速度与细胞生长速度紧密联系，又称生长偶联型，即酶的生物合成速度伴随着细胞的生长而开始，细胞进入旺盛生长期时，酶大量生成，当细胞生长进入稳定期后，酶的合成随即停止。大部分组成酶和部分诱导酶按此模式进行生物合成。

特点：可以被诱导，但是不受分解代谢物和末端产物的阻遏。酶所对应的 mRNA 很不稳定，在细胞进入稳定期后，新的 mRNA 不再生成，原有的 mRNA 被降解后，酶的生成物合成随即停止。

2. 中期合成型（Mid-term synthesis）

酶的合成在细胞生长一段时间后才开始，而在细胞生长进入稳定期以后，酶的生物合成也随之停止。例如，枯草芽孢杆菌碱性磷酸酶的生物合成属于中期合成型。

该酶的合成受反应产物无机磷酸的反馈阻遏，而磷又是细胞生长必不可少的营养物质，细胞生长开始阶段，培养基中的磷阻遏碱性磷酸酶的合成，只有当细胞生长一段时间，培养基中的磷几乎被细胞用完以后，该酶才开始大量合成。由于碱性磷酸酶所对应的 mRNA 不稳定，所以细胞进入稳定期后，酶的生物合成随之停止。

特点：酶的合成受反馈阻遏或分解代谢物阻遏，酶所对应的 mRNA 稳定性较差。

3. 延续合成型（Continuous synthesis）

酶的生物合成在细胞的生长阶段开始，细胞生长进入稳定期后酶还可以继续合成较长一段时间，是最理想的酶生物合成模式。

特点：酶的合成可以被诱导，一般不受分解代谢物阻遏，酶所对应的 mRNA 相当稳定，培养基中无阻遏物时，呈延续合成型，培养基有分解代谢物阻遏时，转为滞后合成型。

4. 滞后合成型（Delayed synthesis）

细胞生长一段时间或者进入稳定期以后才开始酶的合成并大量积累，又称非生长偶联型，许多水解酶的生物合成均属于这一类型。

特点：受培养基中阻遏物的作用，只有当培养基中阻遏物被细胞利用完之后，酶才开始大量合成。若培养基中不存在阻遏物，酶的合成可以转为延续合成型。酶所对应的 mRNA 很稳定，可以在细胞进入稳定期以后继续合成所对应的酶。

对于非理想的酶合成模式，除了可以通过基因工程或细胞工程等先进技术选育优良菌种并对工艺条件进行优化之外，还可进行如下改造使其更加接近于延续合成型。

1）对于同步合成型的酶，可通过适当降低发酵温度提高其所对应的 mRNA 的稳定性。

2）对于滞后合成型的酶，要设法降低培养基中阻遏物的浓度，使酶的合成提早开始。

3）对于中期合成型的酶，则要在提高 mRNA 的稳定性以及解除阻遏物两个方面下功夫，使酶合成的开始时间提前，停止时间延迟。

酶的 4 种生物合成模式如 Figure 2-9 所示。

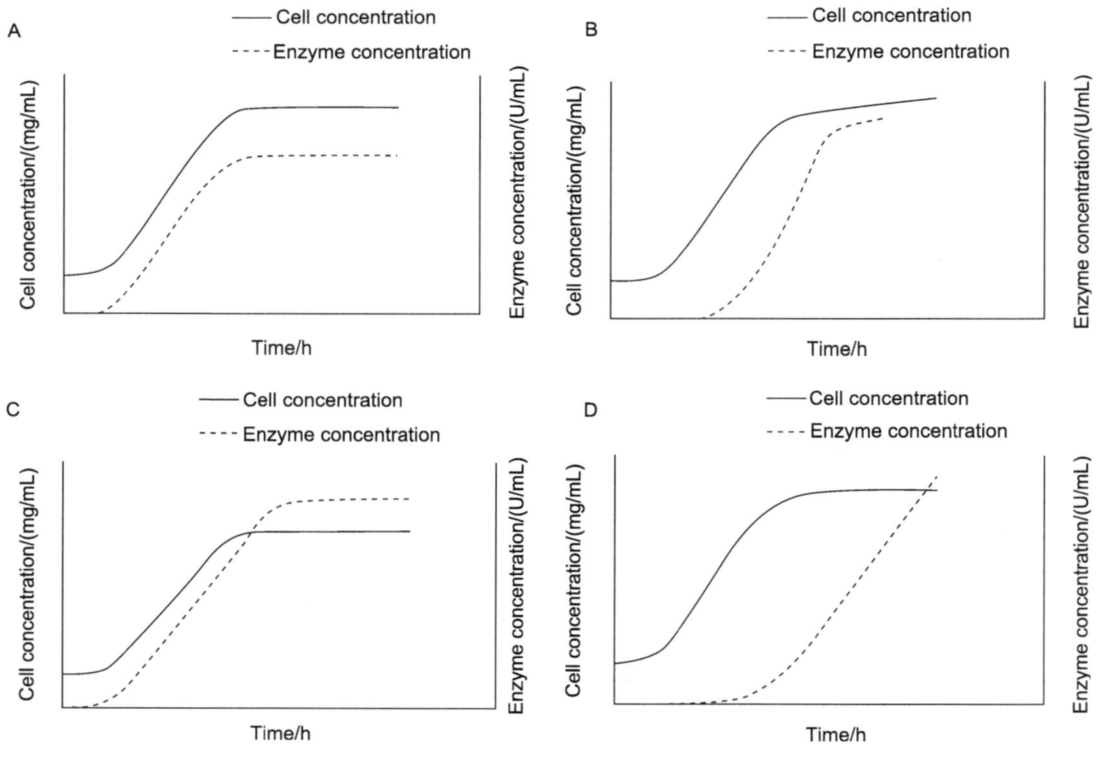

Figure 2-9　Four modes of enzyme biosynthesis

A. Synchronous synthesis; B. Mid-term synthesis; C. Continuous synthesis; D. Delayed synthesis

第三节　微生物发酵产酶

Enzyme Production by Microorganism

微生物细胞在一定条件下能合成多种多样的酶，但并非所有微生物都能用于酶的生产，一般需要具备以下特点：①酶产量高；②稳定性好；③容易培养和管理；④容易分离纯化；⑤安全可靠，无毒性。

一、产酶微生物（Microbes for enzyme production）

（一）细菌（Bacteria）

1. 无芽孢杆菌（No-spore forming bacillus）

（1）大肠杆菌（*Escherichia coli*）

革兰氏阴性菌，可用来制备多种酶，如天冬酰胺酶，用于治疗白血病；溶菌酶，用于消炎、抗菌等。

（2）假单胞菌属（*Pseudomonas*）

革兰氏阴性菌，可用来制备β-酪氨酸酶，用来合成L-多巴，治疗帕金森病，还有葡萄糖异构酶、溶菌酶、脂肪酶等。

2. 芽孢杆菌属（*Bacillus*）

革兰氏阳性菌，常用的枯草芽孢杆菌（*Bacillus subtilis*）可用来生产α-淀粉酶、蛋白酶、青霉素酶、溶菌酶、纳豆激酶等。

3. 球菌（Coccus）

常用的有微球菌属（*Micrococcus*）、链球菌属（*Streptococcus*）、明串珠菌属（*Leuconostoc*），可用来生产青霉素酰化酶、溶壁酶、链激酶、葡萄糖异构酶等。

（二）放线菌（Actinomycetes）

放线菌是具有分枝状菌丝的原核微生物，能够产生各种胞外酶，也是生产抗生素的主要微生物。链霉菌属（*Streptomyces*）可用于生产青霉素酰化酶、蛋白酶、葡萄糖异构酶等。

（三）酵母菌（Yeasts）

酵母菌是一类单细胞微生物，但不同于细菌，属于真核微生物。在现代发酵工业中应用广泛。

1. 酿酒酵母（*Saccharomyces cerevisiae*）

酿酒酵母除了用于酒类的生产外，还可用于生产凝血激酶、尿激酶等药用酶，形态如Figure 2-10A 所示。

2. 假丝酵母属（*Candida*）

假丝酵母属是能形成假菌丝、不产生子囊孢子的酵母。可用于生产脂肪酶、尿激酶转化酶等，Figure 2-10B 为产朊假丝酵母（*Candida utilis*）。

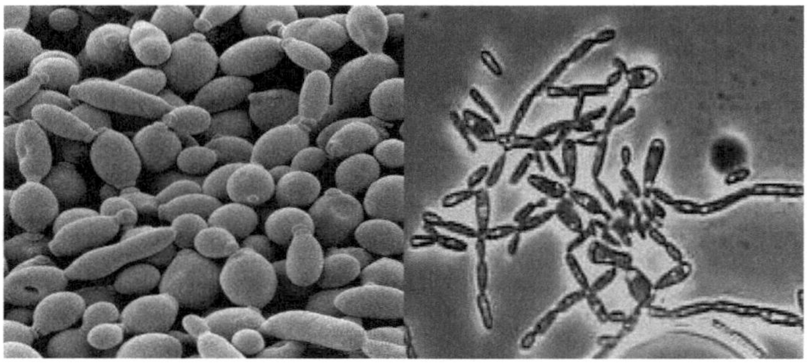

Figure 2-10 Micrographs of *Saccharomyces cerevisiae* (A) and *Candida utilis* (B)

（四）霉菌（Mold）

霉菌是一类能形成菌丝体的真菌，分布广泛，具有较强、较完整的酶系，在近代食品工业、发酵工业和医药工业中作用巨大。

1. 曲霉属（*Aspergillus*）

曲霉属的真菌具有很强的产酶能力，如黑曲霉（*Aspergillus niger*）（Figure 2-11A）、米曲霉（*Aspergillus oryzae*）等，可生产多种酶类，如糖化酶、α-淀粉酶、蛋白酶、果胶酶、葡萄糖氧化酶、过氧化氢酶、脂肪酶、纤维素酶等。

2. 红曲霉属（*Monascus*）

红曲霉属以产生大量天然红色素而受到关注，可用于生产 α-淀粉酶、糖化酶、麦芽糖酶、蛋白酶等，Figure 2-11B 为紫红曲霉（*Monascus purpureus*）。

3. 青霉属（*Penicillium*）

青霉菌的种类及其产生的酶很多，如产黄青霉（*Penicillium chrysogenum*）产生的葡萄糖氧化酶、蛋白酶、果胶酶、纤维素酶等，其形态如 Figure 2-11C 所示。橘青霉（*P. citrinum*）产生的 5′-磷酸二酯酶，可水解 RNA，生产 4 种单核苷酸，用作助鲜剂。

4. 木霉属（*Trichoderma*）

木霉具有较强分解纤维素能力，是生产纤维素酶的重要菌株，还能通过产生几丁质酶和 β-1,3-葡聚糖酶等细胞壁降解酶分解植物病原真菌，是植物病害的优良生防菌，Figure 2-11D 为绿色木霉（*Trichoderma viride*）。

5. 根霉属（*Rhizopus*）

根霉可用于生产糖化酶、α-淀粉酶、蔗糖酶、脂肪酶等，还具有很强的甾体羟化酶活性，是甾体转化的重要菌株，Figure 2-11E 为米根霉（*Rhizopus oryzae*）。

6. 毛霉属（*Mucor*）

毛霉能产生多种酶系，常用于生产蛋白酶、糖化酶、α-淀粉酶、脂肪酶、果胶酶、凝乳酶等，Figure 2-11F 为总状毛霉（*Mucor racemosus*）。

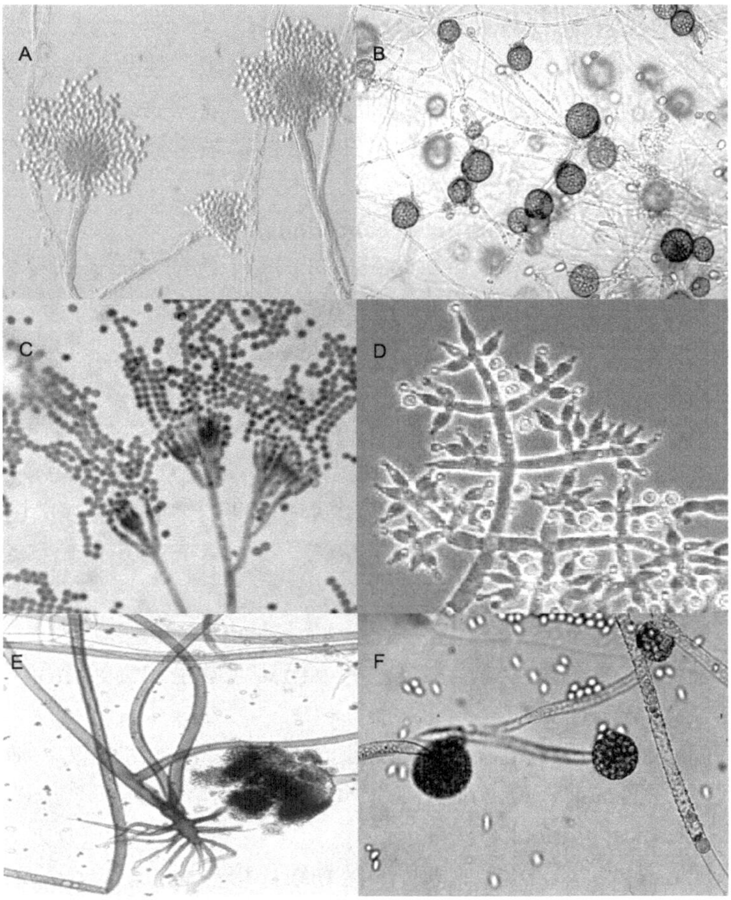

Figure 2-11　Micrographs of *Aspergillus niger* (A), *Monascus purpureus* (B), *Penicillium chrysogenum* (C), *Trichoderma viride* (D), *Rhizopus oryzae* (E), *Mucor racemosus* (F)

二、产酶微生物的筛选（Screening of microbes for enzyme production）

（一）样品采集（Sampling）

根据所要分离微生物的生态特点，可从相应的自然界中取样。例如，要分离产纤维素酶的菌种，可以到纤维素堆积和腐烂的地方去采样；从霉烂果蔬上可以分离到各种产果胶酶的菌种；从酿酒厂、淀粉厂周围土壤可分离到淀粉酶活力高的菌种；从屠宰场、豆制品加工厂的污泥中可分离出产蛋白酶能力强的菌种。

（二）富集培养（Enrichment）

富集培养是设计一种有利于目标菌株而不利于其他微生物生存的选择性培养基，使目标微生物由原来自然条件下的劣势菌株变成人工环境下的优势菌株，并将目标微生物引向纯培养的一种培养方法。常用的富集方法有如下几种。

1. 控制培养成分（Control of medium components)

在增殖培养基中人为加入某种底物作为唯一碳源或氮源，使那些能分解利用这些营养物质的菌株生长繁殖而其他微生物的生长受到抑制。例如，要分离纤维素酶产生菌，可在富集培养基中以纤维素作为唯一碳源，使分解利用纤维素的菌被富集，富集培养基的选择性是相对的，得到的是营养类型相同的微生物群。

2. 控制培养条件（Control of culturing conditions）

通过控制 pH、温度、氧气、渗透压等条件使目标微生物增殖而达到有效分离。例如，细菌、放线菌生长繁殖一般要求偏碱环境（pH7.0～7.5），霉菌、酵母菌一般要求偏酸环境（pH4.5～6.0）。细菌的最适生长温度一般为 35～38℃，霉菌的最适生长温度一般为 25～28℃。

3. 抑制其他菌类（Inhibiting other microorganisms）

在富集培养基中加入某种抗生素抑制非目的微生物的生长，是目前广泛采用的一种方法。例如，分离细菌时，可加入制霉菌素、放线菌酮、杀真菌素等抑制霉菌和酵母菌的生长；分离霉菌或酵母菌时，可加入青霉素、链霉素和四环素抑制细菌和放线菌的生长；分离芽孢杆菌时，由于芽孢耐高温，可先将样品加热到 80℃，杀死不产芽孢的菌株后再进行分离。

（三）纯种分离（Single colony isolation）

富集培养后，样品中目的微生物已占据优势，但其他微生物仍然存在，通过进一步的分离纯化，可把目的菌株分离出来。

分离方法分为两类：一类较粗放，只能达到“菌落纯”，如划线法、稀释涂布法；另一类较精细，能够达到“菌株纯”或“细胞纯”，如单细胞或单孢子分离法。

1. 划线法（Streaking method）

用接种环刮取部分样品，在平板上进行四区划线，培养后长出单个菌落。

2. 稀释涂布法（Dilution spread method）

先用无菌水进行样品的梯度稀释，将不同稀释度的菌液分别涂布到固体培养基的表面，稀释度足够高的菌液可在培养基的表面形成单个的菌落。

3. 单细胞或单孢子分离法（Single cell or spore separation）

用培养皿或凹玻片等分离小室进行细胞分离，也可以用显微操作仪进行单细胞挑取，获得单细胞或单孢子。

（四）性能测试（Microbial property assay）

生产性能测试分初筛和复筛。

1. 初筛（Primary screening）

初筛要求筛选的菌株尽可能多，以量为主。有些菌的代谢产物能够与指示剂、显色剂或底物反应，可采用固体平板法，快速、简便地获得大量达到初步要求的菌株。

（1）透明圈法（Transparent circle method）

在平板培养基中加入溶解性较差的底物，使培养基浑浊，能分解底物的微生物在菌落周围产生透明圈，透明圈的大小反映该菌株利用底物的能力。该法多用于分离水解酶，如脂肪酶、淀粉酶、蛋白酶等的产生菌。

（2）呈色圈法（Color circle method）

对于不易产生透明圈的微生物，可在分离培养基中加入指示剂或显色剂，使目标微生物能被快速地鉴别出来。例如，分离谷氨酸产生菌时，可在培养基中加入酸碱指示剂溴百里酚蓝，若平板上出现产酸菌，则其菌落周围变成黄色。

（3）生长圈法（Growth circle method）

生长圈法常用于分离筛选氨基酸、核苷酸和维生素产生菌。用一些有特殊营养要求的微生物作为工具菌（往往是对应的营养缺陷型菌株），若待分离菌在缺乏上述营养物的条件下能合成该营养物，目的菌周围就会有工具菌生长，形成环绕菌落生长的生长圈。

（4）抑菌圈法（Antibacterial circle method）

抑菌圈法常用于分离和筛选产生抗生素的微生物。采用对抗生素敏感的工具菌，若待分离菌产生某种抗生素，便会在该菌落周围形成工具菌不能生长的抑菌圈。

2. 复筛（Secondary screening）

初筛得到的菌株需要进一步复筛，通常采用摇瓶振荡培养，精确测定每个菌株的生产指标。复筛以选出稳定高产菌株为目的，要求菌株数量少，以质为主。

三、发酵产酶工艺流程（Enzyme fermentation process）

（一）种子的扩大培养（Inoculum development）

种子扩大培养是将处于休眠状态的生产菌种接入固体斜面活化，再经摇瓶及种子罐逐级扩大培养，进而达到一定数量和质量的纯种培养过程，该纯种培养物称为种子（inoculum）。种子培养可确保发酵罐所需菌体的量，发酵罐则承担产物生产的任务。菌种的扩大培养是发酵生产的关键步骤。

种子制备过程可分两个阶段，即实验室种子制备（包括斜面菌种、液体摇瓶培养或培养瓶固体培养）和生产车间种子制备（包括各级种子罐逐级扩大培养）。

（二）培养基制备及灭菌（Medium preparation and sterilization）

1. 培养基制备（Medium preparation）

培养基的组成和配比是否恰当对微生物的生长、产物的形成以及提取工艺的选择和产品的质量有很大影响，但对某一微生物及其产生的酶，需经过一系列实验确定合适的培养基。

2. 培养基灭菌（Medium sterilization）

灭菌方法有干热灭菌（dry sterilization）、湿热灭菌（moist heat sterilization）、辐射灭菌（radiation sterilization）、化学灭菌（chemical sterilization）以及过滤除菌（filtration sterilization）。培养基和发酵罐的灭菌常用湿热灭菌法。

（三）发酵过程控制（Control of fermentation process）

微生物酶的生产水平不仅取决于生产菌种本身的性能，而且需要提供合适的环境条件使其生产能力充分表现出来。因此，需要了解有关生产菌种对环境条件的要求，如培养温度、pH、溶氧等，并深入了解生产菌在合成产物过程中的代谢调控机制以及可能的代谢途径，为设计合理的生产工艺提供理论基础。

（四）分离纯化（Separation and purification）

详见第三章。

四、提高酶产量的方法（Methods for improving enzyme yield）

酶合成的调节机制保证了生物体能够最经济、最有效地合成酶。然而，从人类利用的目的出发，要使酶产量提高，就要有针对性地打破这种调节机制。可从内外两个方面入手：①遗传控制；②条件控制。

（一）遗传控制（Genetic control）

1. 诱变育种（Mutation breeding）

诱变育种是采用物理或化学诱变剂处理微生物细胞，使其突变频率大幅度提高，然后用简便、快速、高效的筛选方法，从中挑选出少数符合需求的突变株。采用诱变育种的方法使酶产量在基因变异后得到提高，不外乎如下两种情况。

（1）诱导型变为组成型（Induced type into constitutive）

突变的部位位于调节基因而非结构基因上，使其不能形成阻遏物或失去了结合阻遏物的能力，因而突变株在没有诱导物存在的情况下，酶产量也能达到诱导水平。

（2）阻遏型变为去阻遏型（Repressed type into derepressed type）

通过诱变使调节基因发生突变，从而产生一种不能与辅阻遏物结合的阻遏蛋白，或者在操纵基因上突变，使其不能结合阻遏物，获得的突变株在通常引起阻遏的条件下酶产量也能达到无阻遏水平。

2. 基因重组（Gene recombination）

基因重组是指将两个不同性状个体内的遗传基因转移到一起，经过分子间的重新组合，在不发生基因突变的情况下，形成新的基因型个体。基因重组又称为体内基因重组。

基因重组是杂交育种的理论基础。杂交育种可以已知性状的供体菌和受体菌作为亲本，在方向性和预见性方面，都比诱变育种有很大进步。

（1）接合（Conjugation）

接合是指供体菌（donor bacterium）通过其性菌毛与受体菌（recipient bacterium）接触，将供体菌的部分基因传递给受体菌，并与之染色体（chromosome）发生交换、整合，从而使受体菌获得供体菌某些遗传性状的现象，如 Figure 2-12 所示。通过接合而获得新遗传性状的受体细胞称接合子（conjugant）。在细菌和放线菌中都存在接合现象。

（2）转导（Transduction）

利用噬菌体作为媒介，将供体菌的 DNA 片段携带到受体菌中，通过交换和整合，使受体菌获得部分遗传性状的现象，如 Figure 2-13 所示。获得遗传性状的重组受体细胞称转导子（transductant）。

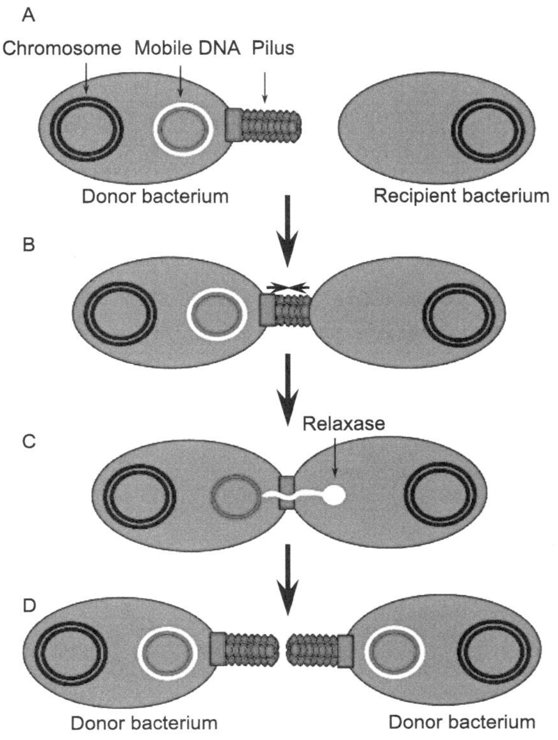

Figure 2-12 Conjugation—Transferring gene with plasmids

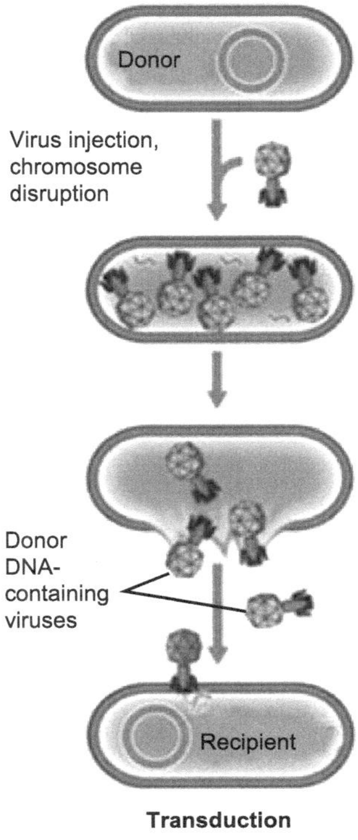

Figure 2-13 Transduction—Transporting DNA via bacteriophage

（3）转化（Transformation）

转化是指受体菌（receptor）直接吸收供体菌（donor）的外源 DNA 片段，通过交换整合到基因组中，经复制形成转化子（transformant），使受体菌获得对应于供体菌 DNA 片段的新的遗传性状的现象，见 Figure 2-14。转化是基因重组育种中获得酶制剂高产菌株最有效的方法。

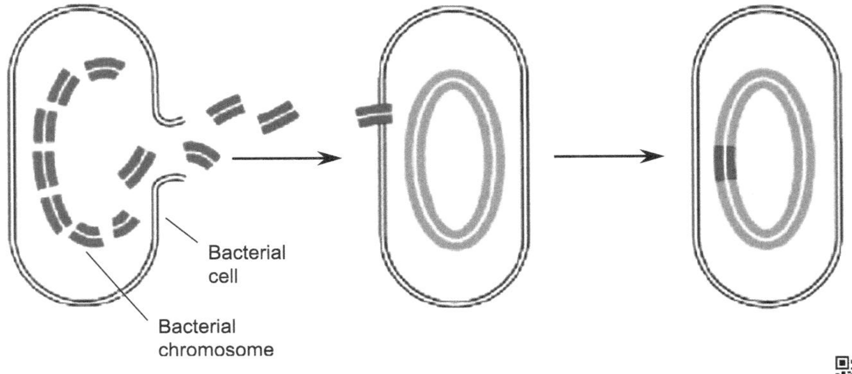

Figure 2-14 Transformation—Uptaking naked DNA from environment

（4）原生质体融合（Protoplast fusion）

利用人为方法，使遗传性状不同的两个亲株细胞的原生质体（protoplast）发生融合，进而发生遗传重组，产生同时具有双亲性状的、遗传性稳定的融合子（fusant）的过程。

具体操作步骤：选定两个具有特定遗传性状并带有选择性遗传标记的细胞作为亲株；然后在高渗溶液中用适当的细胞壁溶解酶处理，使其形成原生质体；再加入促融合剂聚乙二醇（polyethylene glycol，PEG）形成融合子，经过分离、转化、筛选获得性状优良的高产菌株，见 Figure 2-15。

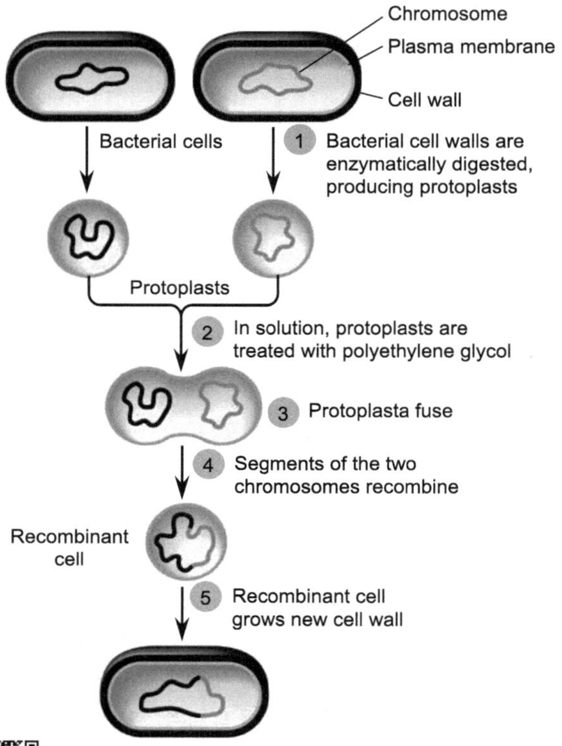

Figure 2-15　Process of protoplast fusion

3. 基因工程（Gene engineering）

基因工程又称体外基因重组（gene recombination *in vitro*）或 DNA 重组技术（recombinant DNA technology），指从供体细胞取得所需要的 DNA，在体外用工具酶进行切割，再与载体（vector）连接，形成重组子（recombinant），将重组子导入受体细胞，使所需要的外源基因在受体细胞中复制表达，从而获得新型物种的一种育种技术，如 Figure 2-16 所示。

与诱变育种相比，基因工程具有更大的目的性、预见性和主动性；与基因重组相比，基因工程更容易打破种间不相容性的限制，可以在远缘的生物细胞 DNA 分子间进行杂交、重组，通过供体、载体和受体系统的选择，合理地重组设计，使目的基因得到高效表达。

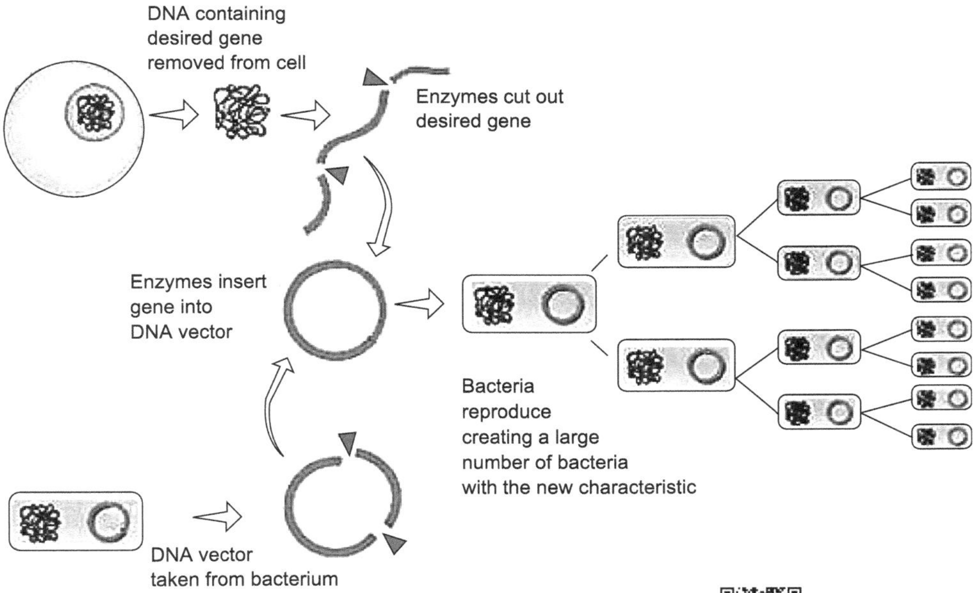

Figure 2-16 Steps in gene engineering

（二）条件控制（Condition control）

1. 添加诱导物（Adding inducer）

对于诱导酶的发酵生产，添加适宜的诱导物，能够显著提高酶的产量。不同的酶有各自不同的诱导物，同一种酶往往有多种诱导物，有时一种诱导物可以诱导同一种酶系的若干种酶的生物合成，诱导物一般可以分为如下 3 类。

（1）酶的作用底物（Enzyme substrates）

许多诱导酶可由其作用底物诱导产生。

（2）酶的反应产物（Products of enzymatic reaction）

有些酶可以由其催化反应产物诱导产生。

（3）酶作用底物的类似物（Enzyme substrate analogues）

有些酶的最有效的诱导物，往往是可以与酶结合但不能被酶催化的底物类似物。

2. 降低阻遏物浓度（Reducing repressor concentration）

根据阻遏作用的机制不同，分为末端产物阻遏和分解代谢物阻遏。控制阻遏物浓度是解除阻遏、提高酶产量的有效措施。

为解决末端产物阻遏（终产物阻遏），生产中可采用以下两种方法。

1）在培养基中添加终产物类似物或阻止终产物形成的抑制剂。

2）采用营养缺陷型突变株（auxotrophic mutant），并限制其生长必需因子的供应。

为减少或解除分解代谢物阻遏作用，可采用以下 3 种方法。

1）控制培养基中葡萄糖等容易利用的碳源的浓度，可采用较难利用的碳源，如淀粉等。

2）采用补料分批培养（fed batch culture）的方式，将碳源的浓度控制在较低水平。

3）添加一定量的环腺苷酸（cAMP），以解除或减少分解代谢物阻遏作用。

3. 添加表面活性剂（Adding surfactants）

表面活性剂可以与细胞膜相互作用，增加细胞的通透性，有利于胞外酶的分泌，从而提高酶产量。

表面活性剂有离子型和非离子型两大类。由于离子型表面活性剂对细胞有毒害作用，一般不能用于酶的发酵生产。非离子型的表面活性剂，如吐温（Tween）、曲拉通（Triton），对微生物细胞无毒性，可加速胞外酶的分泌，使酶产量增加。

4. 添加产酶促进剂（Adding enzyme promoters）

产酶促进剂是指可以促进产酶，但是作用机制并不明确的物质。添加适宜的产酶促进剂，往往可显著提高酶的产量。由于产酶促进剂对不同细胞、不同酶的作用效果各不相同，因而需通过试验确定产酶促进剂的种类和浓度。

Box 2-6　Strain improvement

A variety of different microorganisms can be used for industrial production of enzymes. If the genes involved in the synthesis of a metabolite or enzyme of interest are unknown, the production yield can be increased by introducing random mutations into the chromosomes of the synthesizing microbe by ultraviolet (UV) irradiation or treatment with mutagens. In addition, culture conditions can be adapted to enhance enzyme production. If the genes involved are known, on the other hand, their expression can be also enhanced by metabolic engineering strategies, such as gene disruption and overexpression using genetic modification techniques. This process of enhancing the biosynthetic capabilities of microbes to produce desired product in higher quantities is defined as microbial strain improvement.

第四节　动植物细胞发酵产酶

Enzyme Production by Animal and Plant Cell Culture

动植物细胞培养是通过特定技术获得优良动植物细胞，然后在人工控制条件的反应器中进行细胞培养，以获得所需产物的技术过程。

一、动物细胞、植物细胞与微生物细胞的比较（Comparison of animal cell, plant cell and microbial cell）

与微生物细胞相比，动物细胞和植物细胞具有各自不同的特性（Table 2-1），因此在发酵过程中，需采用各自不同的培养工艺。

Table 2-1 Comparison of plant cell, animal cell and microbial cell

Cell types	Plant cell	Microbial cell	Animal cell
Size/μm	200～300	1～10	10～100
Double times/h	＞12	0.3～6	＞15
Nutrition	Simple	Simple	Complex
Illumination	Yes	No	No
Shearing force	Sensitive	Non-sensitive（mostly)	Very sensitive
Main products	Pigment、medicine(s)、fragrance、enzyme *et al.*	Alcohol、organic acid、amino acid、antibiotics、nucleotide、enzyme *et al.*	Vaccine、hormone、monoclonal antibody、enzyme *et al.*

（一）植物细胞的特点（Characteristics of plant cell）

植物细胞与微生物细胞和动物细胞相比，具有以下特性。

1）植物细胞比微生物细胞大得多，也比动物细胞大。

2）植物细胞生长倍增时间较微生物长。

3）植物细胞和微生物细胞的营养要求较为简单。

4）植物细胞需要光照。

5）植物细胞与动物细胞一样对剪切力敏感。

6）植物细胞主要用于生产色素、药物、香精等次级代谢物。

（二）动物细胞的特点（Characteristics of animal cell）

动物细胞与微生物细胞和植物细胞相比，具有下列特性。

1）动物细胞没有细胞壁，适应环境能力较差。

2）动物细胞比微生物细胞大，通常小于植物细胞。

3）动物细胞的生长很慢，为防止微生物污染，培养过程中需添加抗生素。

4）大多数动物细胞具有锚地依赖性，宜采用贴壁培养。

5）动物细胞营养要求较复杂，需供给各种氨基酸、维生素、激素和生长因子等。

6）动物细胞主要用于生产疫苗、激素、多肽药物、单克隆抗体、酶和非抗体免疫调节剂等。

二、植物细胞培养产酶（Enzyme production by plant cell culture）

（一）植物细胞培养特点（Characteristics of plant cell culture）

与从植物中提取分离天然产物相比，利用植物细胞发酵生产具有以下优点。

1. 提高产率（Increasing product yield）

利用高产稳产的植物细胞生产天然产物，可明显提高天然产物的产率。

2. 缩短周期（Shortening cycle period）

植物细胞生长的倍增时间一般为 12～60h，生产周期一般为 15～30d，与完整植物生长周期相比，大大缩短了生产周期。

3. 提高产品质量（Improving quality of product）

植物细胞发酵生产的产品浓度较高，杂质较少，在严格控制条件的生物反应器中生产，可以减少环境中有害物质的污染和微生物、昆虫等的侵蚀，产品易于分离纯化，质量较高。

（二）工艺条件及控制（Process conditions and control）

1. 培养基（Medium）

植物细胞的培养基与微生物培养基有较大差别，主要不同点如下。

1）植物细胞的生长和代谢需要大量无机盐。

2）植物细胞需要多种维生素和植物生长激素，如硫胺素、吡哆素、烟酸、肌醇、生长素、分裂素等。

3）植物细胞可同化硝酸盐和铵盐，因而所需氮源一般为无机氮源。

4）植物细胞一般以蔗糖为碳源。

2. 工艺流程（Process flow）

植物细胞培养的一般工艺流程如 Figure 2-17 所示：外植体→诱导愈伤组织→细胞培养→分离纯化→产物。

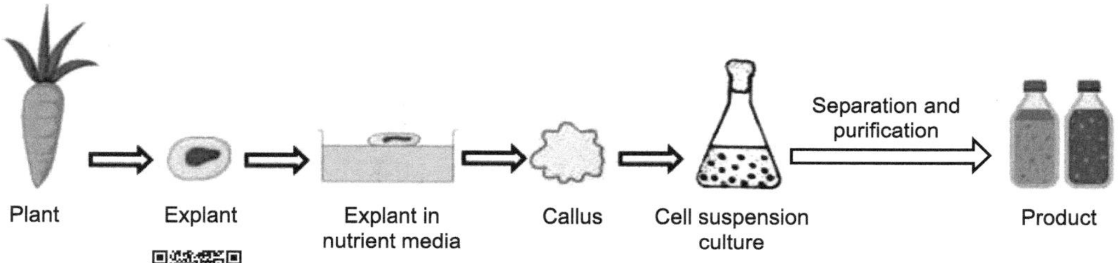

Figure 2-17 Process flow chart of plant cell culture

（1）外植体的选择与制备（Selection and preparation of explant）

外植体是指从植株取出并经过预处理后，用于植物组织培养的植物组织，包括根、茎、叶、花、果实、种子等的片段或小块，即从产生目的产物的组织部位中切取一部分组织，并进行消毒处理。

（2）愈伤组织的诱导（Induction of callus）

在灭菌的半固体愈伤组织诱导培养基中植入外植体，25℃培养一段时间后，从外植体的切口部位长出的小细胞团称为愈伤组织。继代培养后，可获得更多的愈伤组织。

（3）细胞悬浮培养（Cell suspension culture）

将上述获得的植物细胞在无菌条件下转入新的液体培养基中，在人工控制条件的生物反应器中进行细胞悬浮培养，获得所需产物。

（4）分离纯化（Separation and purification）

细胞培养完成后，分离收集细胞或者培养液，再采用各种生化技术，将所需产物分离纯化出来。

3. 培养条件（Culture conditions）

（1）温度（Temperature）

植物细胞培养温度一般控制在25℃左右。

（2）pH

植物细胞培养的pH一般控制在pH5.0～6.0的微酸性范围。

（3）溶氧（Dissolved oxygen，DO）

由于植物细胞代谢较慢，仅需吸收一定量的溶解氧，不能用直接通气搅拌的方式来供给氧气，只能通过改变供给氧、氮、二氧化碳和空气4种气体混合物的比例来调节。

（4）光照（Light）

光照对植物细胞培养有重要影响，应根据植物细胞的特性以及目标次级代谢物种类的不同，进行光照的调节控制。

（5）前体（Precursor）

在培养过程中添加目的代谢物代谢途径的上游物质，即前体物质，可提高植物细胞生产次级代谢物的产量。

（6）刺激剂（Elicitor）

在植物细胞培养过程中可适当添加能够强化次级代谢物生物合成的刺激剂，以提高某些次级代谢物的产率。

三、动物细胞培养产酶（Enzyme production by animal cell culture）

（一）动物细胞培养方式（Methods for animal cell culture）

动物细胞培养方式可分为悬浮培养和贴壁培养。悬浮培养的细胞常来自杂交瘤细胞、肿瘤细胞、血液和淋巴组织的细胞等。贴壁培养的细胞具有锚地依赖性，通常是存在于淋巴组织之外的细胞，如纤维细胞、上皮细胞等。

1. 悬浮培养（Suspension culture）

非锚地依赖性的细胞可以利用悬浮培养的方式，即让细胞自由地悬浮在培养液中生长、繁殖和新陈代谢，具有操作简便、培养条件均一、传质和传氧较好、容易扩大培养规模的特点。

2. 贴壁培养（Attachment culture）

贴壁培养是让具有锚地依赖性的细胞贴附在某种基质上生长繁殖的培养方法。优点是适用的细胞种类广，容易使细胞达到高密度。缺点是操作比较麻烦，需要合适的贴附材料和足够的面积等。

3. 固定化细胞培养（Immobilized cell culture）

细胞与固定化载体结合，在一定空间范围内进行生长繁殖的培养方式称固定化细胞培养。具有锚地依赖性和非锚地依赖性的动物细胞均可以采用固定化细胞培养方式。动物细胞的固定化一般采用吸附法和包埋法，具体见第四章。

（二）培养条件及控制（Culture conditions and control）

1. 培养基（Medium）

动物细胞培养基的组分较为复杂，需要加入氨基酸、维生素、葡萄糖、激素、无机盐、生长因子等，因而培养成本较高，主要用于珍贵药物的生产。

现在常用的各种动物细胞培养基均已商品化生产，有培养液、10 倍浓度培养液、粉末状培养基等，可根据需要选购使用。

2. 培养条件（Culture conditions）

（1）温度（Temperature）

动物细胞培养温度一般控制在 36.5℃。

（2）pH

动物细胞培养的 pH 一般控制在 7.0～7.6 的微碱性范围内。

（3）渗透压（Osmotic pressure）

动物细胞培养液中的渗透压应当与细胞内的渗透压处于等渗状态。

（4）溶解氧（Dissolved oxygen，DO）

在动物细胞培养过程中，要根据具体情况，随时对溶氧加以调节控制，不能过量也不能不足。

Box 2-7 Cell culture

Cell culture is the process by which cells grow under controlled conditions, generally outside of their natural environment. Cell culture conditions can vary for each cell type. Artificial environments consist of a suitable vessel with the substrate or medium that supplies the essential nutrients (amino acids, carbohydrates, vitamins, minerals), growth factors, hormones, and gases (CO_2, O_2), and regulates the physio-chemical environment (pH buffer, osmotic pressure, temperature). Most cells require a surface or an artificial substrate (adherent or monolayer culture) while others can grow by freely floating in a culture medium (suspension culture). In practice, the term “cell culture” now refers to the culturing of cells derived from multicellular eukaryotes, especially animal cells, in contrast with other types of culture for cell growth, such as plant tissue culture, fungal culture, and microbiological culture (of microbes). The historical development and methods of cell culture are closely interrelated to those of tissue culture and organ culture.

Summary

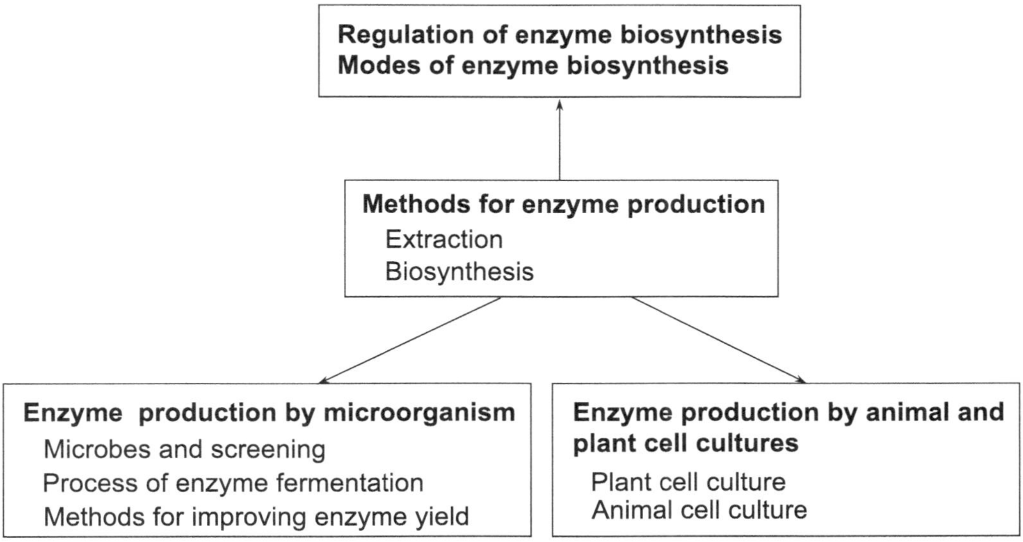

Review Questions

1. Explain the difference between two terms:

1) Feedback repression and feedback inhibition

2) Feedback repression and catabolite repression

3) Constitutive enzymes and inducible enzymes

4) Gene recombination *in vivo* and gene recombination *in vitro*

5) Transduction and transformation

2. Explain the mechanism of induction and repression (feedback repression and catabolite repression) with operon theory.

3. Describe the methods to increase enzyme productivity.

4. How many modes dose enzyme biosynthesis have? What are the influencing factors of them?

5. Compare the characteristics of plant cell culture, animal cell culture and microorganism cell culture.

第三章　酶的分离纯化

Isolation and Purification of Enzymes

Enzyme purification is processed to obtain pure biological catalyst to study their nature in basic sciences, and develop them for use in applied sciences and industries. It is a fine art and needs skill and trial and error. No definite procedure is available for all enzymes. Once if we want to purify a particular enzyme of our interest, the source of the enzyme like plant, microbial or animal has to be selected. After selecting the system, a suitable assay procedure has to be developed. The assay procedure has to be standardized in our laboratory conditions. Before isolation one must understand the properties of the enzyme like substrate specificity, pH, temperature and assay method .

There are a broad range of approaches that can separate proteins on the basis of their properties, including size or shape, ionic properties, binding affinity, solubility etc. These properties are different for different proteins. A single purification step is seldom adequate to purify an enzyme completely. Typically, several different procedures that exploit different properties of proteins must be used. Generally, there are three parts of purification: cells or organism disruption to extract enzymes, the initial extraction of enzyme and then the final purification. The purification techniques involved in this chapter are precipitation, centrifugation, extraction, filtration and membrane separation, chromatography, electrophoresis and so on.

Protein purification is vital for the characterization of the function, structure and interactions of the protein of interest. It requires more than one step to achieve desired level of purity and the purification procedure is guided by consideration of the stability of the protein, the ability of particular steps to remove contaminating materials, and the ability of the fractionation steps to maintain the biological activity of the proteins. As each step in the process will cause some loss of product and therefore, it is advisable to have as few purification steps as possible. For individual new enzyme, one must make great efforts on the integration of purification techniques before obtaining the pure product of enzyme.

酶的提取与分离纯化，就是将酶从动植物细胞或微生物培养物中提取出来，获得具有一定纯度和浓度的酶制剂的过程，要求步骤简、收率高、成本低。由于酶来源的多样性和高分子物质的复杂性，因此研究酶分离纯化的方法是酶工程的主要内容之一。

酶的分离纯化一般包括粗酶液的制备、酶的分离纯化及成品加工。

第一节　粗酶液的制备

Preparation of Crude Enzymes

酶可以从动植物的组织、器官、细胞或微生物细胞中提取分离，也可以利用微生物细胞以及动植物细胞进行发酵产酶，培养物的胞外酶固液分离后可直接进行纯化，胞内酶的获得一般要经过组织和细胞的破碎以及酶的提取分离过程。

一、细胞破碎（Cell disruption）

细胞破碎可分为机械法、物理法、化学法和酶解法，可根据具体情况选用其中的一种或两种以上的方法联合破碎细胞。

（一）机械法（Mechanical method）

通过机械运动产生的剪切力使细胞破碎的方法称机械法。按照所使用破碎机械的不同分为研磨法和匀浆法。

1. 研磨法（Grinding）

研磨法是利用研钵（mortar）、珠磨机（bead mill）（Figure 3-1）等研磨机械所产生的剪切力将组织细胞破碎。既可采用人工研磨，也可采用电动研磨，并可加入石英砂、玻璃粉等作为助磨剂，以提高研磨效果。常用于微生物和植物组织细胞的破碎。

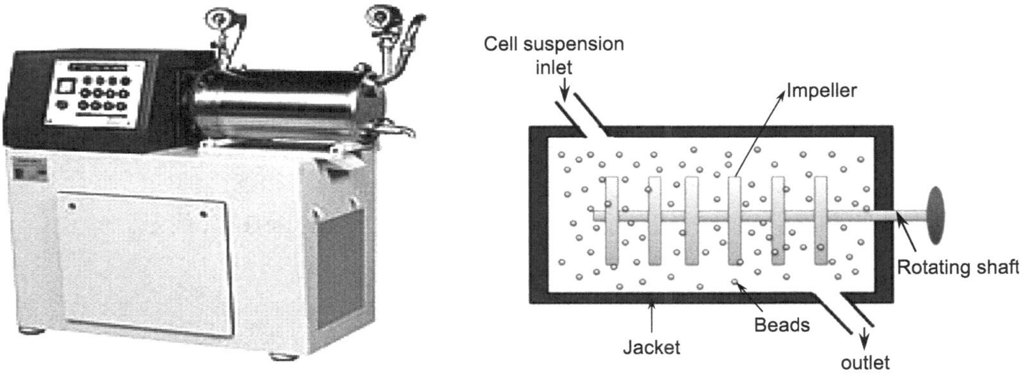

Figure 3-1　Bead mill and its disruption principle

2. 匀浆法（Homogenization）

匀浆法是利用匀浆器产生的剪切力将组织细胞破碎，工业上一般使用高压匀浆机，如Figure 3-2A 所示，常用于破碎那些颗粒小、易分散、较柔软的组织细胞，原理图见 Figure 3-2B。

手持匀浆器是小型的快速组织均质、分散和乳化器，如 Figure 3-2C 所示，将样品循环引入高速运动的转子间的狭小空间，并被快速剪切和破碎，适用于 0.2～250mL 液体样品的匀浆，最高转速可达 35 000r/min。

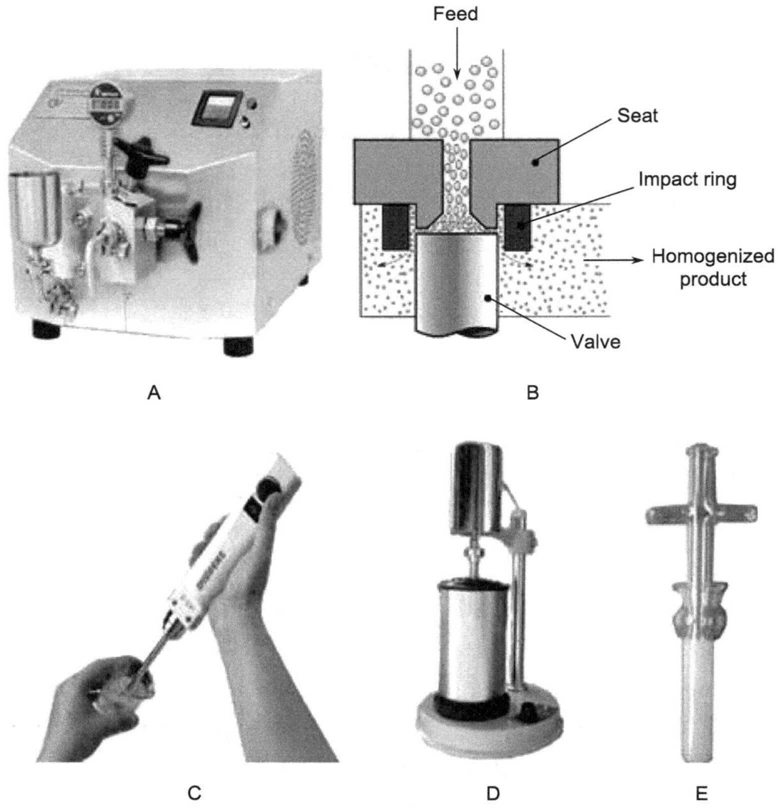

Figure 3-2　Several examples of homogenizers

实验室常用的组织捣碎机是通过电机旋转驱动旋刀在玻璃杯中将物料捣碎，旋转速度可达 12 000r/min，如 Figure 3-2D 所示。

玻璃匀浆器是由一个内壁经磨砂的管和一根表面经磨砂的研杆组成，两者之间仅有几百微米的间隙，在柱塞转动时，利用玻璃管与柱塞之间微小的缝隙和细微的凹凸咬合产生碾切作用，使生物细胞和其他较硬的细胞组织被轻易地碾碎，如 Figure 3-2E 所示。

（二）物理法（Physical method）

通过温度、压力、声波等各种物理因素的作用使组织细胞破碎的方法称物理法，多用于微生物细胞的破碎。常用冻融法、渗透压法、超声波法等。

1. 冻融法（Freeze-thaw method）

冻融法又称温差法，将待破碎细胞于–20～–15℃冷冻后，在室温迅速融化，如此反复多次，由于胞内水结晶使剩余胞液的盐浓度增高导致胞内外产生浓度差，在渗透压作用下引起细胞膨胀而破裂。适用于细胞壁容易破碎的革兰氏阴性菌。

2. 渗透压法（Osmotic shock method）

利用渗透压的变化使细胞破碎。先将细胞置于高渗溶液（如 2%NaCl 溶液或 20%左右的蔗糖溶液等）中平衡一段时间，然后迅速将其转入低渗溶液的水或缓冲液中，在渗透压作用下，水进入细胞，使细胞壁和膜膨胀破裂，如 Figure 3-3 所示。

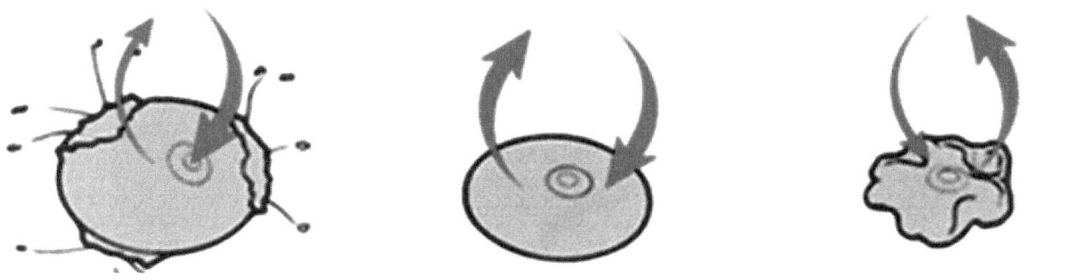

Figure 3-3　Sketch of disruption principle of osmotic shock

A. Water infiltrates into the cell from a low-osmotic solution, and then the cell becomes swollen; B. The osmotic pressure is the same in and out of cell; C. Water seeps from the cell to the outside, and then the cell becomes shriveled

3. 超声波法（Ultrasonication method）

利用超声波发生器发出的超声波使细胞膜产生空穴作用（cavitation）而使细胞破碎，具有简便、快速、高效的特点，特别适用于破碎对数生长期的微生物细胞，主要用于实验室规模的细胞破碎，如 Figure 3-4 所示。

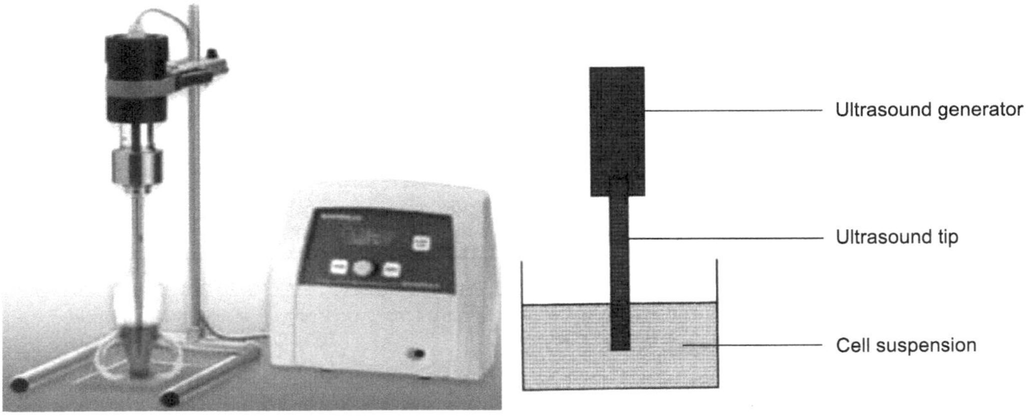

Figure 3-4　Sonicator and its formation

（三）化学法（Chemical method）

通过各种化学试剂（如甲苯、丙酮、丁醇等有机溶剂或 Triton、Tween 等表面活性剂）作用于细胞膜而使细胞破碎。原理是有机溶剂可破坏细胞膜的磷脂结构，表面活性剂（一般采用不影响酶空间结构的非离子型表面活性剂）可与细胞膜中的磷脂和脂蛋白作用，从而增加细胞膜的通透性，使胞内酶等释放到胞外。

（四）酶解法（Enzymatic method）

酶解法是通过外加酶制剂的催化作用，使细胞壁受到破坏而使细胞破碎。酶解法的具体条件因待破碎的组织材料而异。例如，利用溶菌酶破坏革兰氏阳性菌细胞壁中的肽聚糖，利

用 β-葡聚糖酶水解酵母细胞壁，利用几丁质酶破坏霉菌细胞壁，利用混合的纤维素酶、半纤维素酶和果胶酶破碎植物细胞壁等，如 Figure 3-5 所示。

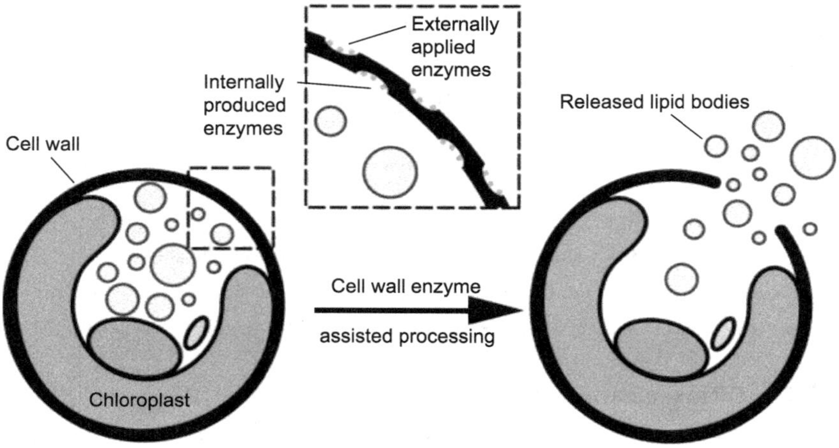

Figure 3-5　Sketch of enzymatic hydrolysis of cell wall

自溶法（autolysis）是一种特殊的酶解方式，所需的溶胞酶是由细胞本身产生的。将细胞在一定的 pH 和温度下保温一段时间，细胞在自身酶系的催化下使细胞破坏，胞内物质释放出来，其作用效果受温度、pH、离子强度等因素的制约。可加入适量的甲苯、氯仿等防腐剂以防止其他微生物在自溶体系中生长。

各种细胞破碎方法及其原理见 Table 3-1。

Table 3-1　Methods and principles of cell disruption

Classification	Cell disruption methods	Principles
Mechanical method	1. Grinding(ball mill/bead mill)—dry way 2. Homogenization(homogenizer)—wet way	By shear force generated from mechanical movement
Physical method	1. Freeze-thaw(temperature difference) 2. Osmotic shock (pressure difference) 3. Ultrasonication	1. By ice crystals produced from freezing and thawing repeatedly 2. Pressure difference produce osmotic shock 3. Membrane cavitation caused by ultrasonic wave
Chemical method	1. Organic solvents 2. Detergents: Triton X-100,Tween	Dissolving the components of cell wall
Enzymatic method	1. Extra enzymes 2. Autolysis	Enzymes resolve cell wall

Box 3-1　Cell disruption

Many biotechnologically produced compounds are intracellular and must be released from cells before recovery. The efficient recovery of products requires cell disruption, which can be achieved by using different methods and technologies, either mechanical or non-mechanical methods. The chosen technology depends on the product, cell type and scale. The cell disruption methods which are commonly used include the bead mill, sonication and French press. Other possible methods are the utilization of enzymes, detergents and osmotic shock. However, many of these techniques are viable only at laboratory scale due to increased consumption of energy, chemicals and water. Some of the techniques generate excess heat or the products are not stable in the given conditions. Other aspects that should be taken into consideration, in the design of the cell disruption process, are safety, health and environmental issues.

二、酶的提取（Enzyme extraction）

酶的提取是指在一定条件下，用适当的溶剂或溶液处理含酶原料（如某些动物体或植物体），使酶充分溶解到溶剂或溶液中的过程，又称酶的抽提。

（一）提取方法（Extraction methods）

1. 盐溶液提取（Extraction with salt solution）

大多数蛋白类酶（P 酶）能溶于水，且在低盐溶液中，酶的溶解度随盐浓度的升高而增加，称盐溶（salting in）现象。当盐浓度升高至某一浓度后，酶的溶解度随盐浓度的升高而降低，称盐析（salting out）现象，详见本章第二节。

用稀盐溶液从原料中提取蛋白类酶，利用的是盐溶的原理，稀盐溶液不但有利于增加酶的溶解度，还有助于酶分子活性的稳定。盐浓度一般控制在 0.02～0.5mol/L。

2. 酸碱溶液提取（Extraction with acid and alkaline solution）

有些酶在酸性或碱性条件下溶解度较大且稳定性较好，宜用酸碱溶液提取，抽提液的 pH 一般控制在提取目的酶等电点两侧的稳定范围内。

如甘露聚糖酶的 pI=3.58，可以用 pH8.5～10 的稀碱溶液提取。细胞色素 c 的 pI=10.65，可以用 pH3.5～4.0 的稀酸溶液提取。通常应避免采用极端 pH，以防酶的失活。

3. 有机溶剂提取（Extraction with organic solvent）

与脂质结合牢固或含有较多非极性基团的酶，可采用乙醇、丙酮、丁醇等具有较强亲脂性和亲水性的有机溶剂提取。

生物材料中除目的酶外，还存在蛋白酶。如果目的酶既溶于稀碱稀酸，也溶于有机溶剂，则可采用稀有机溶剂提取，这样既可防止蛋白酶对目的酶的降解，又可除去杂质，但通常在低温下操作。

对于核酸类酶的提取，可采用苯酚水溶液，DNA 和蛋白质沉淀于苯酚层，而 RNA 溶解于水溶液中。

（二）影响因素（Influence factors）

酶在溶剂中的溶解度以及酶向溶剂相中扩散的速度，受温度、pH 以及提取液体积等因素的影响。

1. 温度（Temperature）

虽然温度升高可以提高酶的溶解度，但温度过高，容易引起酶的变性失活，因此一般应在低温下提取，尤其是采用有机溶剂提取时。对于某些耐高温的酶，如胃蛋白酶等，可在较高温度下提取，也有利于除去其他不耐热的酶。

2. pH

溶液的 pH 对酶的溶解度和稳定性有显著影响，为了提高酶的溶解度，提取时 pH 应避开酶的等电点，但溶液的 pH 不宜过高或过低，以免引起酶的变性失活。

3. 提取液（Extraction medium）

（1）提取液体积（Extract volume）

增加提取液用量，可提高酶的提取率，但过量的提取液会降低酶的浓度，不利于进一步的分离纯化。一般为原料体积的 3～5 倍，分几次提取。

（2）提取液成分（Extract composition）

为提高酶的稳定性，避免引起酶的变性失活，可在提取液中加入某些保护剂，如可保护巯基的巯基乙醇（mercaptoethanol，ME）或二硫苏糖醇（dithiothreitol，DTT），添加蛋白酶抑制剂、如苯甲基磺酰氟（phenylmethanesulfonyl fluoride，PMSF），可防止目的酶被蛋白酶水解。

Box 3-2 Extraction medium

In order to get a suitable composition of the extraction medium, it is necessary initially to study the conditions at which the protein of interest is stable and secondly, where it is most efficiently released from the cells or tissues. The final choice is usually a compromise between maximum recovery and maximum purity. The following factors have to be taken into consideration: pH, buffer salts, detergents, reducing agents, chelators or metal ions, proteolytic inhibitors, and bacteriostatics.

The most serious threats to protein stability are the omnipresent proteases. The simplest safeguard against proteolytic degradation is normally to work quickly at low temperatures. An alternative, or added, precaution is to make use of protease inhibitors, especially in connection with the extraction step.

从动植物和微生物中获得酶的流程如 Figure 3-6 所示。

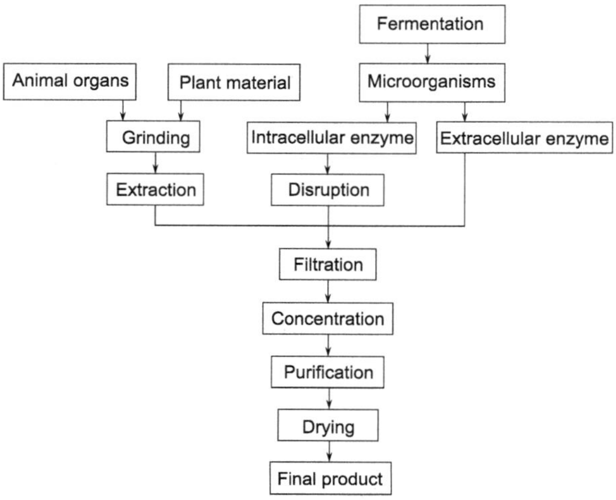

Figure 3-6 Process flow chart of enzyme isolation

第二节　酶的纯化

Enzyme Purification

酶的分离纯化通常包括两个方面的工作：①浓缩，即提高目的酶的浓度；②除杂，即除去杂蛋白。主要依据蛋白质的以下特性：溶解度（如沉淀分离）、分子质量（如膜分离、密度梯度离心、凝胶过滤）、电荷性质（离子交换层析、电泳等）、亲和性（亲和层析等）等。由于酶种类繁多，且不同的使用目的对酶纯度要求也不相同，应根据实际需求选择合适的纯化方法。

一、沉淀分离（Precipitation separation）

沉淀分离是通过改变某些条件或添加某种试剂，使酶的溶解度降低而析出的过程。优点是成本低、设备简单、收率高，缺点是分辨率不高，一般用于初级分离阶段的浓缩过程。

蛋白质在水溶液中稳定的因素有：①水膜，蛋白质周围的水化层能使蛋白质形成稳定的胶体溶液并防止蛋白质凝聚沉淀；②电荷，蛋白质分子表面所带电荷产生的静电排斥作用也能够防止蛋白质沉淀。这两种作用都与溶液中电解质的种类、浓度、pH 等密切相关，通过使用不同试剂或改变其他因素均可使蛋白质沉淀，如 Figure 3-7 所示。

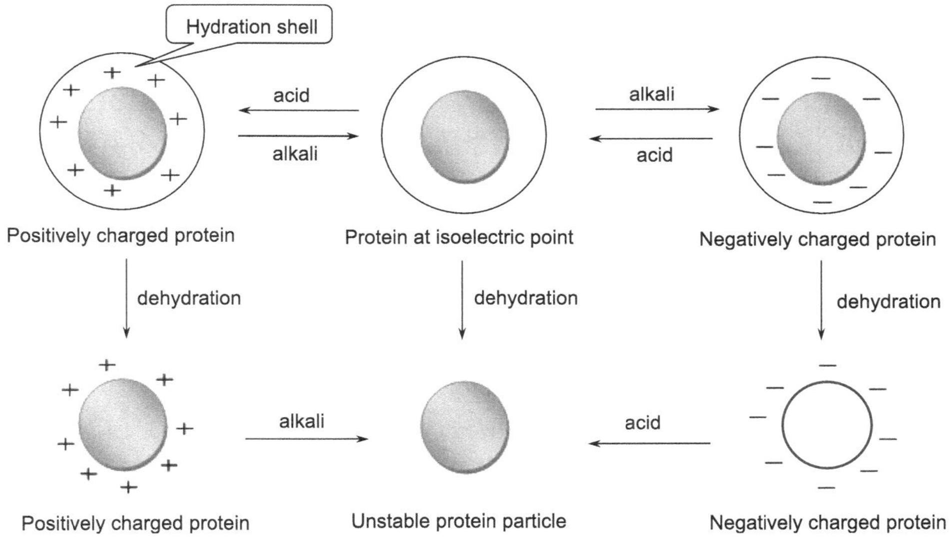

Figure 3-7　The effect of hydration shell and charges on protein stability

（一）盐析沉淀法（Salting out precipitation）

向酶蛋白溶液中加入中性盐而达到一定浓度时，随着盐浓度的继续升高而使酶蛋白的溶解度下降而析出的方法，称盐析沉淀法，如 Figure 3-8 所示。

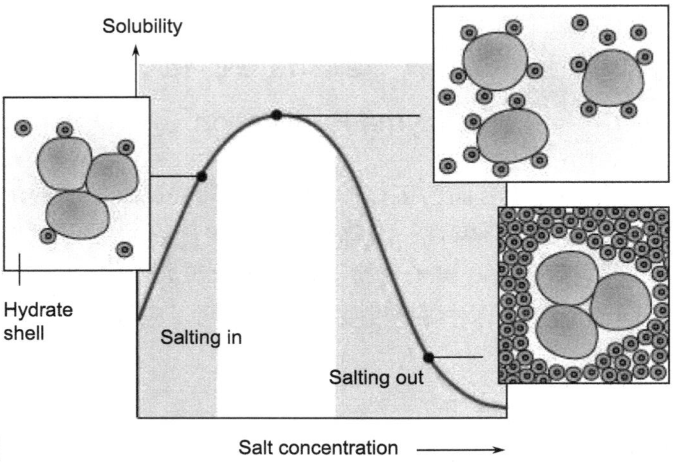

Figure 3-8　Effect of salt concentration on protein solubility

1. 原理（Principle）

1）亲水性大于酶蛋白的中性盐能够夺走酶蛋白分子表面的水分子，破坏水化层，从而暴露蛋白质的疏水区域，使蛋白质分子之间相互聚集而沉淀。

2）中性盐能够中和酶蛋白分子的表面电荷，从而破坏亲水胶体，导致酶蛋白分子聚集在一起形成沉淀。

2. 分段盐析（Fractional salting out）

在浓盐溶液中，酶蛋白在溶液中溶解度的对数与溶液中离子强度的关系为：

$$\log S = \log S_0 - K_s I$$

式中，S 为酶或蛋白质在离子强度为 I 时的溶解度（g/L）；S_0 为酶或蛋白质在离子强度为 0 时的溶解度（g/L）；I 为离子强度；K_s 为盐析系数，代表盐析效率，与蛋白质和盐种类有关，K_s 越大，盐析效果越好。

在一定温度和 pH 条件下，利用不同蛋白质 K_s 的不同，通过改变离子强度使不同酶或蛋白质分离的方法称 K_s 分段盐析法。选择盐析方法进行沉淀分离时，应结合酶的自身特点和无机盐的性质选择合适的盐析剂。

3. 操作（Operation）

（1）中性盐的选择（Selection of neutral salt）

蛋白质盐析时，通常采用的中性盐有硫酸铵、硫酸钠、硫酸镁等，由于硫酸铵的溶解度较大，且受温度的影响较小，价廉易得，因此常选硫酸铵用作盐析用盐。操作时先将硫酸铵研磨均匀，搅拌下缓慢分批加入，以免造成局部过浓，影响分离效果。

（2）饱和度（Saturation）

盐析操作时，硫酸铵的浓度常用饱和度表示。饱和度是指溶液中加入的饱和硫酸铵的体积与混合溶液总体积之比值。饱和硫酸铵溶液的配制是将过量硫酸铵加热溶解，在 0℃或室温下放置至固体析出后的上清液。

（3）饱和度的调整（Adjustment of saturation）

各种蛋白质盐析所要求的硫酸铵饱和度不同，所需添加硫酸铵的量也不同。当最终硫酸铵饱和度要求不高且原来溶液体积不大时，可用添加饱和硫酸铵溶液的方法，所需体积可根据下式计算：

$$V = V_0 \frac{S_2 - S_1}{1 - S_2}$$

式中，V 为所需加入饱和硫酸铵溶液的体积；V_0 为待盐析溶液的体积；S_1 为溶液起始硫酸铵饱和度；S_2 为最终硫酸铵饱和度。

当要求最终饱和度较高且不增大溶液体积时，可用添加固体硫酸铵的方法。各种不同饱和度应加入硫酸铵的量如 Table 3-2 所示，也可通过查阅有关生物化学实验书后的附录得到。

Table 3-2　Amount of ammonium sulfate required for protein precipitation

Initial concentration of ammonium sulfate	Percentage saturation at 0℃																
	20	25	30	35	40	45	50	55	60	65	70	75	80	85	90	95	100
	Solid ammonium sulfate(grams) to be added to 1 liter of solution																
0	106	134	164	194	226	258	291	326	361	398	436	476	516	559	603	650	697
5	79	108	137	166	197	229	262	296	331	368	405	444	484	526	570	615	662
10	53	81	109	139	169	200	233	266	301	337	374	412	452	493	536	581	627
15	26	54	82	111	141	172	204	237	271	306	343	381	420	460	503	547	592
20	0	27	55	83	113	143	175	207	241	276	312	349	387	427	469	512	557
25		0	27	56	84	115	146	179	211	245	280	317	355	395	436	478	522
30			0	28	56	86	117	148	181	214	249	285	323	362	402	445	488
35				0	28	57	87	118	151	184	218	254	291	329	369	410	453
40					0	29	58	89	120	153	187	222	258	296	335	376	418
45						0	29	59	90	123	156	190	226	263	302	342	383
50							0	30	60	92	125	159	194	230	268	308	348
55								0	30	61	93	127	161	197	235	273	313
60									0	31	32	95	129	164	201	239	279
65										0	31	63	97	132	168	205	244
70											0	32	65	99	134	171	209
75												0	32	66	101	137	174
80													0	33	67	103	139
85														0	34	68	105
90															0	34	70
95																0	35
100																	0

Box 3-3　Salting-in and salting-out

Protein solubility is affected by ions. At low ion concentrations (<0.5mol/L), protein solubility increases along with ionic strength. Ions in the solution shield protein molecules from the charge of other protein molecules in what is known as salting in. At a very high ionic strength, protein solubility decreases as ionic strength increases in the process known as salting out. Thus, salting out can be used to separate proteins based on their solubility in the presence of a high concentration of salt. The salt concentration needed for the protein to precipitate out of the solution differs from protein to protein. Dialysis can be used to remove the salt if needed. One advantage of this method is that it can be performed inexpensively with very large volumes, which can be concentrated by this process.

（二）有机溶剂沉淀法（Organic solvent precipitation）

某些与水混溶的有机溶剂（如乙醇、丙酮等）可使蛋白质在水中的溶解度降低而析出，称有机溶剂沉淀法。

1. 原理（Principle）

1）溶液的介电常数越低，溶质分子间的静电引力越大，有机溶剂降低了水溶液的介电常数，从而使蛋白质相互吸引而聚集。

2）有机溶剂，破坏了溶质表面的水膜，使蛋白质溶解度降低而沉淀析出。

2. 操作（Operation）

1）有机溶剂沉淀蛋白质能力的顺序一般是丙酮＞乙醇＞甲醇，由于甲醇和丙酮对人体有一定毒性，因此工业上常用乙醇作为蛋白质的沉淀剂。沉淀所需溶剂量一般为酶液体积的 2 倍左右。

2）由于蛋白质在等电点处的溶解度最低，一般应将酶液的 pH 调节到欲分离酶的等电点附近。

3）有机溶剂沉淀法的优点是溶剂易挥发除去并可回收，沉淀产品不需脱盐处理。缺点是有机溶剂易引起蛋白质变性，易燃易爆，应在低温下操作。

Box 3-4 Organic solvent precipitation

Despite being a protein denaturant, miscible organic solvents such as alcohols or acetone can effectively precipitate proteins in the native state by reducing the dielectric constant of water, which in effect allows two proteins to come close together. It is well known that proteins are stable in some organic solvents and even multicomponent enzymes have been shown to retain catalytic activity, despite at significantly lower levels than in water. Satisfactory results are obtained only if the concentration of solvent and the temperature are carefully controlled because enzymes can be inactivated easily by organic solvents.

（三）等电点沉淀法（Isoelectric point precipitation）

利用蛋白质在等电点处溶解度最低、且不同蛋白质具有不同等电点的特性，通过调节溶液的 pH，使酶或杂蛋白析出的分离纯化方法，称等电点沉淀法。

1. 原理（Principle）

1）溶液 pH 等于蛋白质等电点时，蛋白质分子所带静电荷为零，分子间静电斥力消除而聚集沉淀。

2）酶蛋白在其等电点时分子表面的水化膜仍然存在，因而具有一定的溶解度，所以等电点沉淀法往往与其他沉淀方法（如盐析或有机溶剂沉淀法）联合使用，以提高沉淀效果。

2. 操作（Operation）

用酸碱调节 pH 时，应边搅拌边缓慢加入，以防局部过酸或过碱而引起酶的变性失活。

Box 3-5　Isoelectric precipitation of proteins: casein from milk

Milk contains many types of proteins, most of which present in very small amounts. The caseins, made up of many individual amino acids, are found in milk and accounted for 80% of milk proteins. They may have a positive or a negative charge, depending on the pH of the milk system. The isoelectric point (IEP) of casein is approximately 4.6, at which acid caseins are precipitated. In the milk, with a pH of about 6.6, casein micelles have a net negative charge and are quite stable. During milk fermentation, lactic acid can be producted by lactic acid bacillus from lactose as the major metabolic end-product. It lowers the pH of milk to the IEP of casein and causes its precipitation.

（四）有机聚合物沉淀法（Organic polymer precipitation）

在酶液中加入某些物质（如单宁、聚乙二醇等高分子聚合物或金属离子、有机酸等小分子物质），使其与酶形成复合物而沉淀下来，从而使酶与杂质分离的方法称有机聚合物沉淀法，又称非离子型亲水聚合物沉淀法（non-ionic hydrophilic polymers precipitation）、复合沉淀法（complex precipitation）。

1. 原理（Principle）

应用较多的非离子多聚物聚乙二醇（polyethylene glycol, PEG）的沉淀原理依据的是空间排阻理论，即 PEG 分子在溶液中形成网络结构，与溶液中的蛋白质分子发生空间排挤作用，使蛋白质分子凝集而沉淀。

2. 操作（Operation）

聚乙二醇不像酸、碱、有机溶剂那样会使酶和蛋白质变性，反而对它们有一定的保护作用，且具有一定的分级选择性，可以像中性盐和有机溶剂一样用于分级分离。对于某一特定的蛋白质来说，PEG 的聚合度越高，所需的 PEG 浓度越低，但 PEG 聚合度过高，则溶液黏度太大，操作不便，所以一般采用 PEG6000。广泛用于蛋白质、细菌、病毒等的沉淀分离。

该法的主要优点是：①操作条件温和，不易引起生物大分子的变性；②沉淀效能高，少量 PEG 即可沉淀较多的生物大分子；③沉淀后的多聚物容易除去。

Box 3-6　Organic polymer precipitation

Organic polymers function in a way similar to organic solvents. The most widely used polymer is polyethylene glycol (PEG), with an average molecular weight of either 6000 or 20 000. The main advantage of PEG over organic solvents is that it is more easily handled. It is inflammable, not poisonous, uncharged, and relatively inexpensive. Rather low concentrations are required (often less than 25%) to precipitate most proteins. One disadvantage is that high concentration solutions of PEG are viscous and it can also be difficult to remove from protein solutions. However, after dilution with a buffer the viscosity decreases. Because the substance is uncharged, the solution may be applied directly to an ion exchange column to further separate the proteins, simultaneously removing the polymer.

（五）选择性变性沉淀法（Selective denatural precipitation）

选择一定的条件使溶液中的杂蛋白变性沉淀而目的蛋白不受影响的方法称选择性变性沉淀法。

1. 原理（Principle）

热变性破坏了蛋白质的天然结构及水化层，疏水基团暴露，使蛋白质变性并凝固。当蛋白质处于等电点时，也破坏了带电状态，因而等电点时加热凝固最迅速彻底。

如果目的酶对某些物理或化学因素（如温度、pH 或有机溶剂）不敏感，可将不纯的混合物暴露于极端环境，使酶液中的杂蛋白变性沉淀，并通过离心等方法除去，再将上清液中的目的酶进一步分离纯化。

2. 注意事项（Attention）

应用该法之前，必须对目的酶的热稳定性及酸碱稳定性等有足够的了解，不能盲目使用。

二、离心分离（Centrifugation）

离心分离是借助离心机旋转所产生的离心力，使不同大小、不同密度的物质得以分离的技术过程。离心机示意图如 Figure 3-9A 所示。

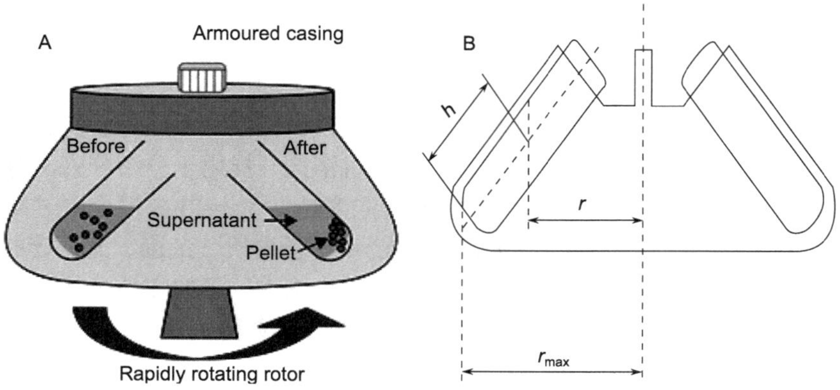

Figure 3-9 Diagrammatic sketch of centrifuge (A) and its centrifugal radius (B)

（一）原理（Principle）

颗粒的沉降速度取决于离心机的转速以及颗粒的质量、大小和密度，在强离心力作用下，具有不同沉降系数和浮力密度的蛋白质组分得以分开。

沉降系数（sedimentation coefficient）是指颗粒在单位离心力场中粒子移动的速度，以 s 表示。沉降系数以单位重力的沉降时间表示，通常为 1×10^{-13}～200×10^{-13}s，10^{-13} 为沉降单位（S），即 $1S=10^{-13}$s，大多数蛋白质和核酸的沉降系数为 4～40S。

（二）离心机（Centrifuge）

离心机种类繁多。按照用途分为制备、分析、制备-分析两用离心机；按照结构特点有蝶片式离心机（disk-bowl centrifuge）（Figure 3-10）、卧式螺旋离心机（horizontal screw decanter centrifuge）（Figure 3-11）等；按照转速的不同，分为低速（常速）、高速和超速离心机。

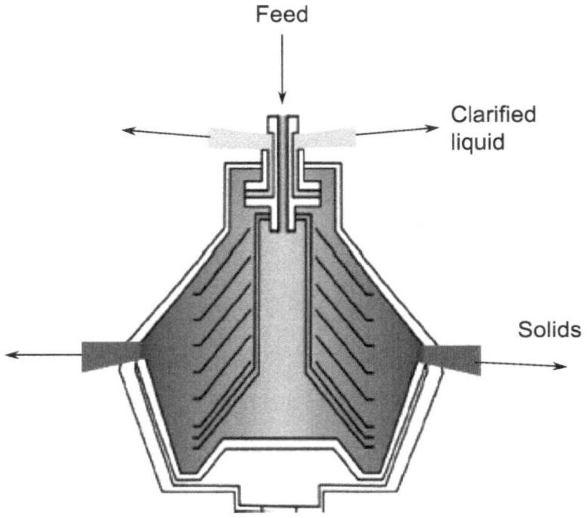

Figure 3-10　Disk-bowl centrifuge

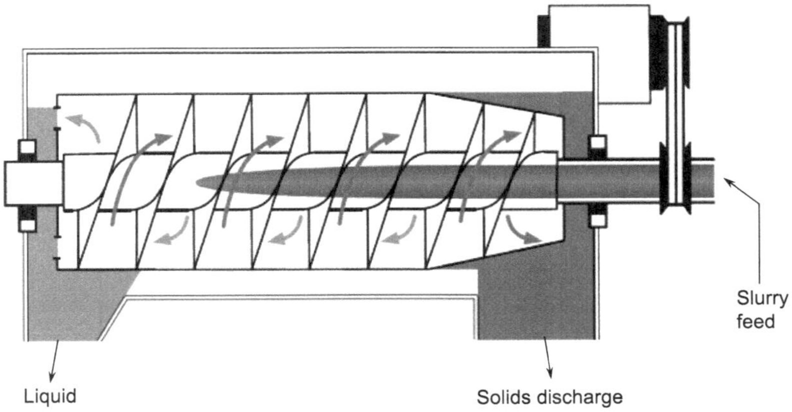

Figure 3-11　Horizontal screw decanter centrifuge

1. 低速离心机（Low-speed centrifuge）

最大转速在 8000r/min 以内，相对离心力（relative centrifugal force, RCF）在 1×10^4g 以下。主要用于细胞、细胞碎片和培养基残渣等固形物的分离。

2. 高速离心机（High-speed centrifuge）

最大转速为 1×10^4～2.5×10^4r/min，相对离心力达到 1×10^4～1×10^5g。主要用于细胞碎片

的沉淀和细胞器的分离，带有制冷装置，称高速冷冻离心机（high-speed freezing centrifuge）。

3. 超速离心机（Ultracentrifuge）

最大转速达 2.5×10^4～12×10^4r/min，相对离心力超过 5×10^5g。主要用于 DNA、RNA、蛋白质等生物大分子以及细胞器、病毒等的分离纯化，样品纯度的检测以及沉降系数和相对分子质量的测定等。超速离心机均设有冷冻系统和真空系统，以防止温度升高并减少空气的阻力和摩擦。

离心机使用前要注意离心转子的平衡，还要设定温度、时间和转速。

（三）离心力（Centrifugal force）

在说明离心条件时，低速离心一般可以用离心速度，即转子每分钟的转速表示，如 5000r/min，而在高速或超速离心时，往往以相对离心力（RCF）表示，如 60 000g。相对离心力是指颗粒所受离心力与地心引力之比，即

$$\mathrm{RCF}=F_c/F_g=m\omega^2r/mg=1.12\times10^{-5}\quad 其中：\omega=2\pi n/60$$

式中，RCF 为相对离心力（g）；F_c 为离心力；F_g 为地心引力；n 为转子每分钟转数（r/min）；r 为旋转半径（cm），如 Figure 3-9B 所示。

由此可见，颗粒所受离心力的大小与转速的平方（n^2）以及旋转半径（r）成正比，相对离心力可真实地反映颗粒在离心管不同位置的离心力及其动态变化。

根据上式可制作出三者关系的列线图（Figure 3-12），用于方便地进行转速和相对离心力之间的换算。Figure 3-12 中两者数值点的连线与第三者的交点，即为所求第三者的数值。

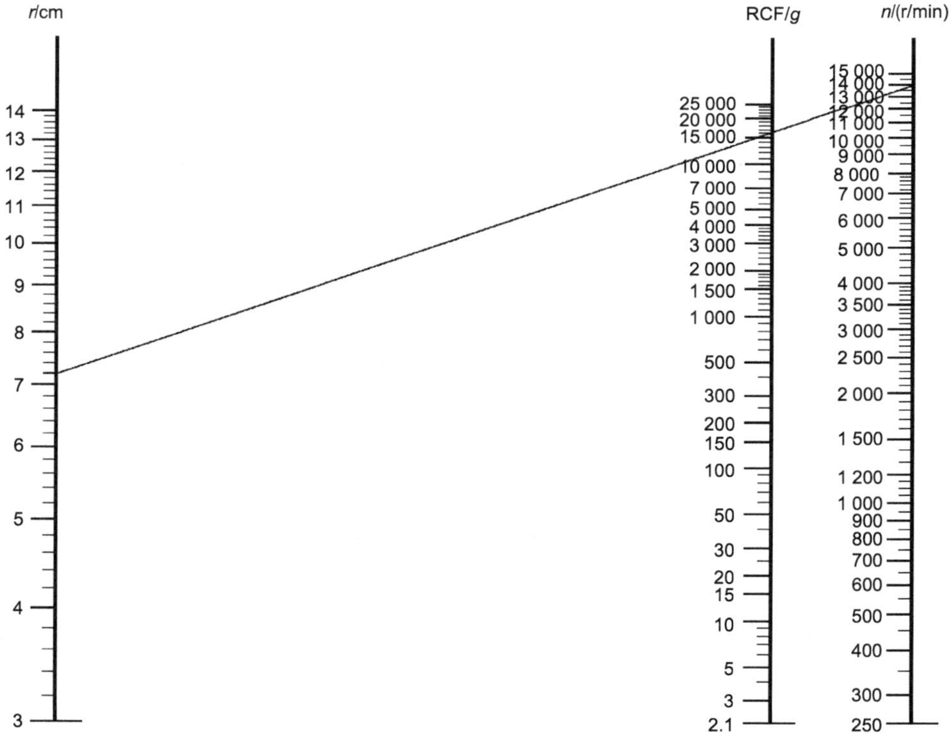

Figure 3-12　The conversion relationship between rotation speed（r/min）and RCF（g）

（四）离心方法（Centrifugation methods）

对于常速和高速离心机，只要选择好离心速度和离心时间，就能将大小和密度相差较大的颗粒分离开。如果要从样品中分离出两种以上大小和密度不同的颗粒，通常采用差速离心的方法。而对于超速离心机，则常采用密度梯度离心或等密度梯度离心的方法。

1. 差速离心（Differential centrifugation）

采用不同的离心速度和离心时间，使沉降速度不同的颗粒在不同离心速度和离心时间下分步分离的方法，称差速离心法。差速离心一般用于分离沉降系数相差较大的颗粒。

操作时先用较低的转速进行离心，分离得到沉淀和上清液，然后再用较高转速对上清液进行离心，得到相应的沉淀和上清液，如此反复操作，以达到分级分离的目的，如 Figure 3-13 所示。

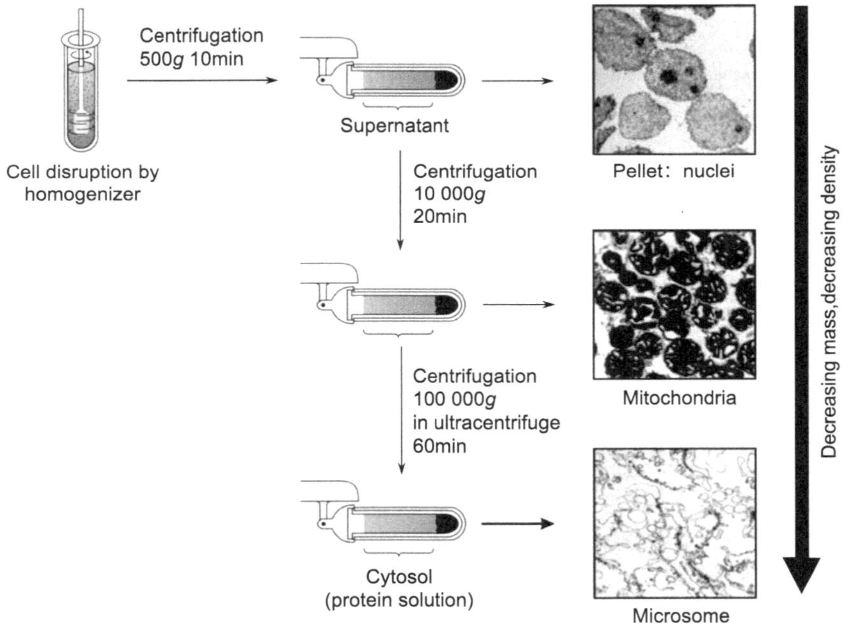

Figure 3-13　Centrifugation separates cell components based on size and density

2. 密度梯度离心（Density gradient centrifugation）

密度梯度离心又称沉降速度法（sedimentation velocity method），是将样品在密度梯度介质中进行离心，使具有一定沉降系数差的颗粒得以分离的一种区带分离方法。常用的密度梯度介质是蔗糖溶液，用梯度混合器将不同浓度的蔗糖溶液逐层加入离心管中，使其形成一个由下至上逐渐降低的浓度梯度，如 Figure 3-14A 所示。

将样品小心铺放在浓度梯度的表面，见 Figure 3-14B，由于介质的最大密度小于沉降样品的最小密度，离心后，不同沉降系数（差别在一个或几个数量级）的颗粒在介质梯度中以一定速度移动，进入到相应的浓度层，形成不同的区带，控制转速、离心时间，当最前面的沉降颗粒到达管底前停止离心，见 Figure 3-14C。再通过虹吸、穿刺等方法将不同区带中的颗粒分别收集，得到所需物质，见 Figure 3-14D。

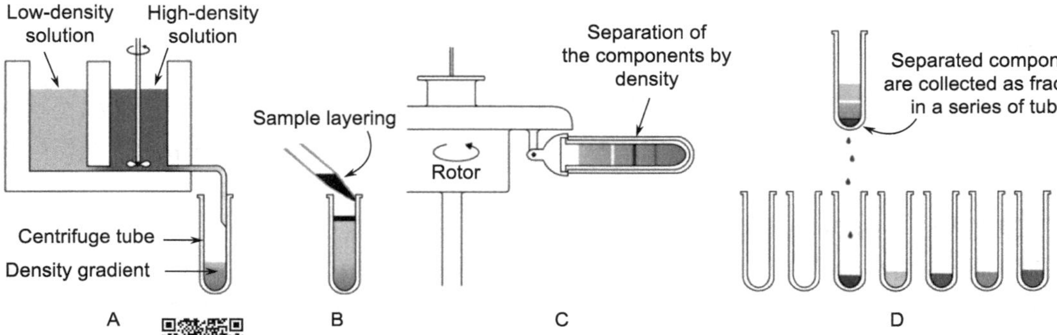

Figure 3-14　The process of density gradient centrifugation

3. 等密度梯度离心（Isopycnic gradient centrifugation）

等密度梯度离心又称沉降平衡法（sedimentation equilibrium method），是利用离心形成的密度梯度，使处于离心介质密度范围内密度不同的颗粒分离的一种区带分离方法。常用的等密度梯度离心介质是氯化铯（CsCl）。

操作时，把一定浓度的介质溶液与样品液混合均匀，要求样品密度必须小于介质的最大密度。氯化铯在离心力的作用下，经过足够时间的离心分离，自动形成有适当陡度的密度梯度，样品中不同浮力密度的颗粒在其各自的等密度位置上形成区带。常用于分离大小相近而密度不同的样品，在酶分离纯化中较少使用，但在核酸研究中应用广泛。

3 种离心方法的比较见 Table 3-3。

Table 3-3　Comparison of three centrifugation methods

High speed	Ultracentrifugation	
Differential centrifugation	Density gradient centrifugation	Isodensity centrifugation
(No density)	(precast)→(step-wise)←(CsCl gradient forming)	
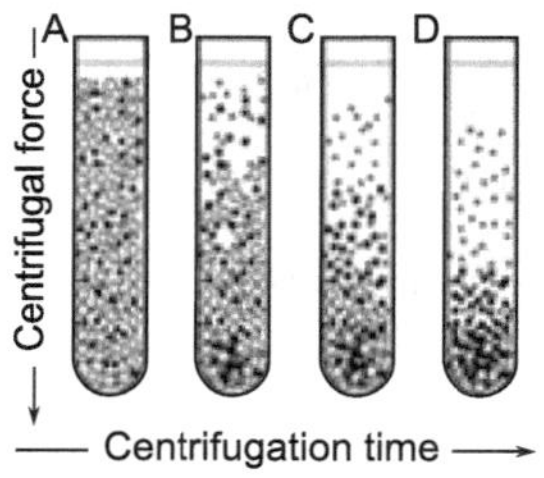	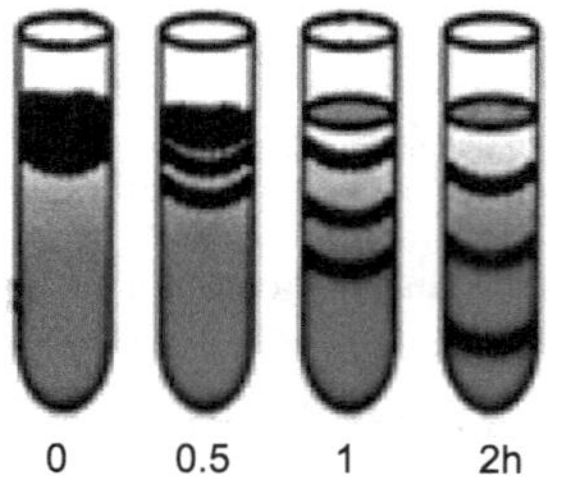	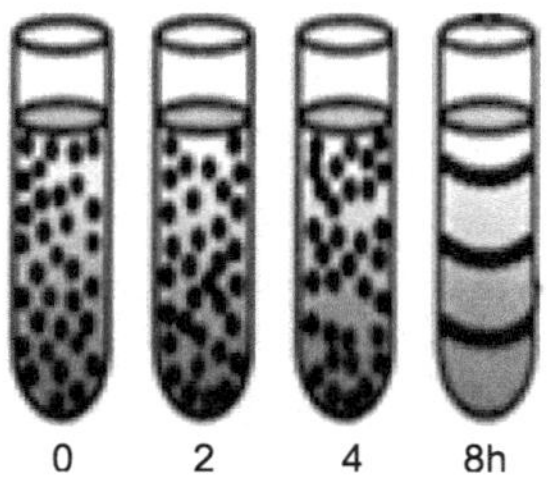
1. Utilize gravity force to separate particles from the solution 2. Different density, and different molecular weight (MW)	1. Not completely sedimentated, lower speed，stop at proper time 2. Similar density, but different molecular weight	1. Completely sedimentate to where the density is equilibrated, higher speed, long running time 2. Different density, but similar molecular weight

Box 3-7　Centrifugation

Centrifugation is a process that uses centrifugal force to separate mixtures of particles of varying masses or densities suspended in a liquid. The rate of centrifugation is determined by the angular acceleration applied to the sample, typically measured in comparison to the *g*. Sucrose gradient centrifugation — a linear concentration gradient of sugar (typically sucrose, glycerol) is generated in a tube that the highest concentration is at the bottom and the lowest on top. A protein sample is then layered on top of the gradient and spun at high speeds in an ultracentrifuge. This causes heavy macromolecules to migrate towards the bottom of the tube faster than lighter material. Another application is density gradient centrifugation. Today this is used predominantly for the fractionation of subcellular particles and nucleic acids.

三、过滤与膜分离（Filtration and membrane separation）

过滤是指利用过滤介质将不同大小、不同形状的物质进行分离的过程。常用的过滤介质有滤纸、滤布、多孔陶瓷及各种高分子滤膜等。

根据过滤介质的不同，将过滤分为非膜过滤（采用高分子膜以外的物质作为过滤介质）和膜过滤（采用各种高分子膜为过滤介质），又称膜分离技术。

运行中通常采用两种操作方式：错流过滤（cross flow filtration）（Figure 3-15A）和死端过滤（dead-end flow filtration）（Figure 3-15B），死端过滤又称全量过滤（total filtration system）或直流过滤（line filtration）。错流过滤是在泵的推动下料液平行于膜面流动，与死端过滤不同的是，料液流经膜面时产生的剪切力把膜面上滞留的颗粒带走，从而使污染层保持在一个较薄的水平。对固形物含量高于 0.5%的料液通常采用错流过滤。随着错流过滤操作技术的发展，在许多领域有代替死端过滤的趋势。

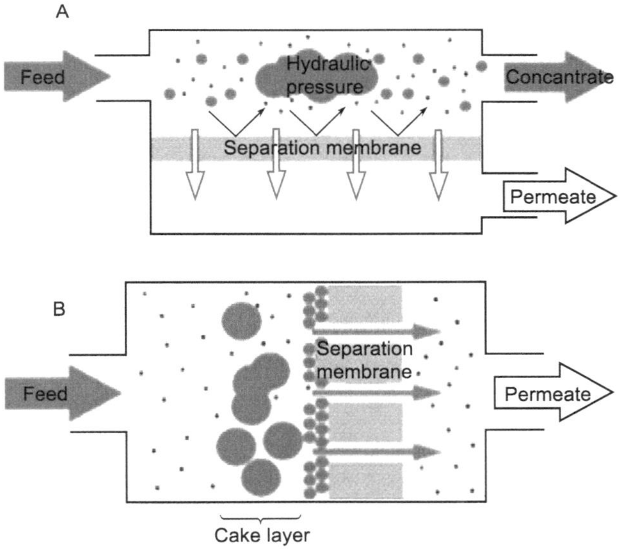

Figure 3-15　Cross flow filtration (A) and dead-end flow filtration (B)

（一）非膜过滤（Non-membrane filtration）

1. 粗滤（Rough filtration）

粗滤即通常所说的过滤，利用过滤介质截留悬浮液中直径大于 2μm 的颗粒，使固形物和液体分离的技术，可用于分离酵母、霉菌等大颗粒固形物。在实际操作中，常需要加入硅藻土、活性炭等助滤剂以加快过滤速度，提高分离效果。

根据推动力产生条件的不同，分常压过滤、加压过滤和真空过滤。

（1）常压过滤（Atmospheric pressure filtration）

以液位差为推动力，实验室常用的滤纸过滤属常压过滤。优点是设备简单，操作方便，缺点是过滤速度较慢，分离效果较差，难于大规模连续使用。

（2）加压过滤（Pressure filtration）

以压力泵或压缩空气产生的压力为推动力，生产中常使用各种压滤机进行加压过滤，具有速度快、效果好、应用广的特点。

（3）真空过滤（Vacuum filtration）

真空过滤又称抽滤（suction filtration），是在过滤介质的下方抽真空，通过增加过滤介质上下方之间的压力差推动液体通过过滤介质的过滤方法。实验室常用的抽滤瓶以及生产中使用的真空抽滤机均属此类。

2. 非膜微滤（Non-membrane microfiltration）

一般采用微孔陶瓷、烧结玻璃等作为过滤介质，截留物质颗粒直径为 0.2～2.0μm，通常用于除去细菌、灰尘等光学显微镜下可以看到的物质颗粒，如制备无菌水等液体的除菌及空气的过滤除菌。

（二）膜过滤（Membrane filtration）

利用选择性膜为分离介质，通过在膜两侧施加一个推动力（浓度差、压力差或电位差），使某些组分选择性地透过膜而达到分离的目的。膜分离所用高分子膜主要是由丙烯腈、醋酸纤维素、赛璐玢以及尼龙等高分子聚合物制成，有时也可采用动物膜。

膜过滤的特点：①常温下进行；②无相变、能耗低；③浓缩、纯化一步完成；④设备易放大。

按照膜两侧推动力的不同，分为扩散膜分离、加压膜分离和电场膜分离。

1. 扩散膜分离（Diffusion membrane separation）

利用小分子物质的扩散作用，使小分子透过半透膜扩散到膜外，而大分子被截留，从而达到分离的目的，常用的透析（dialysis）即属于扩散膜分离，是一种最简单的膜分离法。

透析膜可用动物膜、羊皮纸、火棉胶或赛璐玢等制成透析袋、透析管或透析槽等形式。驱使小分子物质穿过膜的扩散力是由横跨膜的浓度梯度决定的，小分子不断通过膜，直至浓度梯度趋近于零。透析时，膜外侧的水或缓冲液可以更换数次。封透析袋时必须留有足够的空间，以防透析后体积膨胀导致透析袋孔径发生改变甚至破裂。

透析可用于从酶等生物大分子中除去小分子物质，也可将装有酶液的透析袋埋在平均相对分子质量 2 万以上的聚乙二醇（polyethylene glycol，PEG）或干的葡聚糖凝胶（dextran gel）中，吸出透析袋中的溶剂，达到浓缩酶液的目的。

2. 加压膜分离（Pressure membrane separation）

以薄膜两边的流体静压力差为推动力的膜分离技术。根据所截留的物质颗粒的大小，分为微滤、超滤和反渗透。

（1）微滤（Microfiltration）

以微滤膜（也可以用非膜材料）作为过滤介质的膜分离技术，截留颗粒直径为0.2～2μm，操作压力一般小于0.1MPa。常用的过滤介质有微滤有机膜和微孔陶瓷膜等。一般用于除去细菌等微生物，达到无菌的目的。

（2）超滤（Ultrafiltration）

以截留颗粒直径为20～2000Å（1Å=0.1nm）的超滤膜作为过滤介质，操作压力在0.1～0.7MPa的过滤技术，如Figure 3-16所示。超滤是根据高分子溶质之间或高分子与小分子之间相对分子质量的差别进行分离，但通常只能将分子质量相差10倍以上的蛋白质分开。常用的膜材料有丙烯腈、醋酸纤维素、硝酸纤维素等。

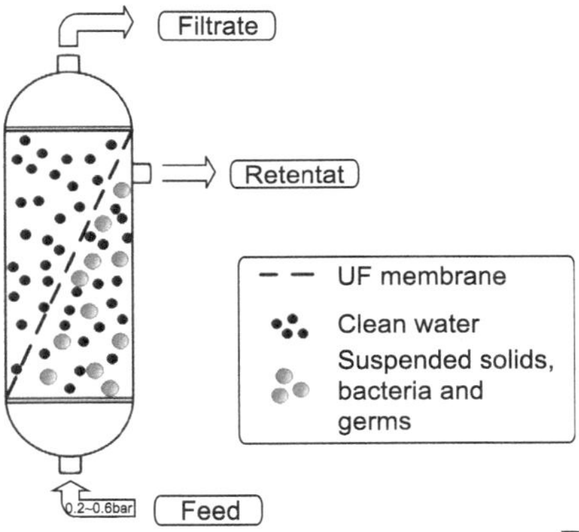

Figure 3-16　Ultrafiltration process

超滤可用于酶液的浓缩及脱盐。其优点有：在常温常压下操作、无相变化、对酶蛋白活性影响较小、能耗低、易于操作和管理、可用于大量样品的处理。

（3）反渗透（Reverse osmosis）

当溶液与纯溶剂被半透膜隔开，纯溶剂透过半透膜进入溶液侧使溶液浓度变低的现象称为渗透（osmosis）。如果在溶液侧加一定外压，恰好能阻止纯溶剂侧的溶剂分子通过半透膜进入溶液侧，此时的外压称渗透压（osmotic pressure）。如果加在溶液侧的压力超过了渗透压，溶液中的溶剂分子则进入纯溶剂内，此过程称为反渗透，如Figure 3-17所示。

反渗透是利用半透膜的选择透过性，即允许溶剂（通常是水）透过而截留溶质的性质，以膜两侧的压力差为推动力，克服溶剂的渗透压，使溶剂透过膜而实现混合物分离的过程。

反渗透膜的孔径小于20Å，被截留物质分子质量小于1000Da，操作压力0.7～13MPa。用于纯水的制备、海水淡化等。

各种膜分离的截留示意图如Figure 3-18所示。

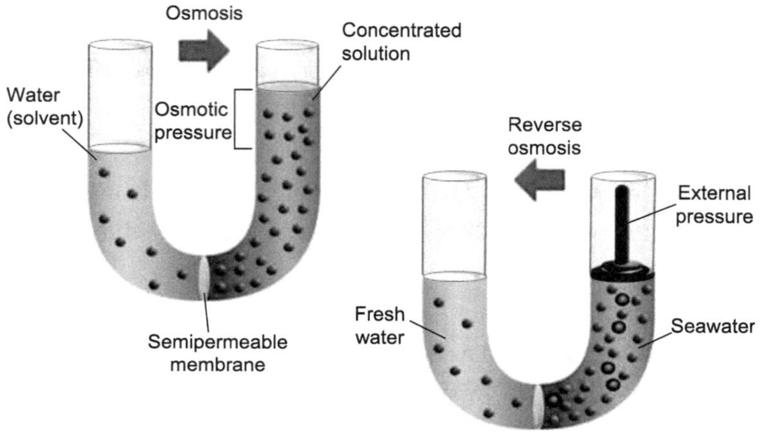

Figure 3-17　Diagrammatic sketch of osmosis and reverse osmosis

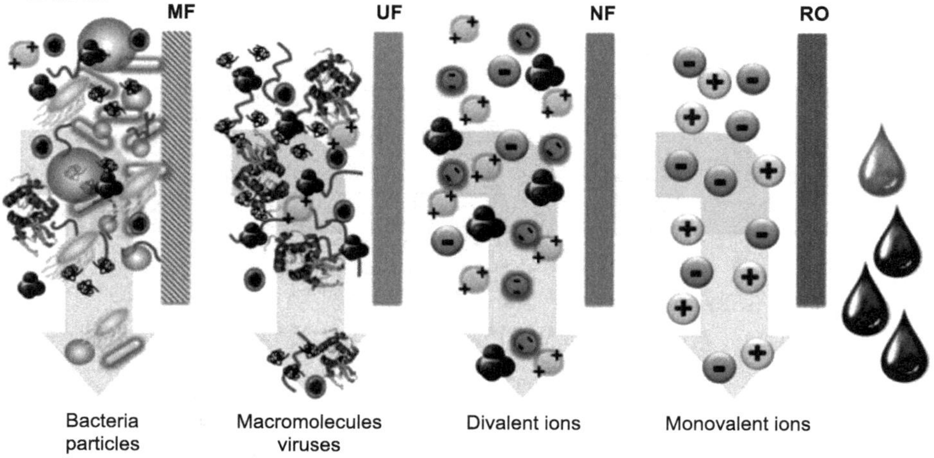

Figure 3-18　The pressure-driven membrane processes

非膜过滤与膜过滤的主要技术指标见 Table 3-4。

Table 3-4　Four types of filter membranes with different pore sizes

Process	Pore size	Molecular mass	Filtration	Removal of
“Classic” filter	>10μm			
Microfiltration	>0.1μm	>5000kDa	<2bar	larger bacteria, yeast, particles
Ultrafiltration	2～100nm	5～5000kDa	1～10bar	bacteria, macromolecules, proteins, larger viruses
Nanofiltration	1～2nm	0.1～5kDa	3～20bar	viruses, 2-valentions
Reverse osmosis	<1nm	<100Da	10～80bar	small organic molecules, salts

3. 电场膜分离（Electro-membrane separation）

在膜两侧分别装上正负电极，在电场作用下，小分子的带电物质向着与其本身所带电荷相反的电极移动，使带电组分和不带电组分分离的过程。常用于酶液的脱盐、海水淡化、纯水制备以及其他带电荷小分子的分离。电渗析和离子交换膜电渗析均属此类。

（1）电渗析（Electrodialysis）

用两块半透膜将透析槽分隔成 3 个室，在两块膜之间的中心室通入待分离的混合溶液，接通直流电源后，中心室溶液中小于半透膜孔径的阳离子、阴离子分别向负极、正极移动，大于半透膜孔径的物质则被截留在中心室中，从而达到分离的目的。

（2）离子交换膜电渗析（Ion-exchange membrane electrodialysis）

离子交换膜电渗析是用离子交换膜代替电渗析中的半透膜，离子交换膜既有半透膜的截留特性，又带有某种基团，只允许带异性电荷的颗粒通过，而截留带同性电荷的物质，见 Figure 3-19。

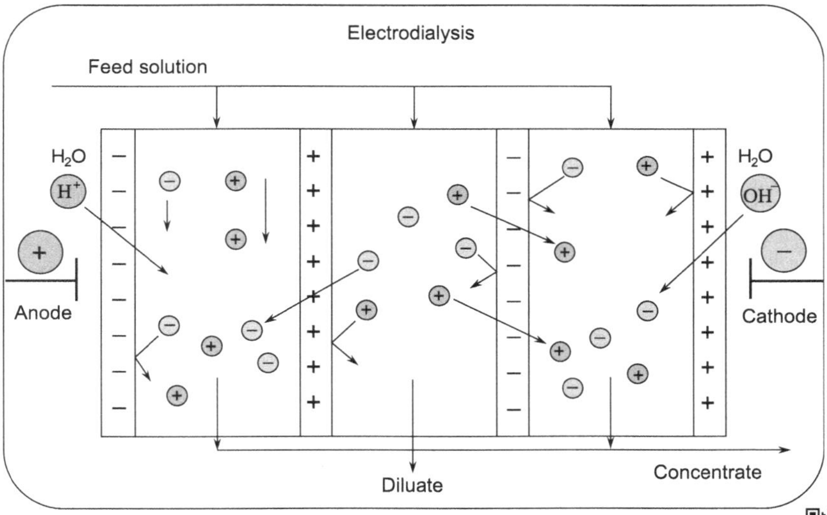

Figure 3-19　Principle of ion-exchange membrane electrodialysis

Box 3-8　Membrane separation

Membrane separation processes operate without heating and therefore use less energy than conventional thermal separation processes such as distillation, sublimation or crystallization. It separates an influent stream into two effluent streams known as the permeate and the concentrate. The permeate is the portion of the fluid that has passed through the semi-permeable membrane. Whereas the concentrate stream contains the constituents that have been rejected by the membrane. The widely used membrane processes include microfiltration, ultrafiltration, nanofiltration, reverse osmosis, electrolysis, dialysis. The separation process is purely physical and both fractions (permeate and retentate) can be used. Cold separation using membrane technology is widely used in the food technology, biotechnology and pharmaceutical industries. Furthermore, using membranes enables separations to take place that would be impossible using thermal separation methods.

四、萃取分离（Extraction separation）

萃取分离是利用物质在互不相溶两相中溶解度的不同达到分离的目的。由于有机溶剂常会引起蛋白质的变性失活，因此传统的有机溶剂萃取难以用于蛋白质的提取和分离。

按照两相的组成不同，常用的蛋白质萃取技术有双水相萃取、超临界流体萃取和反胶团萃取。

（一）双水相萃取（Aqueous two-phase extraction，ATPE）

利用溶质在两个互不相溶水相中溶解度的不同而达到分离的目的。

1. 双水相的形成（Formation of aqueous two-phase）

双水相萃取中使用的双水相是由一定百分率组成的互不相溶的盐溶液和高分子溶液或者两种互不相溶的高分子溶液组成。由于水溶性的酶或蛋白质等生物活性物质在两相中的溶解度不同，因而可从一个水相转入另一个水相，实现分离纯化。双水相萃取技术是针对生物活性大分子的分离提取开发的液-液萃取技术。

在双水相系统（aqueous two-phase system，ATPS）形成过程中，首先要选择适宜的溶质，如水溶性高分子聚合物聚乙二醇（PEG）、葡聚糖（dextran）以及盐类，如硫酸铵、硫酸镁等。其次是确定两种互不相溶水溶液的浓度和比例，充分混合后，静置一段时间，即可形成两相。双水相形成的条件和定量关系可用相图表示，见 Figure 3-20。

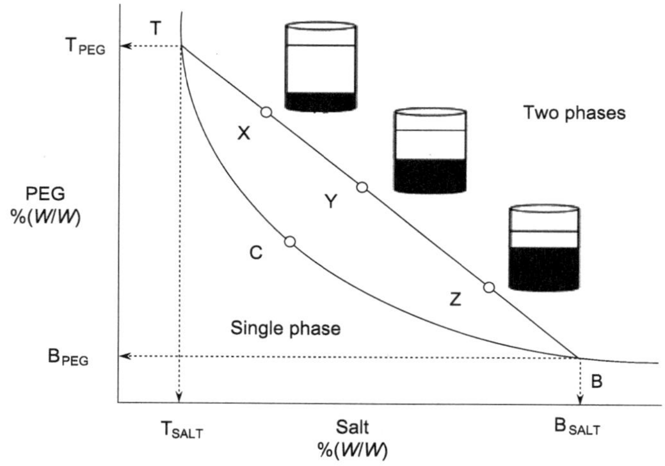

Figure 3-20 Binodal curve

In the figure, TCB = Binodal curve, C = Critical point, TB = Tie line, T = Composition of the top phase, B = Composition of the bottom phase, and X, Y and Z = Total composition of ATPS

Figure 3-20 中曲线 TCB 称为双节线（binodal curve），直线 TB 称为系线（tie line），在双节线下方的区域是均匀的单相区，双节线的上方是双相区，T 点和 B 点分别表示达到平衡时的上相组成和下相组成，在同一直线上各点分成的两相，具有相同的组成，但体积比不同。

当系线下移，长度逐渐缩短时，说明两相之间的差别逐渐减小，达到临界点 C 点时，系线长度为零，成为均相。双节线的位置与形状与聚合物的分子质量有关，聚合物的分子质量越大，相分离所需的浓度越低；两种聚合物的分子质量相差越大，双节线的形状越不规则。

2. 原理（Principle）

高聚物分子之间的空间阻碍作用使得两聚合物不能相互渗透形成均一相，从而具有分离倾向，只要两聚合物水溶液的憎水程度有所差异，混合时就可以发生相分离，且疏水程度相差越大，相分离的倾向就越大，这种两种分子相互排斥的现象称为聚合物的不相容性（incompatibility）。

聚合物和无机盐的混合物也能形成双水相，这是由于盐析作用所致，因而盐浓度的变化，会影响蛋白质溶解度的变化，适当调节双水相系统中盐的浓度或聚合物的浓度，可以对不同蛋白质分子进行有效萃取，如 Figure 3-21 所示。

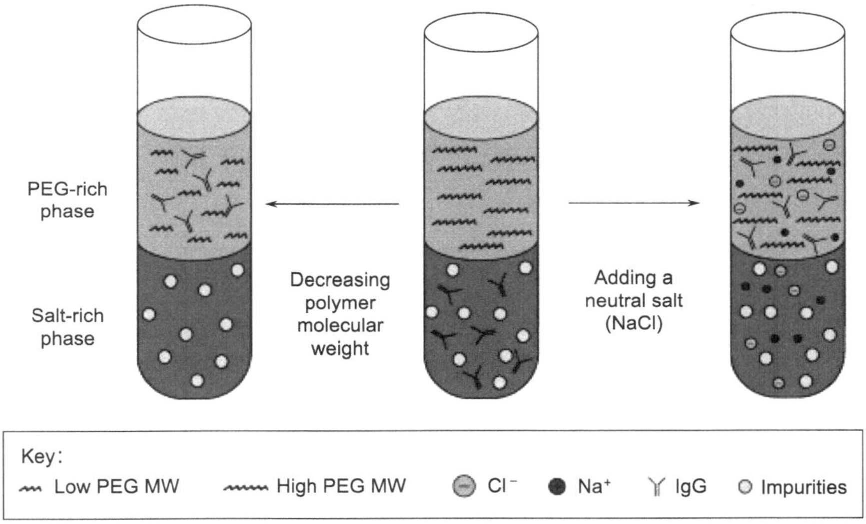

Figure 3-21　Schematic diagram illustrating the behaviour of antibodies (IgG) and contaminant proteins (impurities) in a PEG-salt ATPS and the strategies used to enhance the partitioning of antibodies towards the PEG-rich phase: addition of NaCl (right) or decreasing the molecular weight (MW) of PEG (left)

3. 特点（Characteristics）

1）两相均为水溶液，可避免酶的变性失活。

2）操作条件温和，易于工艺放大和连续操作。

3）系统含水量高达 70%～90%，导致分离后的酶浓度低，需经过浓缩。

4）需要进一步分离纯化，以除去高分子聚合物和盐类等杂质。

Box 3-9　Aqueous two-phase extraction

Aqueous two-phase system (ATPS) is a liquid-liquid fractionation technique.It has gained a great interest because of its great potential for the extraction, separation, purification and enrichment of proteins, viruses, enzymes, nucleic acids and other biomolecules in industries.

They have been used for many years in biotechnological applications as non-denaturing and benign separation media, which often contain PEG as one phase constituent and another polymer, such as dextran or even salt, as the other. Under favorable conditions it is possible to obtain the protein of interest in the upper, normally the PEG phase. The contaminating bulk protein, as well as particles, can be collected in the lower phase and removed by centrifugation. By covalent attachment of affinity ligands to PEG molecules, these can be used for affinity partitioning.

（二）超临界流体萃取（Supercritical fluid extraction）

超临界流体萃取是利用欲分离物质与杂质在超临界流体中溶解度的不同而达到分离的一种萃取技术。

1. 原理（Principle）

物质在不同温度和压力下可以不同的形态存在，如固体、液体和气体，当温度和压力达到某一特定数值，即临界点时，气体和液体的物理特性就会趋于相同，两相变为一相，超过临界点的流体为超临界流体，见 Figure 3-22。

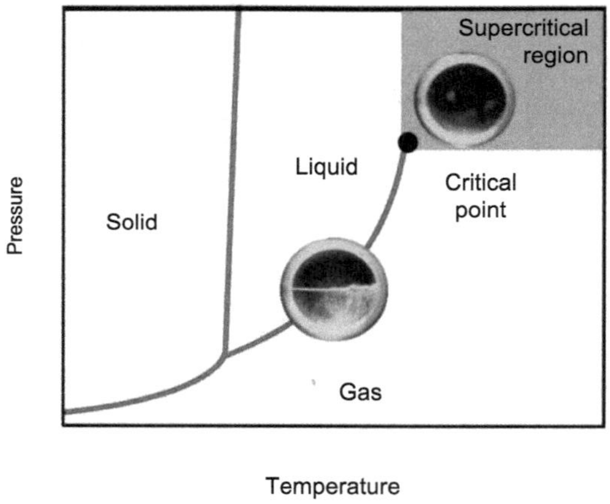

Figure 3-22　Phase diagram for CO_2

超临界流体的物理特性和传质特性通常介于液体和气体之间，其特点如下。

1）密度与液体接近，比气体大得多，对溶质具有较大的溶解能力。

2）黏度与气体接近，比液体低得多，对溶质具有较强的穿透能力。

在超临界流体中，不同物质具有不同的溶解度，溶解度大的物质溶解在超临界流体中，与不溶解或溶解度小的物质分开，然后通过升高温度或降低压力，使超临界流体变为气态而得到所需物质。

2. 步骤（Procedures）

二氧化碳的临界温度和临界压力适中，分别为 31.1℃和 7.3MPa，分离过程可在室温条件下进行，且价廉易得、惰性无毒，是最常用的超临界流体，特别适用于生物活性物质的分离提取。

萃取过程包括萃取和分离两个步骤。将待萃取原料装入萃取罐，通入一定温度和压力的超临界 CO_2，将欲分离组分萃取出来，然后在分离罐中将目的物与超临界 CO_2 分离。根据分离方法的不同分为如下 3 种。

（1）等压分离（Isobaric separation）

在等压条件下，将萃取罐流出的超临界萃取相加热后进入分离罐，由于温度升高，溶质在 CO_2 中的溶解度降低而分离析出，分离后的 CO_2 经冷却器降温后进入萃取罐循环使用。

（2）等温分离（Isothermal separation）

在等温条件下，将萃取罐流出的超临界萃取相经膨胀阀减压进入分离罐，压力下降导致溶质在 CO_2 中的溶解度降低而分离析出，分离后的 CO_2 经压缩机加压后进入萃取罐循环使用，见 Figure 3-23。

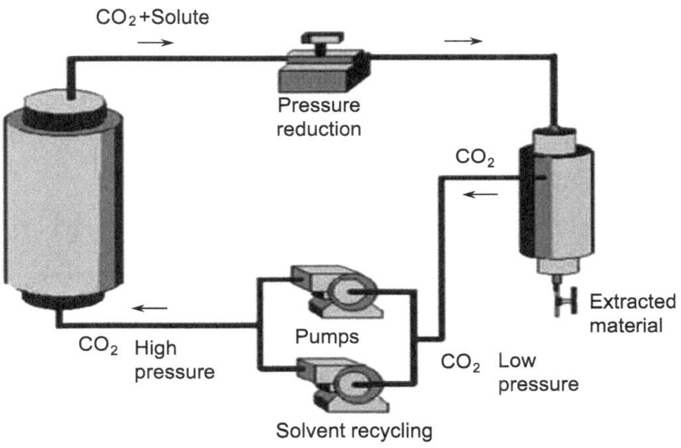

Figure 3-23　A schematic diagram of a supercritical fluid continuous extraction

（3）吸附分离（Adsorption separation）

在温度、压力都不变的条件下，将吸附剂置于分离罐中，用其吸附从萃取罐进入分离罐的超临界萃取相中的溶质，分离后的 CO_2 重新进入萃取罐循环使用。

3. 应用（Applications）

超临界流体技术应用广泛，应用较多的领域如下。

（1）食品领域（Food field）

从植物中提取油脂、从咖啡豆中除去咖啡因等。

（2）医药领域（Pharmaceutical field）

从植物中提取卵磷脂、抗癌药或中药有效成分等。

（3）化工领域（Chemical field）

天然香精香料或天然色素的提取等。

Box 3-10 Supercritical fluid extraction

Supercritical fluid extraction (SFE) is the process of separating one component (the extractant) from another (the matrix) using supercritical fluids as the extracting solvent. Carbon dioxide (CO_2) is the most common used as the extraction solvent as it has many advantages. Extraction using supercritical CO_2 has the benefit of high matrix penetration and low viscosity at relatively low temperatures and in the absence of oxygen, this is important for compounds that may be heat labile or easily oxidized. Applications for SFE include the extraction of active ingredients, including various flavors and medicinal constituents from natural product. Other applications include the elimination of unwanted constituents, such as decaffeination and desolvation in pharmaceutical tablets.

（三）反胶团萃取（Reverse micelle extraction）

反胶团萃取是利用反胶团将酶或其他蛋白质从混合物中萃取出来的一种分离纯化技术。

1. 胶团与反胶团（Micelle and reverse micelle）

将浓度超过临界胶束浓度（形成胶束所需表面活性剂的最低浓度）的表面活性剂（由极性头和疏水尾构成）溶于水形成的聚集体称为正胶团（正胶束）（micelle）。在正胶束中，表面活性剂的极性头朝外，疏水尾向内，形成一个可以溶解非极性物质的非极性核心，见 Figure 3-24A。

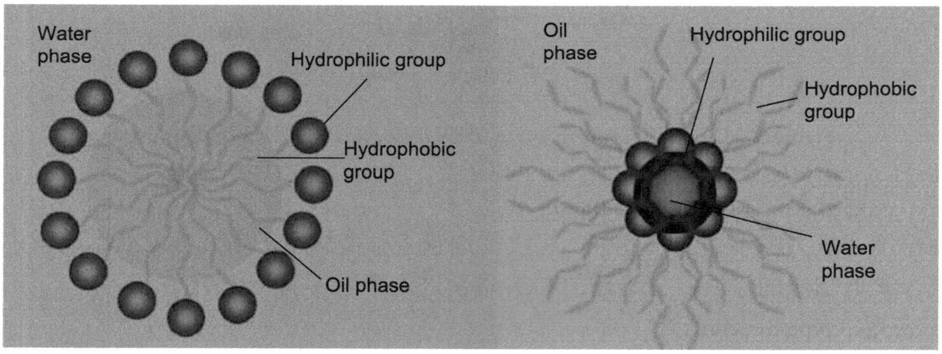

Figure 3-24 Structure images of micelle (A) and reverse micelle (B)

如果将表面活性剂溶于非极性有机溶剂中，并使其浓度超过临界胶束浓度，形成的纳米级的聚集体称反胶团（反胶束）(reverse micelle , RM)。在反胶束中，表面活性剂的疏水尾在外，与非极性的有机溶剂接触，极性头朝内，形成一个可以溶解极性物质的极性核，又称“水池”（water pool），见 Figure 3-24B。

2. 有机溶剂与表面活性剂（Organic solvent and surfactant）

（1）有机溶剂（Organic solvent）

反胶团萃取中常用的非极性有机溶剂有正烷烃（C_6～C_{10}）、异辛烷、环乙烷、四氯化碳、苯等。

（2）表面活性剂（Surfactant）

表面活性剂是由极性基团和非极性基团组成的两性分子，种类有阳离子型表面活性剂（如季铵盐）、阴离子型表面活性剂（如 AOT）和非离子型表面活性剂（如 Triton X）。

在反胶团萃取中，常用阴离子表面活性剂，如 AOT（Aerosol OT），化学名丁二酸乙基己基酯磺酸钠。其特点是具有双链，极性基团小，形成的反胶束较大，有利于大分子蛋白质进入。

3. 萃取过程（Extraction process）

（1）萃取（Extraction）

利用反胶团萃取蛋白质是静电力、疏水力、空间力、亲和力或几种力协同作用的结果，其中蛋白质与表面活性剂极性头之间的静电相互作用是主要推动力。

当含有反胶束的有机溶剂与蛋白质的水溶液接触后，蛋白质及其他亲水物质通过螯合作用进入“水池”，其周围的水膜及表面活性剂的极性头可保护其活性及天然构型，见 Figure 3-25A。

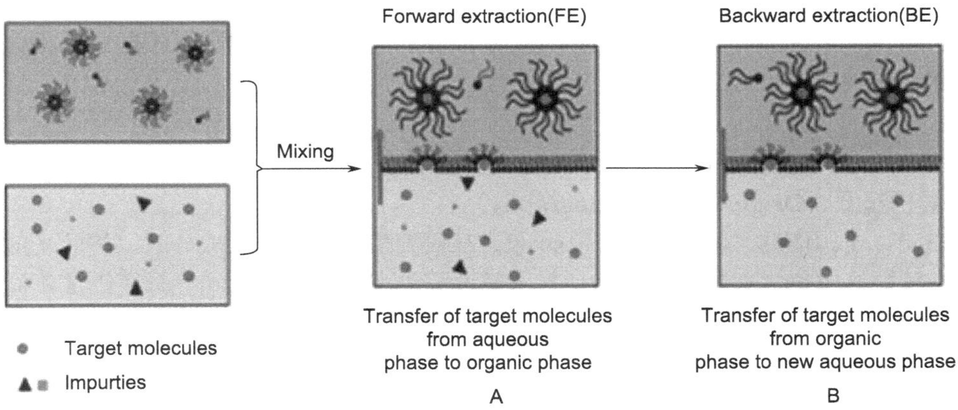

Figure 3-25　Two-step purification of reversed micelle extraction

（2）反萃取（Back extraction）

改变水相条件（如 pH、离子种类或离子强度），可使蛋白质从有机相中返回到水相，实现反萃取过程，见 Figure 3-25B。

水相 pH 决定了蛋白质表面带电基团的离子化状态。对于带负电荷的表面活性剂，当水相 pH 低于蛋白质等电点时（此时蛋白质带正电荷），有利于蛋白质溶于反胶束中，对于阳离子表面活性剂则相反。

水相中的离子强度能够降低带电蛋白质分子和反胶束带电界面之间的静电相互作用以及表面活性剂头部基团之间的静电排斥力，导致在高离子强度下反胶团颗粒变小。

4. 特点（Characteristics）

1）解决蛋白质（如胞内酶）在非细胞环境中迅速失活的问题。

2）由于构成反胶团的表面活性剂往往具有细胞破壁功能，因而可以直接从完整细胞中提取具有活性的蛋白质和酶。

Box 3-11　Reverse micelle extraction

Reversed micelles are aggregates of surfactant molecules in organic solvents. These surfactant aggregates consist of a polar inner core and an inner layer made of the surfactant hydrophilic head. Proteins can be extracted from an aqueous phase into reversed micelles. This transfer is governed by electrostatic interactions, as protein and surfactant have to bear opposite charges. It was observed that the extent of protein solubilization could be controlled by varying the ionic strength of the aqueous phase equilibrated with the micelle phase. The presence of high salt concentrations diminishes the attractive interactions and can lead to expulsion of the solubilized proteins. This is used to recover extracted proteins.

五、层析分离（Chromatography separation）

层析又称色谱或色层分离，是利用混合物中各组分的物理化学性质，如分子的大小和形状、分子极性、吸附力、分子亲和力、分配系数等的不同，使各组分以不同的比例分布在固定相和流动相中。

（一）概述（Outline）

1. 层析起源（Origin of chromatography）

1903 年，俄国植物学家茨维特（Tswett）在研究植物叶子色素成分时，将叶子的萃取物倒入装有碳酸钙的直立玻璃柱中，然后加入石油醚淋洗，各种色素相互分离形成不同颜色的谱带，见 Figure 3-26，他将色彩（chroma）和图谱（graphy）组成了色谱（chromatography）一词，后逐渐扩展到无色物质的分离。

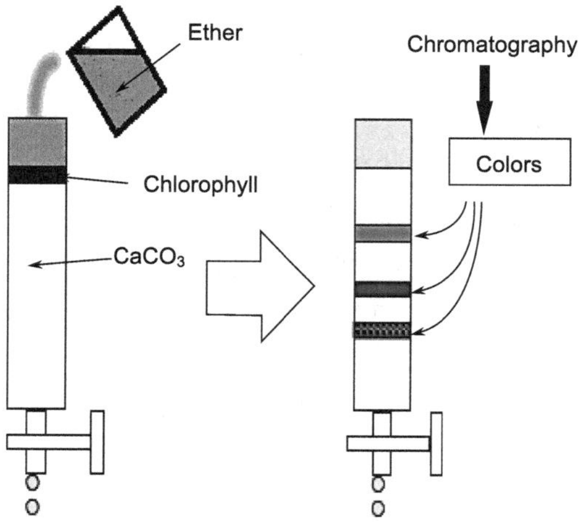

Figure 3-26　The first chromatography by Tswett

在 Tswett 发现色谱法之后的 20 多年里，几乎无人问津这一技术。20 世纪 30 年代之后，液-液分配色谱、气-液色谱、纸色谱、薄层色谱、气相色谱、高效液相色谱等一系列现代色谱法逐渐形成，成为 21 世纪生命科学等前沿科学领域不可替代的重要技术，具有分离效率高、应用范围广、选择性强、可自动化操作等特点，既可用于实验室研究工作，又可用于工业生产，还可与其他分析仪器联合，组成各种自动分析仪。

2. 层析原理（Principle of chromatography）

按照分离原理，层析可分为吸附层析（adsorption chromatography）、离子交换层析（ion exchange chromatography）、凝胶过滤层析（gel filtration chromatography）、疏水层析（hydrophobic chromatography）和亲和层析（affinity chromatography）等。按照层析固定相形状的不同，分柱层析（column chromatography）、纸层析（paper chromatography）和薄层层析（thin-layer chromatography）。

分离的基本原理和过程是类似的，即在外力作用下，当含样品的流动相（气体或液体）通过一个固定于柱中或平板上、与流动相互不相溶的固定相表面时，混合物中的各组分由于在性质和结构上的差异，与固定相之间产生的作用力的大小和强弱不同，随着流动相的移动，混合物中各组分在固定相中保留时间不同，从而按一定次序由固定相中先后流出，通过与适当的检测方法结合，实现混合物中各组分的分离与检测。

Box 3-12　The inventor of chromatography

The Russian-Italian botanist Mikhail Tswett invented chromatography in 1903 during his research on plant pigments. He used liquid-adsorption column chromatography with calcium carbonate as adsorbent and petrol ether/ethanol mixtures as eluent to separate yellow, orange, and green plant pigments (known today as xanthophylls, carotenes, and chlorophylls, respectively).

In a lecture that published in 1905, Tswett also described using filter paper to approximate the properties of living plant fibers in his experiments on plant pigments—a precursor to paper chromatography. He found that he could extract some pigments (such as orange carotenes and yellow xanthophylls) from leaves with non-polar solvents, while others (such as chlorophyll) required polar solvents. He reasoned that chlorophyll was held to the plant tissue by adsorption, and stronger solvents were necessary to overcome the adsorption. To test this, he applied dissolved pigments to filter paper, allowed the solvent to evaporate, and then applied different solvents to see which could extract the pigments from the filter paper. He found the same pattern as from leaf extractions: carotene could be extracted from filter paper using non-polar solvents, but chlorophyll required polar solvents.

3. 常压层析系统（Atmospheric pressure chromatography system）

用于快速分离目标蛋白、特定组织、细胞或细胞器中复杂蛋白混合物的分离纯化和分析，酶、核酸、核苷酸、多肽（含/不含芳香族氨基酸）及其他任何有紫外吸收的生物/非生物样品的分离分析及流动检测，可进行离子交换层析、亲和层析、凝胶过滤层析、疏水作用层析等，具有使用简便，经济等特点。

常见的柱层析仪器有梯度混合器、蠕动泵、层析柱、核酸蛋白检测仪、记录仪、分部收集器等。

（1）梯度混合器（Gradient mixing device）

梯度混合器是由两个彼此相通的圆筒容器和一个搅拌器组成的仪器装置，盛放浓、稀溶液的两杯液位始终保持平衡，使溶液组分按设定方式形成梯度以控制溶液中某个组分的浓度变化或酸度变化，见 Figure 3-27A。

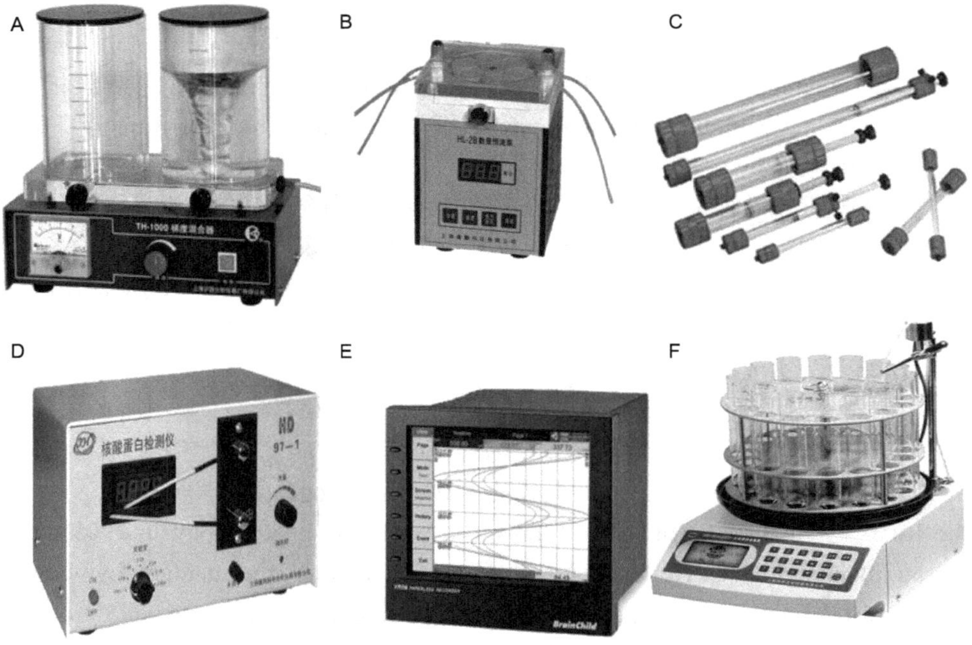

Figure 3-27 Common apparatuses of atmospheric pressure chromatographic system

A. Gradient mixing device；B. Peristaltic pump；C. Column；D. Detector；E. Recorder；F. Fraction collector

（2）蠕动泵（Peristaltic pump）

蠕动泵是一种可自动加液或抽液、加压或抽压的实验室常规设备，是液相色谱中不可缺少的部件。其基本原理是由步进电机通过驱动一组滚轮挤压硅橡胶管，使层析溶剂以恒定的流速通过层析柱，通过改变电机速度或采用不同内径的硅橡胶管，使流速控制在适当范围内，见 Figure 3-27B。

（3）层析柱（Column）

层析柱是凝胶层析技术中的主体，一般用玻璃管或有机玻璃管。分离度取决于柱高，一般不超过 1m，直径大小不影响分离度，一般制备用凝胶柱，直径大于 2cm，见 Figure 3-27C。

（4）检测仪（Detector）

检测仪即核酸蛋白检测仪，又称紫外检测仪，是液相层析中检测蛋白流出的重要仪器，见 Figure 3-27D，其检测原理是：蛋白质分子中含有共轭双键的酪氨酸、色氨酸等芳香族氨基酸，它们具有吸收紫外光的性质，其吸收高峰在 280nm 波长处，且在此波长内吸收峰的光密度值与其浓度成正比，见 Figure 3-28，因此，280nm 处的紫外吸收法通常被用于层析系统中蛋白质浓度的连续监控，作为蛋白质定性、定量测定的依据，但由于各种蛋白质中酪氨酸和色氨酸的含量不同，故要准确定量，需要有待测蛋白质的纯品作为标准来比较。

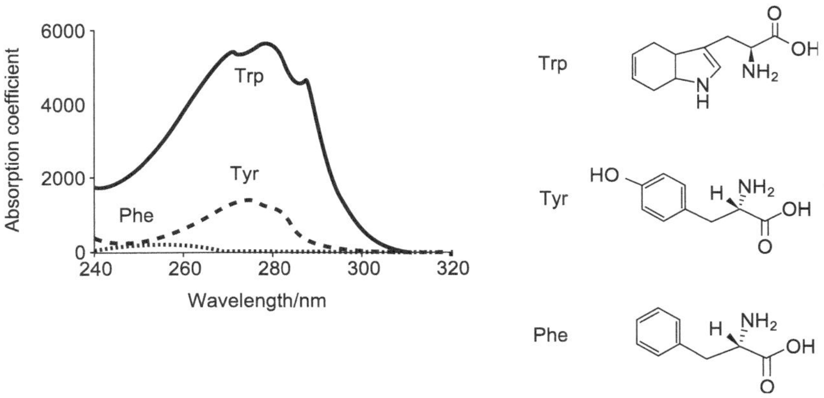

Figure 3-28　Optical absorption curves of tyrosine, tryptophan and phenylalanine

（5）记录仪（Recorder）

记录仪是将一个或多个变量随时间或另一变量变化的过程转换为可识别和读取的信号的仪器，见 Figure 3-27E。它与核酸蛋白检测仪连接，能保存所记录的信号变化以便分析处理。

（6）分部收集器（Fraction collector）

分部收集器是自动分开收集一连串液体的仪器，能以定时、定容或定滴数等方式收集液体流出的部分，以期作进一步分析或使用，见 Figure 3-27F。连续流出的液体可来自各种层析、密度梯度离心或电泳洗脱等，所含成分可能在不断地变化，收集的每一部分体积越小，获得所含成分的纯度就可能越高。

配上层析柱、蠕动泵、核酸蛋白检测仪和记录仪等就组成了一套完整的液相色谱系列装置，见 Figure 3-29。

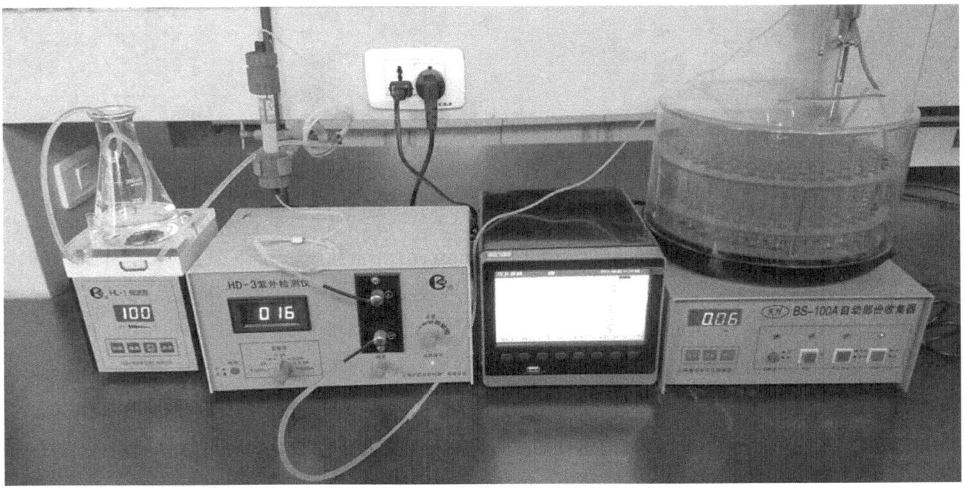

Figure 3-29　Atmospheric pressure chromatographic system

（二）吸附层析（Adsorption chromatography）

吸附层析是指混合物随流动相通过吸附剂时，由于该吸附剂对不同物质有不同的吸附力而使混合物分离的方法，是最早的一种色谱分离技术。

1. 原理（Principle）

利用吸附剂和被吸附物之间的相互作用（主要是范德瓦尔斯力）实现对溶液中溶质（被吸附物）的吸附，通过改变洗脱剂等条件可实现吸附与解吸附之间的转变，见 Figure 3-30A。

吸附层析通常采用柱形装置，欲分离混合溶液自柱顶加入，待全部进入吸附层析柱后，加入洗脱剂解吸附，由于各组分与吸附剂之间作用力的强弱不同，在洗脱过程中被反复吸附和解吸附时间长短不同，随流动相向下移动的距离也不同，最终在层析柱内形成各自的区带，分部收集流出的洗脱液，进行定性或定量分析。吸附目的酶称正吸附，吸去不需要的蛋白质称负吸附。如果所需酶不能被大部分吸附上去，可先用负吸附吸去杂蛋白。

2. 吸附剂（Adsorbent）

吸附力的强弱与被吸附物质的性质以及吸附条件等有关，通常极性物质容易被极性表面吸附，非极性物质容易被非极性表面吸附。吸附剂通常由一些化学性质不活泼的多孔材料制成，如极性吸附剂硅胶（silica gel）、氧化铝（alumina）、磷酸钙（calcium phosphate）、羟基磷灰石（hydroxyapatite）（Figure 3-30B）等和非极性吸附剂活性炭（charcoal）常可用于酶的分离纯化。

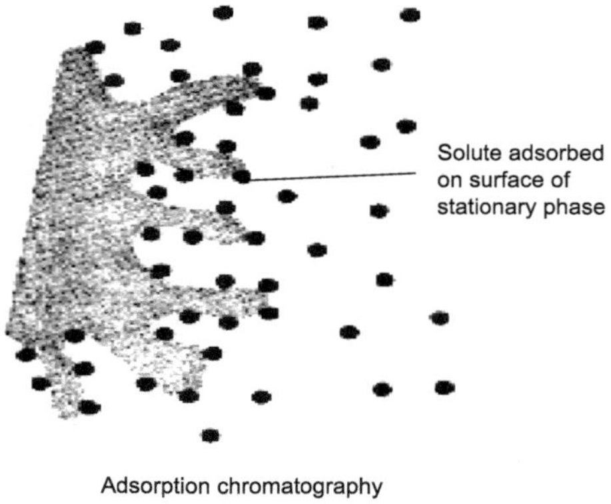

A

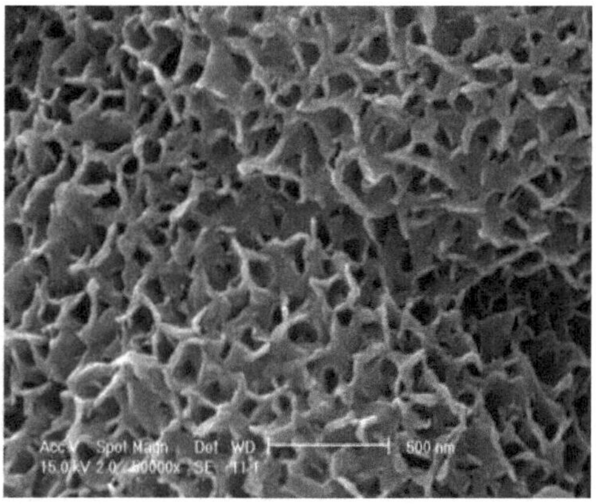

B

Figure 3-30　Adsorption principle (A) and scanning electron micrograph of hydroxyapatite (B)

3. 洗脱剂（Eluent）

洗脱剂要根据吸附剂的性质和被吸附物的特点来选择。对于极性组分，用极性大的溶剂洗脱，如蛋白质或核酸被极性强的羟基磷灰石吸附后，可用含盐梯度的缓冲液洗脱。对于非极性组分，用非极性溶剂洗脱，如甾体或色素等化合物被极性较弱的硅胶吸附后，可用有机溶剂洗脱。

常用洗脱剂按其极性由小到大顺序排列为：石油醚<环乙烷<四氯化碳<乙醚<乙酸乙酯<丙酮<乙醇<甲醇<水等。所用洗脱剂的浓度梯度和极性强弱需通过实验确定。

Box 3-13　Adsorption chromatography

Adsorption chromatography is the oldest type of chromatography. Actually Tswett's work was a kind of adsorption. Adsorption is completely different from absorption, where molecules are adsorbed to a surface, but do not become a part of this section. Adsorption chromatography is based on the interaction between the solute molecules and active sites on the stationary phase. This attachment or interaction depends on the polarity of solutes. This techniques proves the statement that "polar like polar". If the stationary phase is more polar than the mobile phase, high polar compounds in the mixture can be tightly bound to the stationary phase, where less polar compounds are lightly bound to the stationary phase. Less tightly bound compounds are eluted out by the mobile phase earlier than the tightly bonded ones.

（三）离子交换层析（Ion exchange chromatography）

离子交换层析是以离子交换剂为固定相，依据流动相中的组分离子与交换剂上的平衡离子进行可逆交换时结合力大小的差别进行分离的一种层析方法。

1. 原理（Principle）

（1）载体特点（Characteristics of matrix）

离子交换剂由惰性的不溶性载体、功能基团和反离子（也称平衡离子）组成。常用的离子交换剂载体包括树脂、纤维素、葡聚糖、琼脂糖等。载体的性质决定离子交换剂的机械性能和物理稳定性等。功能基团的性质决定交换剂的类型和强度，带电基团的总数决定交换剂的容量。酚基、羟基、羧基和磺酸基等酸性基团，可解离出氢离子（H^+），在一定条件下与其他阳离子进行交换，称阳离子交换剂（cation exchanger）。氨基、芳香氨基等碱性基团，在一定条件下与氢氧根（OH^-）结合后，可与其他阴离子交换，称阴离子交换剂（anion exchanger），见 Figure 3-31。

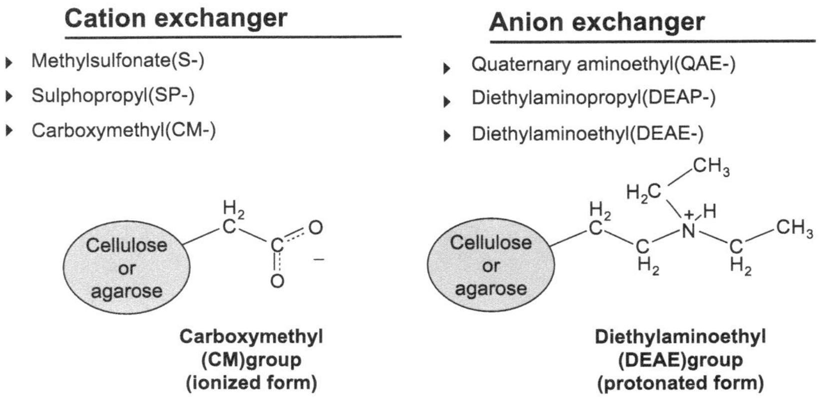

Figure 3-31　Ion exchangers—Functional groups

（2）蛋白质特性（Characteristics of protein）

蛋白质具有两性性质，当溶液的 pH 高于蛋白质的等电点时，蛋白质带负电荷，可与阴离子交换剂结合，此时 pI 越小的组分结合越紧密，通过提高洗脱液中的盐浓度或降低洗脱液的 pH 将结合在柱子上的蛋白质洗脱下来。pI 较高、结合力较弱的蛋白质首先被洗脱下来，pI 较低、结合力较强的蛋白质后被洗脱下来。

当溶液的 pH 低于蛋白质的等电点时，蛋白质带正电荷，可与阳离子交换剂结合，此时 pI 越大的组分结合越紧密，通过提高洗脱液中的盐浓度或提高洗脱液的 pH 将结合在柱子上的蛋白质洗脱下来。pI 较低、结合力较弱的蛋白质首先被洗脱下来，pI 较高、结合力较强的蛋白质后被洗脱下来。

因此，离子交换层析是根据蛋白质所带电荷的差异进行分离纯化的方法。蛋白质的两性特性如 Figure 3-32 所示。

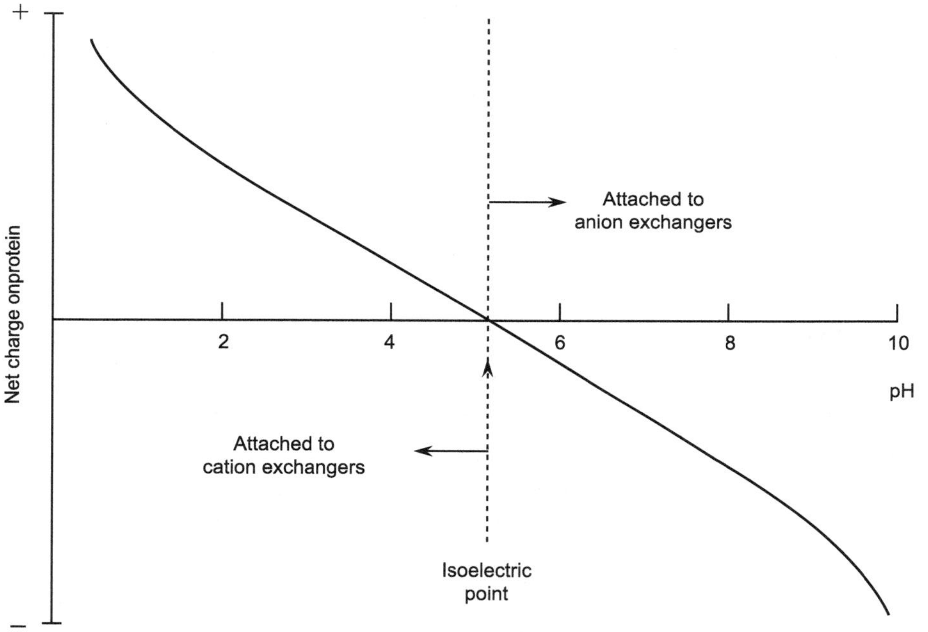

Figure 3-32 Amphoteric properties of protein

2. 操作（Operation）

离子交换层析分离过程包括装柱、上样、洗脱、收集以及再生。

（1）装柱（Column packing）

装柱有干法和湿法两种。干法装柱是向层析柱中加入干燥的离子交换剂，再加入适当的溶液。湿法装柱是将预先处理好的离子交换剂与溶液混合悬浮后加入层析柱中，装柱过程要缓慢、连续，防止出现气泡和裂缝。

（2）上样（Sample loading）

先用适当的缓冲液对离子交换剂进行平衡，然后加入待分离样品，再用同样的平衡缓冲液进行平衡，使待分离样品与离子交换剂有稳定的结合，没有结合到柱子上的、带相反电荷的组分穿过柱子，形成穿过峰。

（3）洗脱与收集（Elution and collection）

没有结合到层析柱上的成分穿过柱子后，用适当的洗脱液将结合到离子交换剂上的组分按结合力大小逐步洗脱，洗脱方法有以下两种。

1）增加缓冲液的离子强度，将大分子置换下来。

2）改变 pH，减少被分离物质的净电荷，降低与离子交换剂的结合力。对于酶等生物大分子，有时改变 pH 会影响其活性，所以通常采用改变离子强度的梯度洗脱方法进行洗脱。

洗脱方式有以下两种。

1）梯度洗脱（gradient elution）：缓冲液离子强度和 pH 的改变是逐步的、连续的，从而使混合物中的各成分逐个进入有限吸附平衡状态而相互分离，可通过梯度洗脱器完成。

2）阶段洗脱（stepwise elution）：分次用不同 pH 或离子强度的缓冲液进行洗脱，缺点是洗脱 pH 或离子强度变化大，许多相近的成分不易进行精细的分离。

（4）再生（Regeneration）

对使用过的离子交换剂进行转型处理，使其恢复原来的性状，以便重复使用。

3. 应用（Applications）

可用于各种氨基酸、多肽及蛋白质的分离纯化，已在水处理、食品、医药、环保等领域中得到广泛应用。

Box 3-14　Ion-exchange chromatography

Ion-exchange chromatography is a chromatography process that separates ions and polar molecules based on their affinity to the ion exchanger. It is often used in protein purification, water analysis, and quality control which concerned with any kind of charged molecules—including large proteins, small nucleotides, and amino acids. The water-soluble and charged molecules bind to functional groups, which are oppositely charged by forming ionic bonds to the insoluble stationary phase while passing through the column. Cation exchange chromatography is used when the desired molecules to separate are cations; and anion exchange chromatography is used to separate anions. The bound molecules then can be eluted and collected using an eluant that contains anions and cations by running higher concentration of ions through the column or changing pH of the column.

（四）凝胶过滤层析（Gel filtration chromatography）

凝胶过滤层析又称分子排阻层析（molecular exclusion chromatography）、分子筛层析（molecular sieve chromatography）等，是以各种多孔凝胶为固定相，利用流动相中各组分相对分子质量的不同达到物质分离的层析技术。

1. 原理（Principle）

当含有各种组分的混合溶液流经装有多孔凝胶的层析柱时，大分子物质由于分子直径大，不能进入凝胶微孔，流程短，先流出凝胶柱；小分子物质可不断进出于颗粒的微孔，流程长，后流出凝胶柱，使相对分子质量不同的各种物质得以分离，见 Figure 3-33。

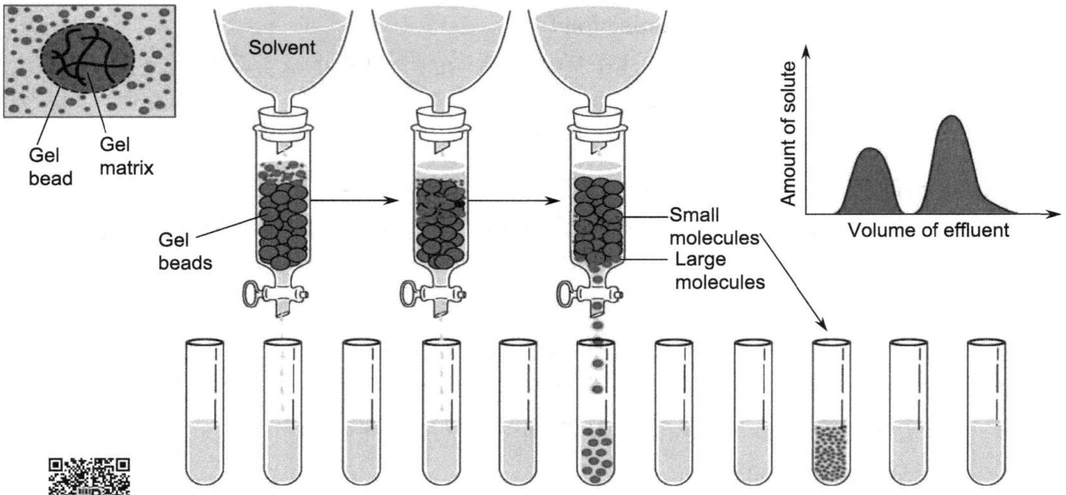

Figure 3-33　Principle of gel filtration chromatography

（1）分配系数 K_d（Distribution coefficient，K_d）

为了定量地衡量混合物中各组分的流出顺序，常用分配系数 K_d 来量度：

$$K_d = \frac{V_e - V_o}{V_i} = \frac{V_e - V_o}{V_t - V_o}$$

式中，V_e 为洗脱体积，指某一组分从加入层析柱到最高峰出现时的洗脱液体积；V_o 为外水体积，指层析柱内凝胶颗粒空隙之间的体积；V_i 为内水体积，指凝胶颗粒内部微孔的体积；V_t 为凝胶床的总体积。

当 $V_e=V_o$ 时，$K_d=0$，说明该组分完全不能进入凝胶微孔，洗脱时最先流出。

当 $V_e=V_o+V_i$ 时，$K_d=1$，说明该组分可以自由地扩散到凝胶颗粒内部，洗脱时最后流出。

当 V_e 介于 V_o 和 V_i 之间时，K_d 为 0～1，说明该组分分子大小介于大分子和小分子之间，可以部分进入凝胶孔内部，洗脱时按照 K_d 值由小到大的顺序先后流出，见 Figure 3-34。

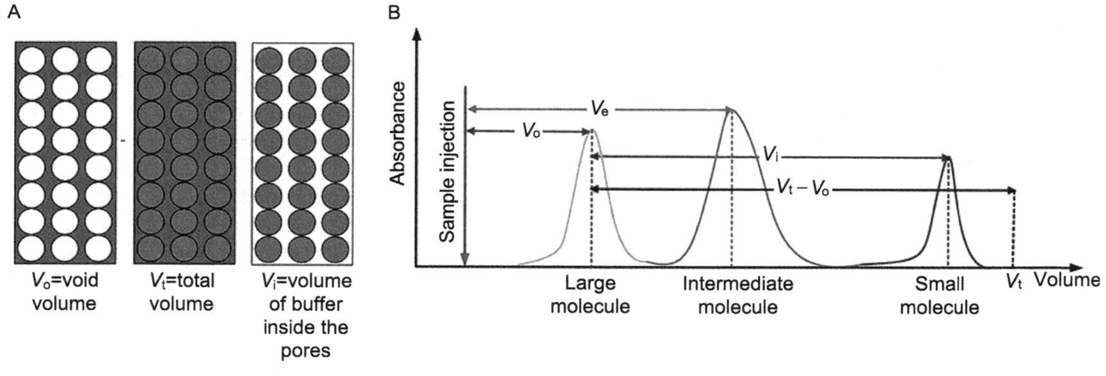

Figure 3-34　Gel filtration column parameters

A. Schematic representation of V_o, V_t, and V_i, which are depicted as grey areas; B. Theoretical chromatogram for a gel filtration experiment with the summary of the various gel filtration parameters

（2）测定方法（Determination method）

上述 V_e、V_o、V_i 可以通过实验测出，具体方法如下。

V_e：加进某种物质到层析柱，测定从开始洗脱到最高峰出现时的洗脱液体积。

V_i：可以从凝胶的干重和吸足水后的湿重求得，也可以从洗脱一个小于凝胶工作范围下限的小分子化合物，如铬酸钾来测定，其洗脱体积等于 V_i+V_o，减去外水体积得到内水体积。

V_o：可以用大分子物质，如蓝色葡聚糖，可借助其本身颜色，采用肉眼或分光光度仪检测，其洗脱体积即为 V_o。

V_t：为干胶体积 V_g（可忽略不计）加上在凝胶颗粒内部的内水体积 V_i 及凝胶颗粒外部水的体积 V_o 之和，V_t 也可从柱的直径及高度计算。

K_d 表示物质被排阻的程度，即分离化合物分配在内水和外水体积中的比例关系。K_d 值的作用如下。

1）用于衡量洗脱顺序，K_d 小的先流出，K_d 大的后流出。

2）用于比较分辨率，K_d 差异性大，分离效果好。

2. 凝胶（Gel）

凝胶材料多为惰性的多孔网状结构物质（Figure 3-35），如葡聚糖凝胶、琼脂糖凝胶、聚丙烯酰胺凝胶等。

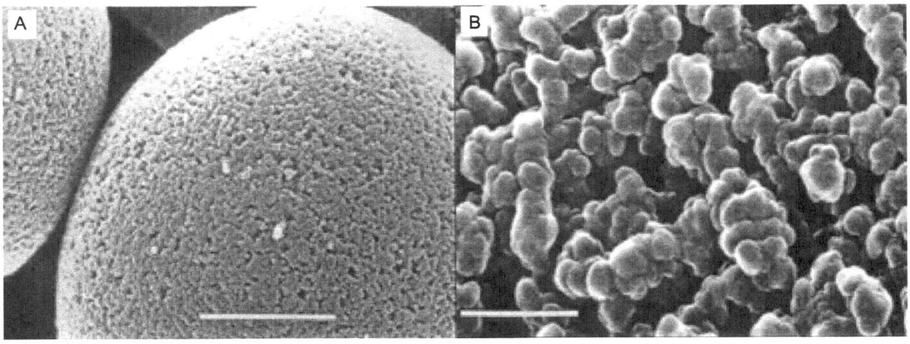

Figure 3-35　Scanning electron micrograph of Sephacryl S-500

Scale bars, 10mm (A) and 0.5mm (B)

（1）葡聚糖凝胶（Dextran gel）

一种珠状的凝胶，含有大量的羟基，很容易在水中和电解质溶液中溶胀。商品名 Sephadex，如 Sephadex G-10～200，G 后面的阿拉伯数为凝胶得水值的 10 倍，反映了凝胶的交联程度、孔径大小和分部范围，数值越大，交联度越小，孔径越大，反之亦然。Sephadex G-10 到 G-50 通常用于分离肽或脱盐，G-75 到 G-200 可用于分离相对分子质量大于 10 000 的蛋白质。

（2）琼脂糖凝胶（Agarose gel）

一种天然多孔凝胶，是琼脂中不带电荷的中性组成成分，其网状大小和机械强度取决于琼脂糖浓度。常见的商品名有 Sepharose（瑞典，pharmacia）、Bio-Gel A（美国 Bio-Rad）等。

（3）聚丙烯酰胺凝胶（Polyacrylamid gel）

一种人工合成的凝胶，由丙烯酰胺和甲叉双丙烯酰胺共聚而成。商品名有多种，如 Bio-gel P 等。

3. 操作（Operation）

凝胶过滤的操作除了包括通常的装柱、上柱、洗脱等过程之外，还要注意以下几点。

1）增加有效柱长可提高凝胶过滤的分辨率，所以应选择一定柱长和直径比（一般在 1∶25～1∶100）的层析柱。装柱时应边搅拌边缓慢加入凝胶悬浮液，注意凝胶不能有气泡或裂纹存在。

2）上柱的混合液体积不能过大，一般分级分离时加样体积约为凝胶柱床体积的 1%～5%，而分组分离时可为凝胶柱床体积的 10%～25%。

3）凝胶过滤的分离原理是分子筛作用，不像其他层析分离方式依赖于流动相性质和组成的改变来提高分辨率，流动相只是起运载工具的作用，只要能溶解被洗脱物质并不使其变性的缓冲液均可用于凝胶过滤。

4）洗脱速度要恒定而且合适，洗脱速度慢一些，样品可以与凝胶基质充分平衡，分离效果好。

4. 应用（Applications）

（1）脱盐（Desalination）

高分子（如蛋白质、核酸、多糖等）溶液中的低分子质量杂质，可以用凝胶层析法除去，这一操作称为脱盐。本法操作简便、快速，蛋白质和酶类等在脱盐过程中不易变性。适用的凝胶为 Sephadex G-10～25 或 Bio-Gel P 2～6。柱长与直径比为 5～15，样品体积可达柱床体积的 25%～30%。

（2）分离纯化（Isolation and purification）

凝胶层析法已广泛用于酶、蛋白质、氨基酸、多糖、激素、生物碱等物质的分离提纯。凝胶对热原物质有较强的吸附力，可用来去除无离子水中的致热原，制备注射用水。

（3）测分子质量（Molecular weight determination）

用一系列已知分子质量的标准品放入同一凝胶柱内，在同一条件下层析，记录每种成分的洗脱体积，并以洗脱体积对分子质量的对数作图得一直线，即分子质量的标准曲线。测定未知物质的分子质量时，可将此样品加在测定了标准曲线的凝胶柱内洗脱，根据物质的洗脱体积，在标准曲线上查出其分子质量。

（4）浓缩蛋白溶液（Concentrating protein solution）

通常将 Sephadex G-25 或 G-50 干胶加到稀的高分子溶液中，这时水分和低分子质量的物质就会进入凝胶粒子内部的孔隙中，而高分子物质则排阻在凝胶颗粒之外，再经离心或过滤，将溶胀的凝胶分离出去，就得到了浓缩的高分子溶液。

Box 3-15 Gel filtration chromatography

Gel filtration chromatography separates proteins, peptides, and oligonucleotides on the basis of size or molecular weight. This process is usually performed with a column, which consists of a hollow tube tightly packed with extremely small porous polymer beads designed to have pores of different sizes. As the solution travels down the column，molecules move through the porous beads, diffusing into the beads to greater or lesser degrees. Smaller molecules diffuse further into the pores of the beads and therefore move through the bed more slowly, while larger molecules enter less or not at all and thus move through the bed more quickly. Both molecular weight and three-dimensional shape contribute to the degree of retention. Gel filtration chromatography may be used for analysis of molecular size, for separations of components in a mixture, or for salt removal or buffer exchange from a preparation of macromolecules.

（五）疏水层析（Hydrophobic interaction chromatography）

通过生物分子中功能性疏水基团与层析剂上疏水配体形成可逆性的结合来实现分离，从作用机制上看，属于吸附层析。

1. 原理（Principle）

虽然大多数蛋白质都溶于水，但分子表面不同程度地存在着一些疏水基团，称疏水补丁，分子内部存在一个疏水核心，疏水氨基酸大多被包埋在球形蛋白内部。高盐使蛋白质发生局部可逆变性，使内部疏水残基暴露，被迫与疏水介质的疏水基团结合，通过降低流动相离子强度可将结合于固定相的物质按其结合能力大小依次进行解吸附，即疏水作用弱的蛋白质先被洗下来，疏水作用强的蛋白质后被洗下来。对于疏水性很强的物质，则需要在流动相中添加适当有机溶剂降低极性才能达到解吸附的目的，见 Figure 3-36。

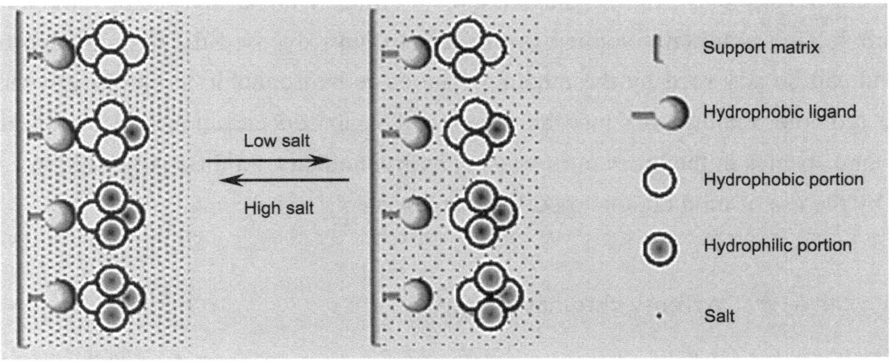

Figure 3-36　Principle of hydrophobic interaction chromatography

2. 层析介质（Chromatography media）

疏水层析介质由基质和配体两部分构成，配体具有疏水性，如苯基、辛基，与基质（常用琼脂糖凝胶）偶联构成疏水层析介质，如苯基-Sepharose 4B，辛基-Sepharose 4B（三种型号 2B、4B、6B 分别表示琼脂糖浓度为 2%、4%、6%），对疏水性蛋白质具有吸附作用，可利用被分离蛋白质疏水性的差异将疏水性不同的蛋白质分开。

3. 操作（Operation）

（1）装柱（Column packing）

将选定的疏水层析介质，如苯基（或辛基）-Sepharose 4B 做固定相，按照常规方法装入层析柱，平衡后即可加样。

（2）加样（Sample loading）

加样前，要在待分离样品中补加适量的硫酸铵，使蛋白质内部的疏水基团暴露，从而更好地吸附于固定相。

（3）洗脱和收集（Elution and collection）

加样后，先用平衡洗脱液洗涤，再用降低盐浓度的缓冲液进行梯度洗脱，并同时进行收集，然后进行检测。

（4）再生（Regeneration）

洗脱后的层析柱欲重复使用，需对其固定相进行再生处理，即用水或尿素溶液洗涤，以除去固定相吸附的杂质。

Box 3-16　Hydrophobic interaction chromatography

Hydrophobic interaction chromatography (HIC) is a separation technique that uses the properties of hydrophobicity to separate proteins from one another. In this type of chromatography, hydrophobic groups such as phenyl or octyl, are attached to the stationary column. Proteins with hydrophobic amino acid side chains are able to interact with and bind to the hydrophobic groups on the column.

HIC separations are often designed using the opposite conditions of those used in ion exchange chromatography. In this separation, a buffer with a high ionic strength, usually ammonium sulfate, is initially applied to the sample, thus exposed the hydrophobic regions of protein and can be adsorbed by the medium. The more hydrophobic the molecule, the less salt needed to promote binding. To elute the proteins, the salt concentration is gradually decreased, eluting bound species in the order of increasing hydrophobicity. Additionally, elution can also be achieved by the use of mild organic modifiers or detergent.

（六）亲和层析（Affinity chromatography）

亲和层析又称功能层析（function chromatography）或生物专一性吸附（biospecific adsorption），是利用生物分子与配基之间可逆的亲和力进行分离纯化的一种技术。

1. 原理（Principle）

有些生物分子的特定结构部位能够同其他分子相互识别并结合，如酶与底物、酶与竞争性抑制剂、抗体与抗原、凝集素与糖蛋白等都是具有专一而又可逆亲和力的生物分子对。将亲和对的一方固相化后，就可以使存在于液相中的另一方选择性地结合在固相载体上，借以与液相中的其他蛋白质分开，最后，改变条件可以使这种结合解除，即采用降低两者亲和力的方法，如非专一性洗脱（改变缓冲液的 pH 或离子强度）或专一性洗脱（竞争性地与被吸附物结合或配基结合），将结合在层析介质上的物质洗脱下来，达到分离提纯的目的，见 Figure 3-37。

2. 层析介质（Chromatography media）

亲和层析介质由配基和载体组成，配基与载体之间往往需要手臂，载体需要活化。

（1）配基（Ligand）

配基是指能与目的产物可逆结合的生物分子。

（2）载体（Matrix）

载体是与配基发生偶联，并为其提供支持的、物理化学性质稳定的不溶性聚合物。常用的载体有琼脂糖凝胶、葡聚糖凝胶、聚丙烯酰胺凝胶或纤维素。

（3）手臂（Spacer）

当小分子物质作配基时，由于空间位阻作用，难以与配对的大分子结合，需要在载体与配体之间引入长链氨烷基化合物，即手臂，又称连接臂（space arm），通式是 $NH_2(CH_2)_nR$，R 代表羧基或氨基，n 为 2～12，见 Figure 3-37。

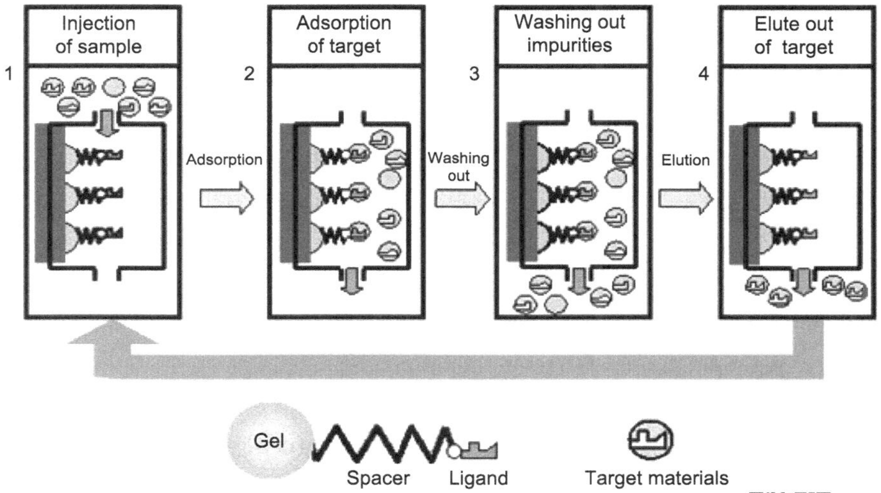

Figure 3-37 Principle of affinity chromatography

（4）载体的活化（Matrix activation）

载体在与配基或通过连接臂与配基偶联之前，都必须进行活化，即通过某种方法，如溴化氢法、环氧化物法、高碘酸氧化法、双功能试剂法等，引入某种活泼基团，使载体通过共价键与配基偶联。

溴化氢法是常用的活化方法，具有活化效率高、速度快、效果好等特点，但氰化物有剧毒，且活化臂较短，对大分子物质容易形成位阻效应。目前活化后的载体已有商品出售，商品名为偶联凝胶。带有各种手臂的系列载体也有商品供应，如 AH-Sepharose 4B，可以根据欲分离物质的特性选择相应配基与之偶联，制成亲和层析剂。活化载体的商品供应极大地方便了亲和层析技术应用领域的拓展和推广。

3. 应用（Applications）

亲和层析是蛋白质纯化的重要方法，具有很高的选择和分离性能，只需要一步处理即可使某种待分离蛋白质从复杂的蛋白质混合物中分离出来，被广泛应用于蛋白质研究和制备领域。

（1）免疫亲和层析（Immunoaffinity chromatography）

利用抗体与抗原之间专一而又可逆的亲和力，用适当方法将抗原（或抗体）结合到载体上，制成亲和层析剂，用来分离和纯化与其互补的抗体（抗原）。例如，蛋白质工程菌发酵液中所需蛋白质的浓度通常较低，用其他层析方法难于进行分离，可将所需蛋白质作为抗原，经动物免疫后制备抗体，与适当基质偶联制成亲和层析剂，即可将所需蛋白质从发酵液中分离纯化出来。

（2）凝集素亲和层析（Lectin affinity chromatography）

凝集素是一类能与糖残基，如多糖、寡糖、糖蛋白等专一而可逆结合的蛋白质，既可用于对一些寡糖或糖肽进行结构分析，也可用于分离糖基化的蛋白质，如膜蛋白等。目前可用的凝集素有数百种之多，常用于亲和层析的凝集素主要有麦胚凝集素（wheat germ agglutinin，WGA）和伴刀豆凝集素 A（concanavalin A，Con A）。

（3）核酸亲和层析（Nucleic acid affinity chromatography）

利用 DNA 与 RNA 之间具有专一性的亲和力以及核酸与蛋白质之间交互作用的原理，分离纯化 RNA、DNA 结合蛋白等，是目前分离多聚核苷酸及其结合蛋白最有力的方法。

（4）金属离子亲和层析（Metal ion affinity chromatography）

利用生物分子中的功能基团（如蛋白质表面暴露的组氨酸、色氨酸、赖氨酸等氨基酸残基）与金属离子（如 Cu^{2+}、Zn^{2+}、Ni^{2+}、Co^{2+}等）形成可逆结合的一种亲和层析方法。具有配体简单、吸附量大、分离条件温和、通用性强等特点。由于该方法几乎对蛋白质本身的生物活性没有依赖，所以除了可以在常规的非变性条件下进行纯化外，还特别适合分离纯化变性蛋白，是分离纯化生物工程蛋白质产品最有效的工具之一。

Box 3-17　Affinity chromatography

Affinity chromatography is a method of separating biochemical mixtures based on a highly specific interaction between antigen and antibody, enzyme and substrate, or receptor and ligand. It is a type of chromatographic laboratory technique used for purifying biological molecules within a mixture by exploiting molecular properties. Biological macromolecules, such as enzymes and other proteins, interact with other molecules with high specificity through several different types of bonds and interactions. Such interactions include hydrogen bonding, ionic interaction, disulfide bridges, hydrophobic interaction, and more.

The high selectivity of affinity chromatography is caused by allowing the desired molecule to interact with the stationary phase and be bound within the column in order to be separated from the undesired molecules, which will not interact and elute first. The desired proteins be released from the column in the presence of the eluting solvent which creates a competitive interaction between the desired proteins and the immobilized stationary molecules.

（七）高效液相层析（High performance liquid chromatography）

高效液相层析又名高压液相层析（High pressure liquid chromatography），是在经典液相层析法的基础上发展起来的分离分析技术。主要类型有液-固吸附层析、液-液分配层析和离子交换层析等。

按照高效液相层析使用的固定相和流动相相对极性大小的不同，分为正向层析（normal phase chromatography）和反相层析（reversed phase chromatography），前者流动相的极性比固定相的极性小，后者则相反，即固定相为非极性，流动相为极性，反相层析在高效液相层析法中应用最为广泛。

1. 原理（Principle）

反相层析是一种分配层析（partition chromatography），即利用各组分在两种不相混溶的液相中相对溶解度的不同使各组分得以分离。

其中一种液相为极性的流动相，常用由水与甲醇或乙腈组成的混合溶剂，水占比例在0～100%的范围内变化，以得到可用于水溶性、脂溶性化合物分离的、极性强度不同的流动相。另一种液相（如长链烷基 C_{18}）则分散在微颗粒的硅胶上成为非极性固定相，固定相与流动相互不相溶，当极性溶剂作为流动相分离含极性和非极性基团的有机化合物时，化合物分子内的非极性基团与键合于硅胶表面的疏水十八烷基相互作用，使化合物分子在固定相上得以保留，而分子中的极性基团受到极性流动相的作用，减少了在固定相中的保留，这两种作用的“合力”决定了不同分子在层析中的保留情况，极性大的分子先流出，极性小的后流出，见 Figure 3-38。

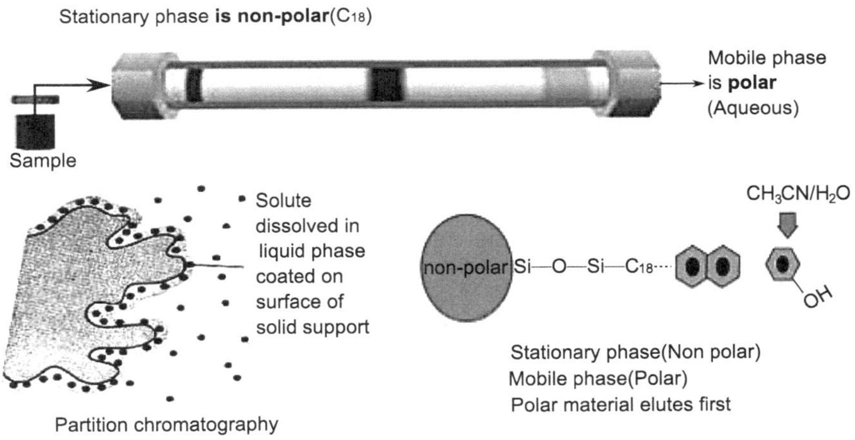

Figure 3-38　Principle of reversed phase chromatography

2. 特点（Characteristics）

与传统液相色谱相比，高效液相色谱有以下特点。

1）固定相颗粒小、硬度高，对流动相实行高压输送。

2）色谱柱柱效高，寿命长，可以重复使用。

3）分离效率高，分析速度快，灵敏度高。

4）可以自动进样并进行在线分析，自动化程度高。

5）样品用量少，从几微升到几十微升。

6）应用范围广，可对大多数有机化合物，特别是高沸点、大分子、强极性、热稳定性差的化合物进行分离分析。

3. 组成（Constitution）

高效液相色谱仪主要由 5 部分组成：高压输液系统、进样系统、分离系统、检测系统和数据处理系统，见 Figure 3-39。

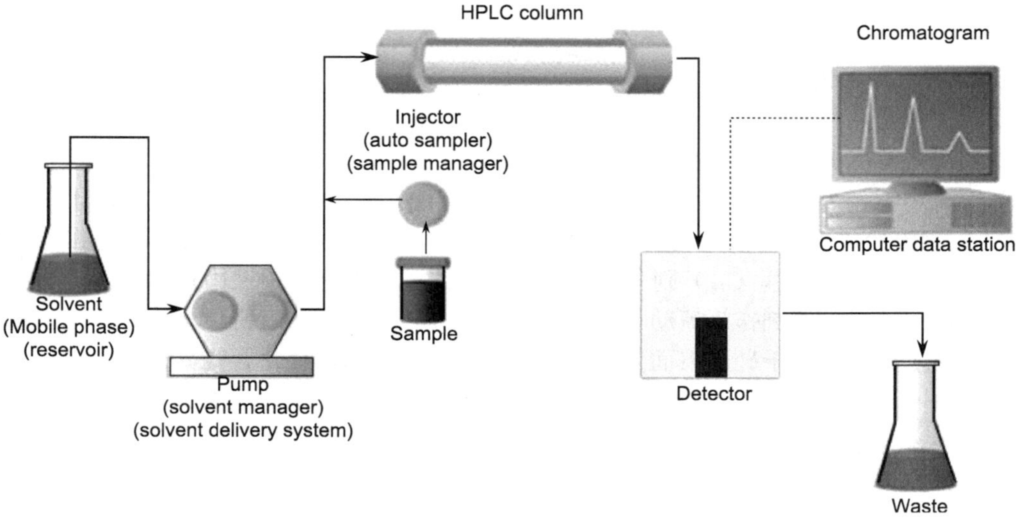

Figure 3-39 The process of high performance liquid chromatography

（1）高压输液系统（High pressure infusion system ）

高压输液系统包括储液罐、高压输液泵、梯度淋洗装置。储液罐用于供给合乎要求的流动相，高压输液泵常用恒压泵，梯度淋洗装置是将两种或两种以上不同极性的溶剂按一定顺序连续改变的装置。

（2）进样系统（Sample injection system）

进样系统有手动进样和自动进样两种方式。手动进样使用 1～100μL 的注射器完成。自动进样由自动进样器完成，适用于批量样品的分析。

（3）分离系统（Separation system）

分离系统包括色谱柱和柱温装置等。色谱柱一般采用优质不锈钢管制作，干法或湿法 装填。

（4）检测系统（Detecting system）

检测系统包括电化学检测器、二极管阵列检测器等。

（5）数据处理系统（Data processing system）

目前广泛采用计算机和色谱工作站完成样品序列的设置、数据的采集、储存显示、打印和处理等操作。

Box 3-18 High performance liquid chromatography

High performance liquid chromatography (HPLC) is a technique used to separate, identify, and quantify each component in a mixture in analytical chemistry. It relies on pumps to pass a pressurized liquid solvent containing the sample mixture through a column filled with a solid adsorbent material. Each component in the sample interacts slightly differently with the adsorbent material, causing different flow rates for the different components and leading to the separation of the components as they flow out the column. The pressurized liquid is typically a mixture of solvents (*e.g.* water, acetonitrile and/or methanol) and is referred to as a "mobile phase". Its composition and temperature play a major role in the separation process by influencing the interactions taking place between sample components and adsorbent.

六、电泳分离（Electrophoresis separation）

电泳（electrophoresis, EP）是指带电粒子在电场中向着与其所带电荷性质相反的电极方向移动的过程。电泳技术就是根据各种带电粒子在电场中迁移速度的不同而对物质进行分离的实验技术。

（一）电泳基础知识（Basic knowledge of electrophoresis）

1. 原理（Principle）

带电粒子在电场中向与它所带电荷性质相反电极的方向移动，其移动速度与电场强度和带电颗粒的净电荷量成正比，而与颗粒半径和介质黏度成反比。如果带电颗粒是具有两性电解质性质的生物分子，在一定 pH 溶液中的电荷量是一定的，由于各组分的等电点和分子质量的不同，在电场中就会以区带的形式集中在支持物的不同部位，从而将混合物中的不同组分区分开，见 Figure 3-40。

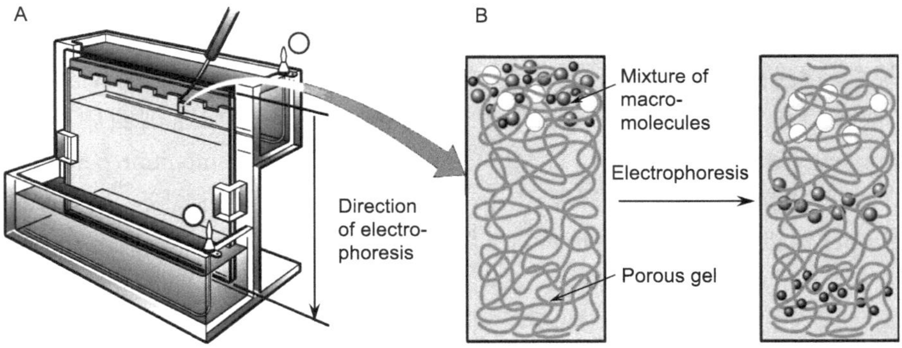

Figure 3-40　Electrophoresis device（A）and principle of electrophoresis（B）

蛋白质在电场中的迁移通常用相对迁移率（relative mobility, m_R）表示，即蛋白质样品的迁移距离与示踪染料的迁移距离之比。

在酶学研究中，电泳技术主要用于酶的纯度鉴定、酶分子质量的测定、酶等电点的测定及少量酶的分离纯化。

2. 种类（Varieties）

为防止电泳过程中的机械干扰、温度变化以及因大分子溶液的高密度而产生的对流，电泳中常需要用支持物。按照所用支持物的不同，分为以滤纸为支持物的纸电泳，以淀粉、纤维素、硅胶、琼脂为支持物的薄层电泳，以醋酸纤维素膜等材料为支持物的薄膜电泳，以聚丙烯酰胺凝胶（主要用于蛋白质的分离鉴定）、琼脂糖凝胶（主要用于核酸的分析鉴定）等为支持物的凝胶电泳等。

3. 设备（Equipments）

凝胶电泳系统主要包括电泳仪、电泳槽及附属设备（如脱色仪、凝胶干燥器、凝胶扫描仪、凝胶成像仪等）。

（1）电泳仪（Electrophoresis apparatus）

电泳仪是为电泳提供稳定直流电源的装置。根据电泳对电压要求的不同，可将电泳仪分为如下两种。

常压电泳仪（600V）：聚丙烯酰胺凝胶电泳等。

高压电泳仪（3000V）：用于等电聚焦电泳等。

（2）电泳槽（Electrophoresis cell）

电泳槽是凝胶电泳系统的核心部分，常用的有如下 3 种。

圆盘电泳槽：有上、下两个电泳槽和带有铂金电极的盖。上槽中具有若干孔，孔不用时，用硅橡皮塞塞住，要用的孔配以可插电泳管（玻璃管）的硅橡皮塞。

垂直板电泳槽：垂直板电泳槽的基本原理和结构与圆盘电泳槽基本相同，差别只在于制胶和电泳不在电泳管中，而是在两块垂直放置的平行玻璃板中间。

水平电泳槽：水平电泳槽的形状各异，但结构大致相同，一般包括电泳槽基座、冷却板和电极。

（二）聚丙烯酰胺凝胶电泳（Polyacrylamide gel electrophoresis, PAGE）

1. 原理（Principle）

聚丙烯酰胺凝胶（polyacrylamide gel）是由单体丙烯酰胺（acrylamide，Acr）和交联剂 *N,N'*-甲叉双丙烯酰胺（*N,N'*-methylenebisacrylamide，Bis）经加速剂四甲基乙二胺（*N,N,N',N'*-Tetramethylethylenediamine，TEMED）催化过硫酸铵（ammonium persulfate，APS）产生自由基，引发单体与交联剂的聚合作用，形成三维网状结构的凝胶，见 Figure 3-41。或用核黄素作为光催化剂，经光照将核黄素分解形成无色基，再氧化生成自由基，从而引发聚合反应。

改变单体丙烯酰胺和交联剂 *N,N'*-甲叉双丙烯酰胺的浓度将影响凝胶孔径的大小，当分子大小和形状不同的样品分子通过一定孔径的分离胶时，受阻滞的程度不同，相对分子质量小且为球形的蛋白质分子所受阻力小，移动快，反之，则移动慢，因而各种蛋白质不同的迁移率形成了各自的区带，即聚丙烯酰胺凝胶电泳不但有电荷效应，还有分子筛效应，见 Figure 3-40。

2. 种类（Varieties）

根据聚丙烯酰胺凝胶电泳中有无浓缩效应分为连续的聚丙烯酰胺凝胶电泳（continuous PAGE）和不连续的聚丙烯酰胺凝胶电泳（discontinuous PAGE）。根据电泳缓冲系统中是否加入变性剂 SDS 等分为非变性的聚丙烯酰胺凝胶电泳（non-denatured PAGE）和变性的聚丙烯酰胺凝胶电泳（denatured PAGE）。

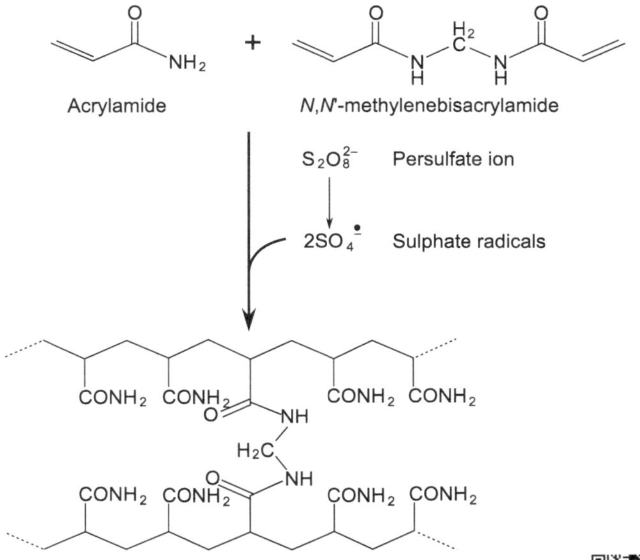

Figure 3-41　Formation of polyacrylamide gel

（1）连续的聚丙烯酰胺凝胶电泳（Continuous PAGE）

只用一层凝胶，采用相同的 pH 缓冲液和凝胶浓度，带电颗粒在电场中依靠电荷效应和分子筛效应，使得各组分的迁移率取决于所带净电荷以及分子大小和形状的差别。

（2）不连续的聚丙烯酰胺凝胶电泳（Discontinuous PAGE）

采用两层性质不同的浓缩胶和分离胶自上而下重叠使用，形成缓冲液离子成分、pH、凝胶浓度及电位梯度均不相同的不连续系统。

处于凝胶系统上层的浓缩胶是在 pH6.7～6.8 的 Tris-HCl 缓冲液中聚合而成的大孔径凝胶，当蛋白质在 pH8.3 的 Tris-甘氨酸的电极缓冲液中进行电泳时，在各层凝胶中都含有的 HCl 几乎全部解离为 Cl^-，在电场中移动速度最快，称快离子，但由于甘氨酸的等电点为 5.97，在 pH 为 6.7～6.8 的浓缩胶中的解离度只有 0.1%～1%解离为负离子，在电场中移动速度最慢，称慢离子，而蛋白质的移动速度介于快离子和慢离子之间，电泳开始后，Cl^-走在最前面，其后形成一个离子浓度较低的低电导区，低电导产生较高的电位梯度，促使蛋白质和慢离子在快离子后面加速移动，致使蛋白质等组分在快慢离子之间浓缩成一窄带。

当这一浓缩层进入分离胶时，由于分离胶 pH 为 8.8～8.9，甘氨酸的解离度增加，泳动速度加快，超过所有蛋白质等组分，高电位梯度消失，使蛋白质等组分在孔径较小的分离胶中进行分离。

与连续的聚丙烯酰胺凝胶电泳相比，不连续的聚丙烯酰胺凝胶电泳不仅有电荷效应和分子筛效应，还具有浓缩效应，即样品中待分离的各组分在浓缩胶中被压缩成层，使原来的稀样品得到高度浓缩，因而分离条带的清晰度和分辨率大大提高。

（3）SDS-聚丙烯酰胺凝胶电泳（SDS-PAGE）

在聚丙烯酰胺凝胶电泳中，蛋白质的迁移率取决于蛋白质所带净电荷以及分子的大小和形状等因素，优点是能够保持蛋白质的活性，常用于酶的鉴定、同工酶分析和提纯。但由于影响蛋白质泳动率的因素有多种，因而不适用于蛋白质的纯度鉴定和分子质量测定，SDS-聚丙烯酰胺凝胶电泳应运而生。

十二烷基硫酸钠（sodium dodecyl sulphate, SDS）是一种阴离子去污剂，当在蛋白质溶液中加入 SDS 和强还原剂巯基乙醇后，巯基乙醇使蛋白质分子内二硫键打开，SDS 使蛋白质分子的氢键、疏水键打开，并与蛋白质分子结合形成蛋白质-SDS 复合物。由于 SDS 所带负电荷量大大超过了酶分子原有电荷量，因而掩盖了酶分子间原有电荷量的差别。此外，SDS 与蛋白质结合后还会引起蛋白质构象的变化，使酶-SDS 复合物呈长椭圆形，椭圆的短轴长度均为 18Å，长轴的长度则与蛋白质的相对分子质量成正比。因此，蛋白质-SDS 复合物在凝胶中的迁移率不再受蛋白质原有电荷及分子形状的影响，而只取决于蛋白质的相对分子质量，见 Figure 3-42。

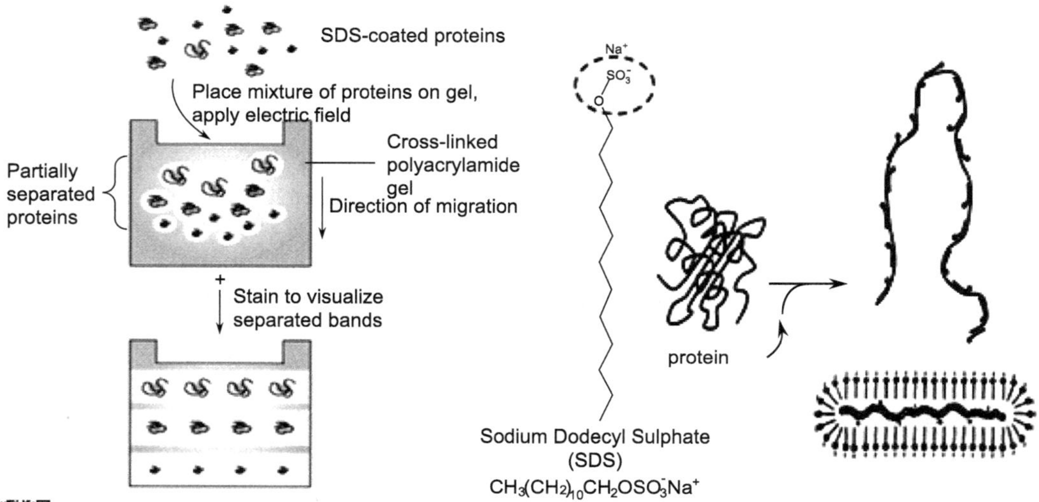

Figure 3-42　Principle of sodium dodecyl sulphate-poly acrylamide gel electrophoresis

SDS-PAGE 也是目前测定蛋白质分子亚基相对分子质量（relative molecular mass, M_r）的一种最好的方法。

在一定条件下，蛋白质相对迁移率与其分子质量的对数呈线性关系：

$$\lg M_r = K - b m_R$$

式中，M_r 为相对分子质量；m_R 为相对迁移率；K、b 为常数。

若将已知分子质量的标准蛋白质相对迁移率对其分子质量的对数作图，得到一条标准曲线，未知蛋白质在相同条件下进行电泳，根据其相对迁移率即可在标准曲线上求得分子质量。

SDS-PAGE 经常用于提纯过程中纯度的检测，纯化的酶通常在 SDS-PAGE 电泳上只有一条带，但如果酶是由不同亚基组成的，由于巯基乙醇能够打开二硫键，因而在电泳中可能会形成分别对应于各个亚基的几条带，这些信息对于了解未知酶及设计提纯过程都是非常重　要的。

3. 操作（Operation）

各种凝胶电泳一般都包括制胶、电泳、检测三个方面，具体过程如下。

（1）制胶（Gel preparation）

垂直板电泳的制胶是将制备好的凝胶溶液注入两块垂直放置的玻璃板之间；管状电泳是

用注射器或细滴管将凝胶溶液注入玻璃管。在制备不连续系统分离胶之后应立即在分离胶液面上加入去离子水，以隔绝空气中的氧，并使胶面平整。

（2）样品的处理（Sample treatment）

如果样品是粗提物，则要通过离心或过滤等方法除去杂质，如果样品盐离子浓度过高，则要除去高盐。样品缓冲液中要加入甘油或蔗糖以增加样品的比重，防止加样时产生对流或被稀释，还应加入指示剂溴酚蓝，便于观察电泳前沿。

（3）电泳（Electrophoresis）

将电泳槽与电泳仪相连，根据情况选择合适的电压和电流，电泳至溴酚蓝前沿距凝胶下沿约 0.5cm 时，停止电泳。

（4）染色与脱色（Staining and decoloration）

电泳结束后，需要对凝胶上的蛋白质进行检测。常用考马斯亮蓝染色、银染、荧光染色及同位素显色。其中，考马斯亮蓝染色法应用较为广泛，操作简便，但耗时较长，染色后需要脱色；银染法耗时短，灵敏度最高，但步骤较多。

（5）保存（Preservation）

电泳后的结果可以通过拍照的方法保存，也可以将凝胶浸泡在保存液中，或晾干后制成干胶长期保存。

Box 3-19　SDS-PAGE

Sodium dodecyl sulfate polyacrylamide gel electrophoresis (SDS-PAGE) in the presence of a reducing agent (2-mercaptoethanol) is a technique for the separation of polypeptide subunits according to their molecular weight. The protocol involves denaturing the protein sample by heating it in the presence of SDS and a reducing agent. SDS will bind to the protein causing it to unfold, whereas the reducing agent will reduce the intramolecular and intermolecular disulfide bonds. The binding of SDS confers a net negative charge on protein and the denatured polypeptide will migrate through a polyacrylamide gel in the presence of an applied electric field towards the positive electrode (anode). The molecular weight of the polypeptide subunit can be estimated directly from a semilog graph of the molecular weight of standard proteins versus their mobility. Separation of proteins by SDS-PAGE is an excellent technique for producing individually “purified” proteins.

（三）等电聚焦（Isoelectric focusing，IEF）

1. 原理（Principle）

等电聚焦是利用蛋白质或其他两性电解质具有不同的等电点，在一个稳定、连续、线性的 pH 梯度中建立的一种高分辨率的蛋白质分离分析技术。

氨基酸组成不同的蛋白质具有不同的等电点（pI），当外界环境的 pH＞pI 时，蛋白质带负电荷，在电场中向正极方向移动；当 pH＜pI 时，蛋白质带正电荷，在电场中向负极方向移动；当 pH=pI 时，蛋白质停止不动。

当在电泳支持介质中加入能够形成连续 pH 梯度的载体两性电解质（carrier ampholyte，商品名 Ampholine）（一系列多羧基多氨基脂肪族化合物）时，接通直流电后即可形成一个由阳极到阴极连续增高的 pH 梯度，当酶或其他两性电解质进入这个体系时，不同蛋白质可移动到与其等电点相等的位置上，从而使不同等电点的物质得以分离，见 Figure 3-43。

2. 特点（Characteristics）

1）分辨率高，可将等电点仅相差 0.01～0.02 pH 单位的蛋白质分开。

2）随电泳时间的延长，区带越来越窄。

3）样品可加在支持介质上的任何部位，电泳后聚焦到各自等电点的位置。

4）可分离浓度很低的样品，且重现性好。

5）可以准确地测定酶或其他蛋白质、多肽等两性电解质的等电点。

3. 操作（Operation）

（1）梯度凝胶的制备（Preparation of gradient gel）

在聚丙烯酰胺凝胶混合液中加入一定比例的载体两性电解质，聚合后将浸透样品的擦镜纸放置在凝胶上。

（2）电泳（Electrophoresis）

放好电极，注意磷酸电极条为阳极、氢氧化钠电极条为阴极。调好电压，由 200～400V 升至 400～800V，电泳至电流下降至稳定，一般需要 12h 左右。

（3）分离组分的检测（Assay of separated components）

可用表面微电极直接测定凝胶的 pH 梯度，或者将凝胶切成小段，分别用双蒸水浸泡后测定 pH，也可根据已知 pI 的蛋白质电泳条带位置绘制 pH-cm 图谱。

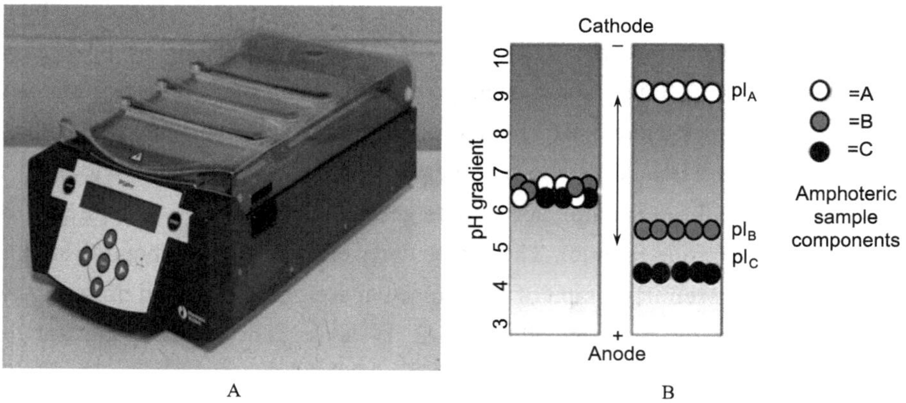

Figure 3-43　Isoelectric focusing unit (A) and the basics of isoelectric focusing (B)

Box 3-20　Isoelectric focusing

Isoelectric focusing (IEF) is an electrophoretic method for separating proteins based on their isoelectric point (pI). Ampholine are mixtures of 600 to 700 different homologues of amphoteric compounds with a spectrum of isoelectric points between 3 and 10 form a pH gradient under the influence of the electric field. These substances have high buffering capacities at their isoelectric points. They have molecular weights below 1kDa and do not bind to proteins, because they are highly hydrophilic. Their general name is "carrier ampholytes".

Proteins are amphoteric molecules. They carry either positive, negative, or zero net charge, depending on the pH of their surroundings. Isoelectric focusing (IEF) is mostly run in horizontal gels because IEF separation is only according to the charge. The gel matrix must contain large pore sizes and such a soft gel can slide down between vertical glass plates. As IEF is performed under high voltages (>1000V) until the proteins have reached their final position in the pH gradient, it requires efficient cooling and exact temperature control.

第三节　成 品 加 工

Product Polishing

酶经过纯化后，通常是液态的，且浓度较低，需要进一步加工成剂型，这个过程包括浓缩、干燥与结晶，是酶与溶剂（通常是水）分离的过程，是酶分离纯化过程中最后一个重要环节。

一、浓缩（Concentration）

浓缩是从低浓度酶液中除去部分水分或其他溶剂而成为高浓度酶液的过程。除了可用离心分离、沉淀分离浓缩之外，常用的浓缩方法还有如下几种。

1. 蒸发浓缩（Evaporation concentration）

蒸发浓缩是通过加热或在减压状态下使溶液中的水汽化，使溶液得以浓缩的过程。由于酶在高温条件下容易变性失活，故酶液的浓缩通常采用真空浓缩，即在一定真空条件下，使酶液在60℃以下进行浓缩。

2. 超滤浓缩（Ultrafiltration concentration）

超滤浓缩是以压力差为推动力，将待浓缩溶液通过超滤膜，酶分子被截留，水分子和小分子选择性透过，从而达到浓缩的目的，既可用于少量样品，又可用于工业生产规模，是一种重要的酶浓缩技术。

3. 干胶浓缩（Concentration by dried gel）

利用葡聚糖凝胶Sephadex G-25或G-50的吸水特性，向待浓缩酶液中加入干的葡聚糖凝胶，凝胶吸水膨胀，且小分子物质进入凝胶颗粒内部的空隙中，酶分子被排阻于凝胶颗粒之外，经离心或过滤将溶胀凝胶分离出去，得到浓缩的酶溶液，适用于少量样品的浓缩。

4. 聚乙二醇浓缩（Concentration by PEG）

利用聚乙二醇的吸水特性，将PEG涂于装有酶溶液的透析袋上，干的PEG粉末吸收水和盐类，透析袋中的酶溶液即被浓缩。一般用平均相对分子质量大于6000的PEG。适用于少量样品的浓缩。

二、干燥（Desiccation）

干燥是将固体、半固体或浓缩液中的水分或其他溶剂除去，以获得固体物质的过程。常用的干燥方法有如下几种。

1. 真空干燥（Vacuum drying）

在与真空系统相连接的密闭干燥器中，边抽真空边加热，使酶液在较低温度条件下蒸发干燥的过程。酶液真空干燥的温度一般控制在60℃以下。

2. 冷冻干燥（Freeze drying）

由于酶在高温下易失活，所以酶的干燥多采用冷冻干燥法。先将酶液降温到冰点以下，使之冻结成固态，然后在低温下抽真空，使冰直接升华为气体，得到干燥的酶制剂。

3. 喷雾干燥（Spray drying）

通过喷雾装置将酶液喷成直径仅为几十微米的雾滴，分散于热气流中，水分迅速蒸发而得到粉末状的干燥酶制剂。由于雾滴周围的空气温度比气流进口处的温度低，只要控制好气流进口温度，即可减少酶在干燥过程中的变性失活。

4. 气流干燥（Air-flow drying）

在常压条件下，利用热气流直接与固体或半固体物料接触，使物料的水分蒸发而得到干燥制品的过程。缺点是干燥时间较长，酶活力损失较大。

5. 吸附干燥（Adsorption drying）

在密闭容器中用各种干燥剂（如硅胶、无水氯化钙、氧化钙等）吸收物料中的水分，达到干燥的目的。

三、结晶（Crystallization）

结晶是指物质以晶体的状态从蒸汽或溶液中析出的过程。晶体是由许多性质相同的原子、离子或分子通过氢键、离子键或分子间相互作用而有序排列形成的一种格子状的固体。伴随结晶的形成，酶的纯度通常有一定程度的提高，因而酶的结晶既是酶提纯的结果，也是酶纯化的手段。

（一）基本原理（Basic principle）

当溶液的浓度超过溶质的溶解度时，称之为过饱和溶液，此时溶质才有可能析出，在结晶过程中，过饱和溶液的形成是结晶的原推动力和首要条件。酶作为一种结构复杂的生物大分子，其结晶过程同样包括一般的晶核形成和生长，但其不稳定性和敏感性都比小分子物质大得多，不易定向聚集，所要求的结晶条件也比小分子物质苛刻，是一个多参数控制的过程。

（二）结晶条件（Crystallization conditions）

1. 酶的纯度（Enzyme purity）

酶的纯度越高越容易结晶，杂质的存在对单晶长大有很大影响，或影响酶在晶面上的排列，或阻碍晶核的形成，或与溶质结合成化合物。因此要通过各种分离纯化手段使样品达到一定纯度（通常不低于 50%）后方可进行结晶。

2. 酶的浓度（Enzyme concentration）

由于高浓度蛋白质分子扩散速度慢，相互碰撞聚合的概率也大，因而酶溶液的浓度越高越容易结晶。要获得良好的结晶，一般将溶液浓度控制在饱和区以上、过饱和区以下的稳定区。

3. 结晶温度（Crystallizing temperature）

温度的变化影响物质在溶液中的溶解度，溶解度的变化直接影响晶体的形成。低温不仅有利于晶体的析出，而且可以保护酶的活性。

4. 溶液 pH（solution pH）

绝大多数酶对 pH 敏感，通常将待结晶溶液的 pH 调至酶的等电点附近，从而有利于结晶的析出。

（三）结晶方法（Crystallization method）

结晶方法通常分为两大类：①除去一部分溶剂，如蒸发浓缩；②在溶液中加入沉淀剂，如中性盐、有机溶剂等。实际工作中通常将两种方法结合起来使用。沉淀结晶是应用最广的蛋白质结晶方法之一，凡是能沉淀蛋白质的方法均可用于蛋白质的结晶。

1. 盐析结晶法（Salting-out crystallization）

在适当的温度和 pH 等条件下，将某种饱和盐溶液（如硫酸铵）缓慢滴加到浓酶液中，使酶从溶解状态达到稍微过饱和状态，从而析出结晶。也可用透析的方法增加样品的盐浓度，见透析平衡结晶法。

2. 有机溶剂结晶法（Organic solvent crystallization）

有机溶剂能够破坏蛋白质表面的水化层，降低溶液的介电常数，从而降低蛋白质的溶解度，常用的有机溶剂有乙醇、丙酮、乙腈等。

3. 透析平衡结晶法（Dialysis equilibrium crystallization）

将酶液装进透析袋，对一定浓度的盐溶液进行透析，使酶液逐步达到过饱和状态而析出结晶的过程。

4. 等电点结晶法（Isoelectric point crystallization）

通过缓慢改变酶液的 pH，使之逐渐达到酶的等电点而析出结晶的过程。可采用透析平衡等电点结晶法（将酶液装在透析袋中，对一定 pH 的缓冲液进行透析，使酶液的 pH 慢慢接近酶的等电点而析出）或气相扩散等电点结晶法，使酶液的 pH 慢慢接近其等电点而得到结晶，从而避免局部的过酸或过碱而影响结晶。

5. 气相扩散结晶法（Vapour diffusion crystallization）

待结晶溶液与含更高浓度的结晶剂在密闭的容器中通过蒸发扩散作用达到平衡，使目的酶浓度增加，最后达到过饱和而析出结晶。此法是一种微量结晶法，只需 10～40μL 的母液。气相扩散装置多种多样，如悬滴式蒸发扩散结晶器，是在容器底部放置浓盐溶液或有机溶剂，将待结晶蛋白溶液滴到盖玻片上，反过来盖住容器，密封后进行蒸发结晶，见 Figure 3-44A。

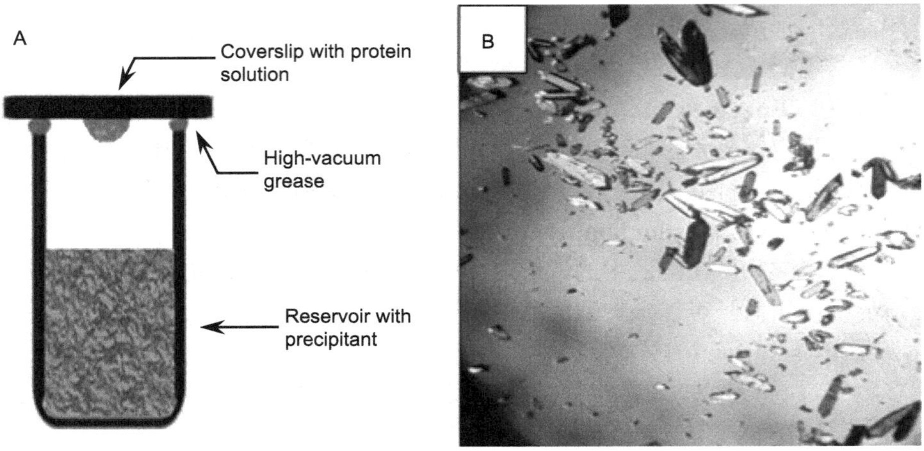

Figure 3-44　Suspended droplet evaporation（A）and protein crystals（B）

Box 3-21　Protein crystallization

Protein crystallization is the process of formation of a protein crystal. Some protein crystals have been observed in nature. And protein crystallization can be used for scientific or industrial purposes, most notably for studies by X-ray crystallography. Like many other types of molecules, proteins can be prompted to form crystals when the solution in which they are dissolved becomes supersaturated. Under these conditions, individual protein molecules can pack in a repeating array, held together by noncovalent interactions. Proteins vary greatly in their physicochemical characteristics, and so crystallization of a particular protein is rarely predictable. Determination of appropriate crystallization conditions for a given protein often requires empirical testing of many conditions before a successful crystallization condition is established.

第四节　分离纯化策略

Isolation and Purification Strategies

在蛋白质、酶与重组蛋白的纯化中，应依据蛋白质性质选用各种纯化技术。同一种蛋白质可以有多种不同的分离纯化方法，纯化方法的优劣直接关系到产品的成本、纯度和得率。

一、酶性质的表征（Representation of enzyme properties）

（一）酶的浓度（Enzyme concentration）

测定酶浓度即蛋白质浓度的方法很多，最早的经典方法是凯氏定氮法，此法虽有普遍性，但操作繁琐，目前很少使用。常用的蛋白质含量测定方法有如下几种。

1. 双缩脲法（Biuret test）

蛋白质的肽键在碱性溶液中与 Cu^{2+}结合形成紫色络合物，颜色的深浅与蛋白质浓度成正比，而与蛋白质分子质量及氨基酸成分无关。特点是快速，但灵敏度较差，仅适合毫克级蛋白质的测定。

2. 福林酚法（Folin-ciocalteu assay）

福林酚法又称 Lowry 法，曾被选为蛋白质标准测定方法，现逐渐被考马斯亮蓝法所取代。显色原理与双缩脲方法相同，只是加入了第二种试剂，即 Folin-酚试剂，其中的磷钼酸盐-磷钨酸盐被蛋白质中的酪氨酸和色氨酸残基还原，产生深蓝色的钼兰和钨兰的混合物，蓝色的深度与蛋白质含量成正比。此法灵敏度和准确度都较高，但操作较繁琐。

3. 紫外吸收法（Ultraviolet absorbance）

由于蛋白质分子中芳香族氨基酸（Trp、Tyr 和 Phe）残基中苯环的共轭双键在 280nm 处有最大的光吸收，其光吸收值与蛋白质浓度成正比，见 Figure 3-28。此法简便、灵敏、快速，不消耗样品，测定后仍能回收使用，特别适用于柱层析洗脱液的快速连续检测，此时只需测定蛋白质浓度的变化，而不需知道其绝对值。

4. 考马斯亮蓝法（Coomassie brilliant blue method）

考马斯亮蓝法又称 Bradford 法，是 Bradford 于 1976 年建立起来的一种蛋白质浓度的测定方法，属于染料结合法（dye-binding assay）的一种。考马斯亮蓝 G-250 在游离状态下呈红色，最大光吸收在 488nm；当它与蛋白质结合后变为青色，蛋白质-色素结合物在 595nm 波长下有最大光吸收，其光吸收值与蛋白质含量成正比。该法操作简单，灵敏度高，是一种常用的微量蛋白质快速测定方法。

（二）酶的纯度（Enzyme purity）

酶纯化的目标之一是使目的酶达到符合要求的纯度。由于酶分子结构的复杂以及鉴定方法的不同，常需将酶的纯度标明达到哪种纯度，如柱层析单峰为层析纯，电泳显示单带为电泳纯，高效液相色谱（HPLC）分析单峰为色谱纯。

蛋白质纯度的检验方法通常有分析电泳，如 SDS-PAGE、等电聚焦（IEF）以及色谱（常用 HPLC），如基于蛋白质相对分子质量的凝胶过滤色谱、基于蛋白质疏水性质的反相色谱、基于蛋白质表面电荷性质的离子交换色谱等。近年来质谱在生物大分子中的应用也很活跃，化学方法检验蛋白质末端的均一性也是评价纯度的好方法。

（三）酶的活性（Activity of enzyme）

1. 酶活力（Enzyme activity）

酶最重要的特性是具有催化一定化学反应的能力，因而利用物理、化学方法测定反应物或产物浓度的变化来测定酶的催化反应速度即代表了酶活力的大小。由于酶催化的反应速度受温度、pH、离子强度及底物种类等多种因素的影响，因此酶活力是指特定条件下测定的反应速度。

虽然酶活力单位有国际统一定义，即在最适条件下，每秒钟能使 1 摩尔底物转化的酶量，定为 1Kat 单位（1Kat=1mol/s），但实际上各自制定酶活力单位的现象较多，因此要比较某种酶活力时，必须注意它们的单位定义和测定系统及条件。

测定酶活力就是测定产物增加量或底物减少量，常用终止法测定酶活力，即在恒温反应系统中进行酶催化反应，间隔一定时间分几次取出一定溶剂的反应液，可通过添加强酸、强碱、三氯乙酸或加热的方法终止酶促反应，然后分析产物的生成量或底物的消耗量，这是常用的经典方法，几乎所有的酶都可根据这一原理，设计测定其活力的具体方法。

2. 比活力（Specific activity）

比活力代表酶的纯度，用每毫克蛋白质所含酶活力单位数表示。对同一种酶来说，比活力越大，酶的纯度越高。通过测定酶活力（U）和蛋白质含量即可得到比活力，可用来比较每单位质量（mg）蛋白质的催化能力。

比活力=酶活力/1mg 蛋白质=酶的总活力/总蛋白质量

二、纯化方案设计（Design of purification protocol）

（一）设计原则（Design principle）

酶分离纯化的最终目的是制备高纯度的酶制剂，即酶的含量要高，不含或少含杂质。一般应遵循以下原则。

1）了解欲纯化酶的理化性质，便于选择更稳定的实验条件。

2）尽量在低温、非极端 pH 范围内操作，防止酶的变性失活。

3）建立欲纯化酶活力测定方法，通过检测酶活性跟踪酶的来龙去脉。

（二）设计依据（Design criteria）

对于某种酶的分离纯化，一是可参照前人的分离方法，二是另外建立新的纯化工艺。判断一种分离纯化方法的优劣，一般用如下两个指标来衡量。

1. 回收率（Yield）

表示回收过程中酶的总活力的回收及损失情况，即

回收率（产率）=某一步的总活力/第一次的总活力

式中，酶的总活力=测定的酶活力单位数 U×样品的体积。

2. 纯化倍数（Purification fold）

比活力之比，表示提纯方法的有效程度，即

纯化倍数=某一步的比活力/第一次的比活力

在酶的纯化过程中，比活力逐渐提高，总活力逐渐降低。每一步都应测定酶的总活力和比活力，以了解经过某一步骤后酶的回收率、纯化倍数，从而决定这一步的取舍。一个理想的分离纯化方法应该是比活力（纯度）提高多，总活力回收高（回收率高），且重现性好。但实际上两者常不可兼得，经常需要在比活力多提高一些和总活力多回收一些之间作适当的选择。通过制作纯化表可以对纯化方法进行选择，纯化表举例见 Table 3-5。

Table 3-5　Examples of protein purification table

Purification steps	Volume /mL	Protein concentration /（mg/mL）	Amount total protein/mg	Total activity/U	Specific activity /（U/mg）	Yield /%	Purification fold
Homogenate	220	1.7	373	107	0.29	100	1
Adsorption chromatography	30	0.14	4.2	93	22	87	76
Concentration	22	1.8	4	84	21	79	72
Gel filtration	8	0.38	3	76	25	71	86

三、纯化方法选择（Selection of purification method）

1. 选择依据（Selection criteria）

酶分离的主要依据是酶与杂蛋白在性质上的差异，如溶解度、分子大小、电荷、吸附性质以及对配体的亲和力等。常用的方法如下。

1）根据溶解度的不同，如沉淀分离。

2）根据分子大小的差别，如膜过滤、凝胶过滤、密度梯度离心等。

3）根据电荷的差异，如电泳、等电聚焦、离子交换层析等。

4）根据吸附性质的不同，如吸附层析、疏水层析。

5）根据亲和力的不同，如亲和层析。

6）根据分配系数的差异，如双水相萃取、反胶团萃取等。

2. 选择原则（Selection principle）

各种纯化方法都有其固有的优缺点，对目标酶而言，可以有多种纯化方法，在设计纯化路线时，应考虑各种因素对选用的纯化方法及先后次序的影响。

一般来说，先用非特异、低分辨率的单元操作，如根据溶解度差异建立的纯化方法较适宜于早期的纯化阶段，许多酶可以方便地用“经典”的乙醇沉淀或硫酸铵沉淀，以达到尽快缩小样品体积、提高产品浓度、去除主要杂质的目的，规模可以较大。后期可采用高分辨率的单元操作，如具有较高选择性的离子交换层析或亲和层析，处理规模较小。

Box 3-22　Purification strategies

During an enzyme purification process, several parameters should be optimized. Measurement of total protein concentration, target protein activity, yield and purity are usually needed for protein purification development and for the final quality check of the preparation.

Specific activity and total activity are the critical parameters in enzyme purification. The activity of an enzyme is defined in some unit, usually micromoles of product formed per minute. The specific activity, then, is defined as activity units per milligram of total protein. As the enzyme is purified, the specific activity increases because inactive protein is removed. However, the yield of the desired enzyme is also important. For example, a purification step which yields a

100-fold increase in specific activity and a recovery of units (activity) of only 5% is not as useful as a step that yields a 10-fold purification with a recovery of 90%.

Summary

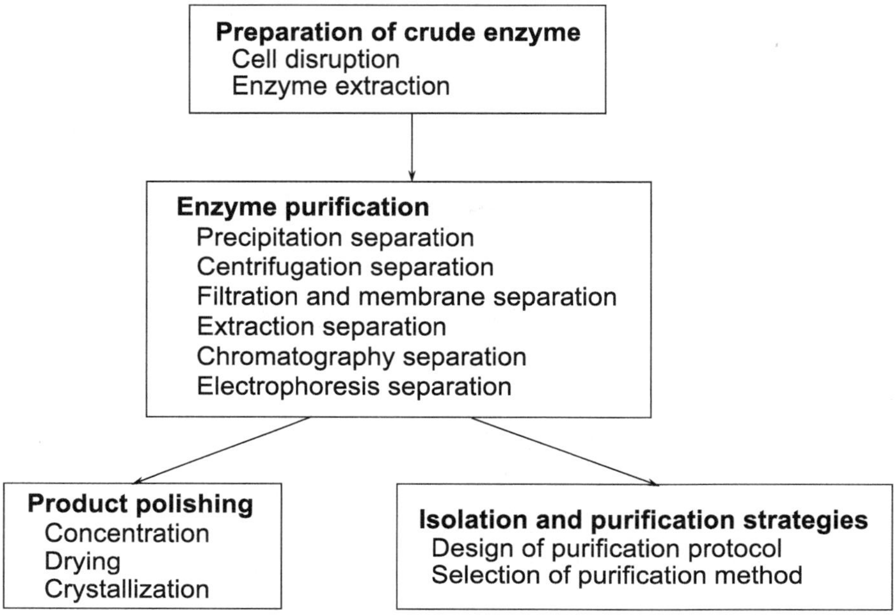

Review Questions

1. Describe the cell wall structure of bacteria, yeast, mycelia fungus and how to disrupt them.

2. Describe the methods and the target of enzyme extraction from plant or animal tissue.

3. What's the difference between RCF and rpm (rotation per minute)? Compare the three methods of centrifugation.

4. State the principles of the five types of protein precipitation.

5. Explain the principles of aqueous two-phase extraction, SFE and reversed micelle extraction.

6. State the types of membrane filtration and their applications.

7. Compare the similarities and differences between adsorption chromatography, GF, IEC, HIC and AC in their principle, chromatography media , operation and applications.

8. What are the main characteristics of HPLC? What is reverse phase HPLC? State their theoretical basis for separation of protein.

9. Compare the differences between continuous and discontinuous PAGE, denatured and non-denatured PAGE. Understand how IEF works.

10. What are the differences between crystal and precipitation? What are the conditions required to set up a protein crystallization trial?

11. What are the meanings of specific activity, yield and fold purification? What purpose would they be used for?

12. Review the determination of enzyme activity and protein concentration.

13. Summarize the methods and principles of desalting, concentration and MW determination.

第四章　酶与细胞的固定化

Immobilization of Enzyme and Cell

Immobilization is one of the most effective and powerful tools used in industry, which has been studied and improved since the last century. Various immobilization techniques such as enzyme immobilization, cell immobilization and protoplast immobilization have been used on both laboratory and industrial scale. Each immobilization technique is applicable for a specific production mostly depending on the cost and sensibility of process. Compared to free biocatalyst systems, immobilization techniques often offer better stability, increased activity and selectivity, higher resistance, improved separation and purification, reuse of enzymes, and consequently more efficient process.

Recently, biocatalysts such as enzymes or active whole cells are helpful to carry out many commercial chemical syntheses and conversions, such as the use of enzymes for the conversion of glucose to fructose, the use of whole cells for the conversion of starch to ethanol, etc. Through the recent intelligent design in techniques and support material, immobilization technology will enable a rapid fascinating advance in several industrial applications by bringing down the overall cost and increase the yield.

第一节　固定化酶（细胞）的产生

Origin of Immobilized Enzyme（Cell）

生物催化剂包括各种动植物、微生物来源的酶或微生物菌体，酶是其中最常见、最重要的一类生物催化剂，与化学催化剂相比，具有催化效率高、专一性强、反应条件温和等特点。目前，利用现代生物技术已经能够大量生产酶，但将其作为工业催化剂仍存在一些缺陷。

一、酶的固定化（Enzyme immobilization）

1. 游离酶的缺陷（Defects of free enzyme）

（1）稳定性差（Poor stability）

除了在食品、轻工领域广泛应用的α-淀粉酶、PCR技术中普遍采用的*Taq*酶等某些耐高温的酶以及胃蛋白酶等可以耐受较低pH条件以外，大多数酶在高温、强酸、强碱和重金属离子等外界因素影响下，都容易变性失活。

（2）一次性使用（Disposable）

酶在溶液中进行催化反应后，与底物、产物混在一起，难于回收利用，这种一次性使用酶的方式，不仅使生产成本提高，而且难于连续化生产。

（3）分离纯化困难（Difficulty in purification）

酶催化反应后与产物混在一起成为杂质，对产物的分离纯化带来一定困难。

2. 固定化酶的产生（Birth of immobilized enzyme）

固定化酶的研究始于 20 世纪 50 年代，1953 年德国的 Grubhofer 和 Schleith 采用聚氨基苯乙烯树脂为载体，经重氮化方法活化后，分别与羧肽酶、淀粉酶、胃蛋白酶、核糖核酸酶等结合，制成固定化酶。

20 世纪 60 年代后期，固定化技术迅速发展。1969 年，日本的千畑一郎首次大规模应用固定化氨基酰化酶从 DL-氨基酸连续生产 L-氨基酸。

1971 年，在第一届国际酶工程会议上，“固定化酶”的名称被正式采用，并将其定义为：借助物理或化学方法将酶固定于水不溶性载体上，在一定的空间范围内起催化作用，并能反复和连续使用。固定化酶制备过程如 Figure 4-1 所示。

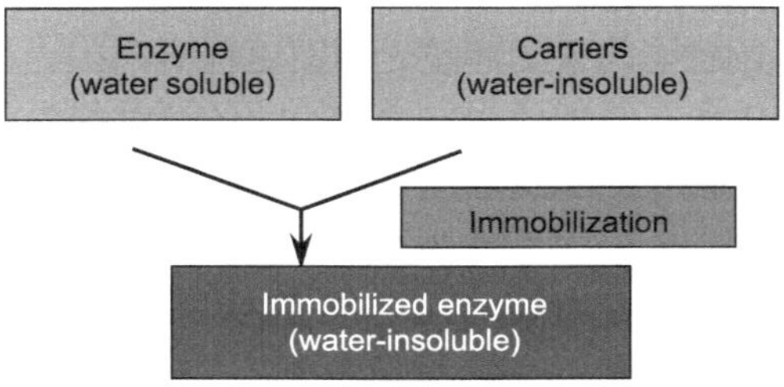

Figure 4-1　The scheme of immobilized enzyme

3. 固定化酶的优点（Advantages of immobilized enzyme）

1）固定化酶可重复使用，酶的使用效率提高，使用成本降低。

2）产物溶液无酶的残留，简化了提纯工艺，产品收率高、质量好。

3）在多数情况下，酶经固定化后稳定性得到提高。

4）固定化酶具有一定的机械强度，催化反应过程更易控制。

4. 固定化酶的缺点（Disadvantages of immobilized enzyme）

1）固定化可能造成酶的部分失活。

2）酶催化微环境的改变可能导致其反应动力学发生变化。

3）固定化酶一般只适用于水溶性的小分子底物，对于大分子底物不适宜。

4）与完整菌体相比，固定化酶不适宜于多酶反应，特别是需要辅助因子参加的反应。

Box 4-1　Enzyme immobilization

Enzymes are costly items, and can be used repeatedly only if they can be recovered from the reaction mixtures. Immobilization permits their repeated use since such enzyme preparations can be easily separated from the reaction system. For example, immobilized enzyme (lactase) is particularly useful in the production of lactose free milk, as the milk can be drained from a container leaving the immobilized lactase inside ready for the next batch. Enzyme immobilization may be defined as "the enzyme that is physically or chemically confined in defined materials with retention of its catalytic activity."

二、细胞固定化（Cell immobilization）

1. 固定化细胞的产生（Birth of immobilized cell）

固定化细胞的研究和应用始于 20 世纪 70 年代，是在固定化酶技术基础上发展起来的一项技术。将含酶菌体或菌体碎片固定在载体上，并在一定的空间范围内进行生长、繁殖和新陈代谢，又称固定化活细胞或固定化增殖细胞。微生物细胞、植物细胞和动物细胞均可制成固定化细胞。由于固定化细胞的种种优势，该技术的应用已经超过固定化酶。

2. 固定化细胞的优点（Advantages of immobilized cell）

1）保留胞内原有的多酶系统，利用所包含的复合酶系完成那些需要辅助因子参与的合成和代谢过程。

2）保持胞内酶系的原始状态与天然环境，因而更稳定。

3）省去酶的分离纯化工作，降低成本，并减少酶的活性损失。

3. 固定化细胞的缺点（Disadvantages of immobilized cell）

1）细胞内多种酶的存在，会形成不需要的副产物。

2）不仅有固定化载体带来的扩散限制，还有细胞膜和细胞壁的扩散限制作用。

Box 4-2　Cell immobilization

Immobilized individual enzymes can be successfully used for single-step reactions. They are, however, not suitable for multi-enzyme reactions and for the reactions requiring cofactors. The whole cells or cellular organelles can be immobilized to serve as multi-enzyme systems, thus eliminating the need for enzyme purification and isolation. But cell immobilization systems also present some disadvantages: ①Some unwanted byproducts can be formed due to presence of other enzymes in the used cells. ②The cell wall and cell membrane of the used cells prevent substrate, products or other reaction components to penetrate inside or outside the cell.

三、原生质体固定化（Protoplast immobilization）

1. 原生质体固定化的产生（Birth of immobilized protoplast）

微生物细胞和植物细胞除去细胞壁后，即可获得原生质体。但原生质体很不稳定，容易破裂，用多孔凝胶将原生质体包埋起来，由于载体的保护作用，提高了原生质体的稳定性，可反复或连续使用较长一段时间，见 Figure 4-2C。

2. 固定化原生质体的优点（Advantages of protoplast）

细胞产生的许多代谢产物不能分泌到胞外的原因之一是细胞壁对物质扩散的障碍，见

Figure 4-2A。除去细胞壁的原生质体可增加细胞膜的通透性，有利于氧的传递、营养成分的吸收以及胞内产物分泌到胞外，见 Figure 4-2B。

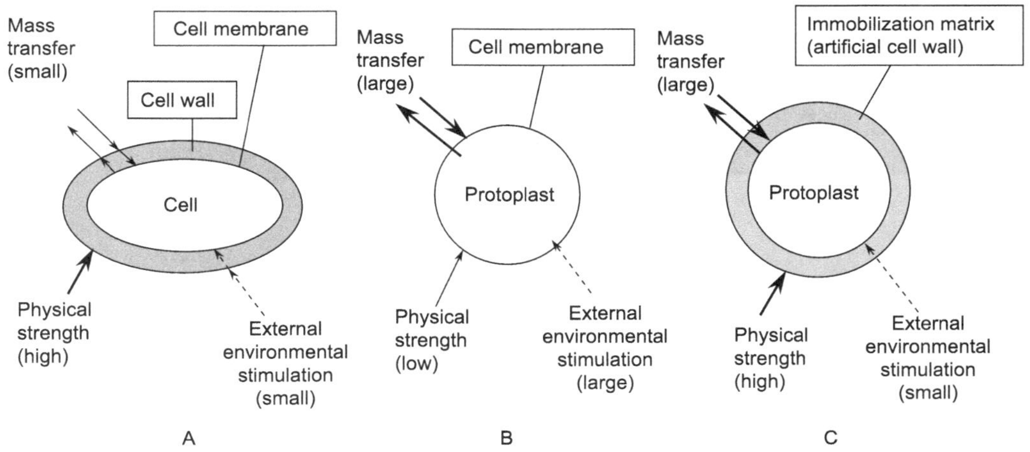

Figure 4-2　Comparison of the characteristics of cell (A), protoplast (B) , and protoplast with artificial cell wall (C) in the production of useful metabolites

第二节　固定化方法

Methods of Immobilization

固定化方法是将酶或细胞与载体结合起来的手段，主要有吸附法、包埋法、共价偶联法和交联法。

一、酶固定化方法（Methods of enzyme immobilization）

（一）吸附法（Adsorption method）

利用酶（细胞）与载体之间的非特异性吸附作用，将其固定在吸附剂上。

1. 物理吸附法（Physical adsorption method）

通过氢键、疏水键等物理作用，将酶（细胞）固定在不溶性载体上，见 Figure 4-3A。常用的吸附剂有活性炭、氧化铝、硅藻土、多孔陶瓷、多孔玻璃、硅胶、羟基磷灰石、多孔塑料、金属丝网、微载体和中空纤维等。

2. 离子结合法（Ionic binding method）

通过离子键将酶（细胞）结合在具有离子交换基的水不溶性载体上，见 Figure 4-3B。常用的载体有阴离子交换剂，如 DEAE-纤维素、DEAE-葡聚糖凝胶，阳离子交换剂，如 CM-纤维素等。

吸附法的优点：操作简单，条件温和，酶活力不易丧失，载体可重复利用。缺点：载体与酶的结合力较弱，使用过程中容易脱落。

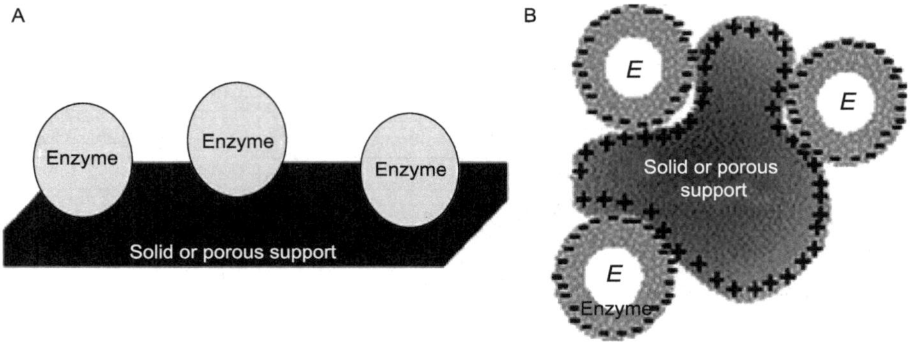

Figure 4-3 Enzyme non-covalently adsorbed to an insoluble particle

A. Physical adsorption；B. Ionic adsorption

Box 4-3 Adsorption method

Adsorption method is based on the physical adsorption of enzyme protein on the surface of water-insoluble carriers. Examples of suitable adsorbents are ion-exchange matrices, porous carbon, clay, hydrous metal oxides, glasses and polymeric aromatic resins. The major advantage of this kind of immobilization is that neither additional coupling reagents nor modification of the enzyme of interest is required. However, noncovalent immobilization typically involves relatively weak and reversible interactions. As a result, enzymes can leach out from the support, which in turn results in loss of activity with time and contamination of the surrounding media.

（二）包埋法（Embedding method）

将酶（细胞或原生质体）包埋在各种多孔载体中，使其固定化。

1. 凝胶包埋法（Gel entrapment）

凝胶包埋法又称网格法（grid method），是以各种多孔凝胶为载体、应用最广泛的固定化方法，见 Figure 4-4A。常用的多孔凝胶有：琼脂、海藻酸钙凝胶、角叉菜胶、明胶、聚丙烯酰胺凝胶和光交联树脂等。

以海藻酸钙凝胶包埋法为例。将杀菌冷却后具有一定浓度的海藻酸钠溶液，与酶液混合均匀，滴至一定浓度的氯化钙溶液中，形成球状海藻酸钙固定化胶粒，原理如 Figure 4-5 所示。

天然凝胶包埋条件温和，操作简单，对酶活性影响甚小，但强度较差；合成凝胶的强度高，对温度、pH 变化的耐受性强，但需要在一定条件下进行聚合反应，且在聚合反应过程中往往会引起部分酶的变性失活，应严格控制好包埋条件。另外，为防止包埋固定化后酶从凝胶中泄露出来，凝胶的孔径应控制在小于酶分子直径的范围内，但对于大分子底物的进入和大分子产物的扩散不利。

2. 微囊法（Microencapsulation）

微囊法又称半透膜包埋法（semi-permeable membrane embedding method），用各种高分子聚合物将酶（细胞）包埋在微球中，制成固定化酶（细胞），见 Figure 4-4B。固定化酶小球的直径一般只有几微米至几百微米。常用聚酰胺膜和火棉胶膜为载体。

微囊法对酶没有化学和结构修饰，酶和底物有很大的有效接触区域，但高分子质量的底物会造成限制扩散效应，且微囊孔径的变化会导致酶的泄漏。

Figure 4-4　Entrapment method of immobilization

A. Gel or lattice entrapment；B. Microencapsulation

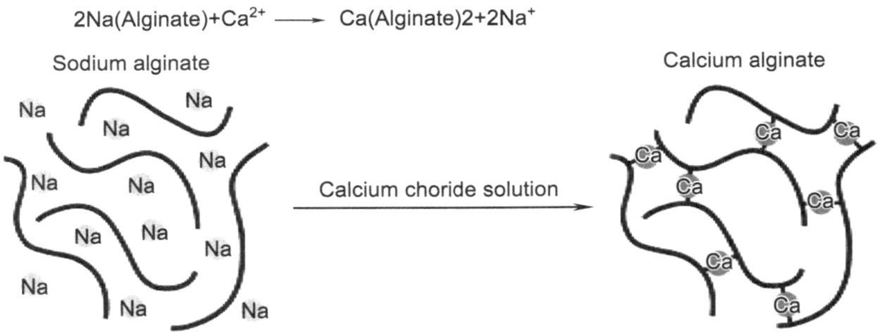

Figure 4-5　The process of calcium alginate bead formation

Box 4-4　Entrapment method

Enzymes can be immobilized by physical entrapment inside a polymer or a gel matrix. The size of the matrix pores should enable enzyme to be retained and allow the substrate and product molecules to pass through. In this technique, commonly referred to as lattice entrapment, the enzyme (or cell) is not subjected to strong binding forces and structural distortions. The major limitation for lattice entrapment of enzymes is their leakage from the matrix. Microencapsulation is another type of entrapment. It refers to the process of spherical particle formation wherein a liquid or suspension is enclosed in a semi-permeable membrane. The membrane may be polymeric, lipoidal, lipoprotein-based or non-ionic in nature.

（三）共价偶联法（Covalent coupling method）

共价偶联法又称共价结合法（Covalent bonding method），是将酶与聚合物载体通过共价键结合的一种固定化方法。

酶分子中可与载体共价结合的功能基团有氨基、羧基、巯基、羟基、咪唑基、酚基等。参与共价结合的氨基酸残基不应是酶催化活性所必需的，否则往往造成固定后的酶活力完全丧失。

所用载体主要有：纤维素、琼脂糖凝胶、葡聚糖凝胶、甲壳质、氨基酸共聚物等。偶联时，载体需要活化，即借助某种方法，在载体上引入活泼基团，从而与酶分子上的某一基团反应，形成共价键。载体的活化方法有如下几种。

1. 重氮法（Diazo method）

将含有苯氨基的不溶性载体与亚硝酸反应，生成重氮盐衍生物，使载体引进了活泼的重氮基团。

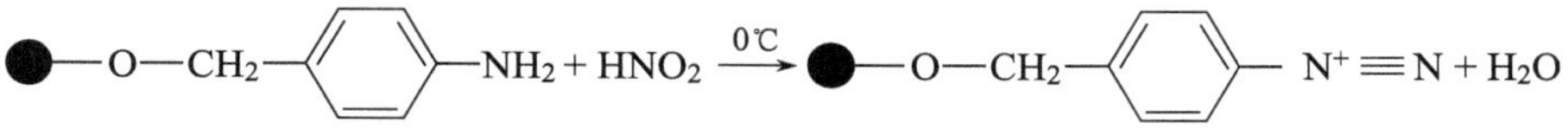

载体活化后，活泼的重氮基团可与酶分子中的酚基或咪唑基发生偶联反应而制得固定化酶。

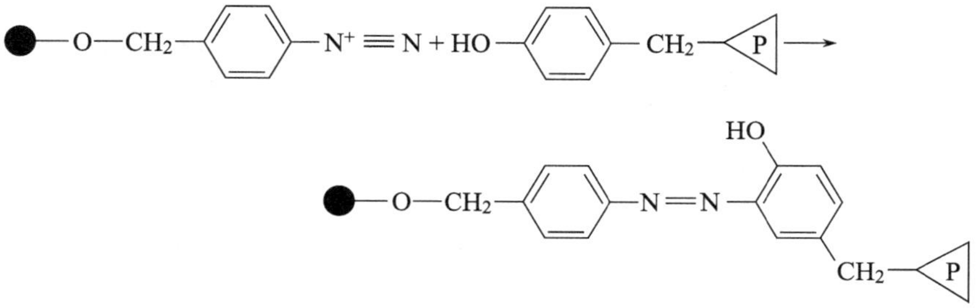

2. 叠氮法（Azide method）

将载体活化生成叠氮化合物，再与酶分子上相应基团偶联成固定化酶。含有羟基、羧基、羧甲基等基团的载体均可用此法活化。例如，羧甲基纤维素叠氮衍生物中的活泼叠氮基团与酶分子中的氨基形成肽键，使酶固定化。

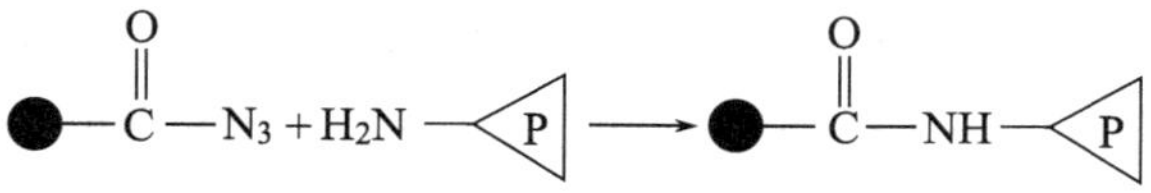

3. 溴化氰法（Cyanogen bromide method）

用溴化氰可将含有羟基的多糖类物质，如纤维素、琼脂糖凝胶、葡聚糖凝胶等，活化生成亚氨基碳酸衍生物，再与酶分子上的氨基反应，制成固定化酶。

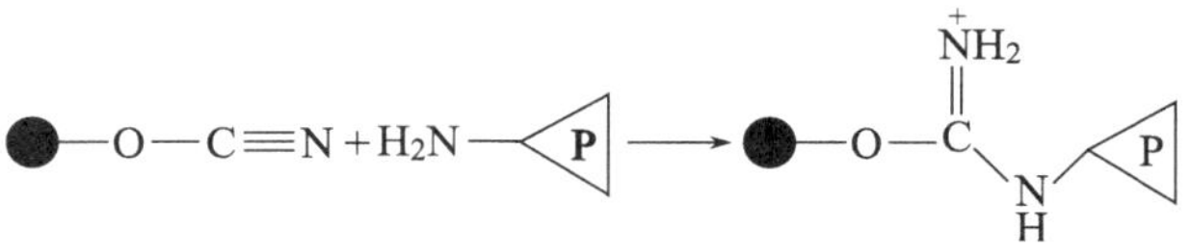

4. 烷基化法（Alkylation method）

含羟基的载体可用三氯-均三嗪等多卤代物进行活化，形成含有卤素基团的活化载体。

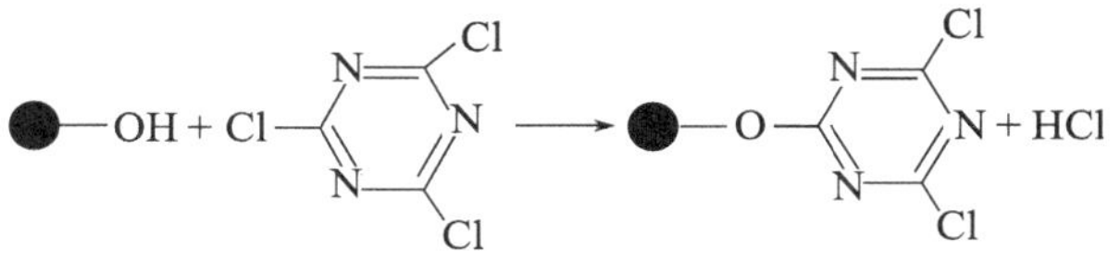

活化载体上的卤素基团可与酶分子上的氨基、巯基、羟基等发生烷基化反应，制成固定化酶。

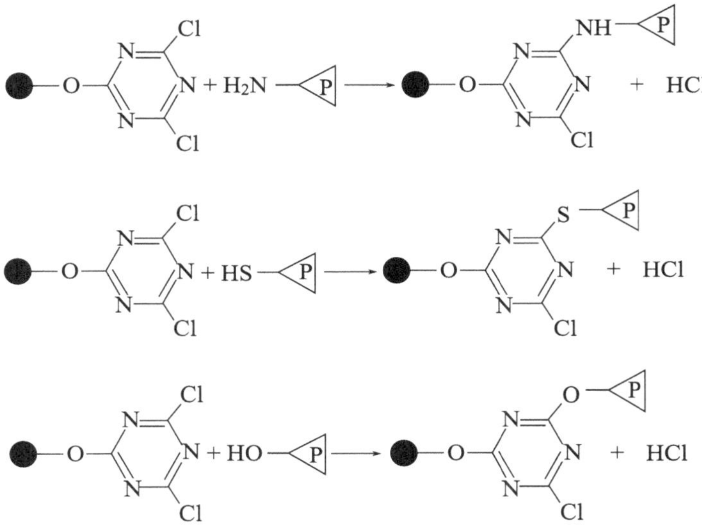

共价偶联法的优点：酶与载体结合牢固，具有稳定的操作性，可以连续使用较长时间，且没有扩散限制效应。缺点：载体活化操作复杂，有的偶联剂有毒，共价结合时可能会影响酶的空间构象进而影响酶的催化活性，载体不能再生。

Box 4-5　Covalent binding method

Immobilization of the enzymes can be achieved by creation of covalent bonds between the chemical groups of enzymes and the chemical groups of an insoluble support (such as silica gel). This approach provides the strongest enzyme/support interaction and the lowest protein leakage during catalysis. However, covalent binding is often associated with loss of some enzyme activity. The inert support usually requires pretreatment (to form pre-activated support) before it binds to an enzyme.

（四）交联法（Cross-linking method）

借助双功能试剂使酶分子之间发生交联作用，制成网状结构的固定化酶。常用的双功能试剂有戊二醛、己二胺、顺丁烯二酸酐、双偶氮苯等，其中应用最广泛的是戊二醛。参与交联反应酶蛋白的功能集团有：N 端的 α-氨基、赖氨酸的 ε-氨基、酪氨酸的酚基、半胱氨酸的巯基和组氨酸的咪唑基。

例如，戊二醛的两个醛基均可与酶的游离氨基反应，形成席夫（Schiff）碱，使酶交联制成固定化酶，见 Figure 4-6。此法与共价结合法一样，也是利用共价键固定酶，所不同的是交联法不使用载体。

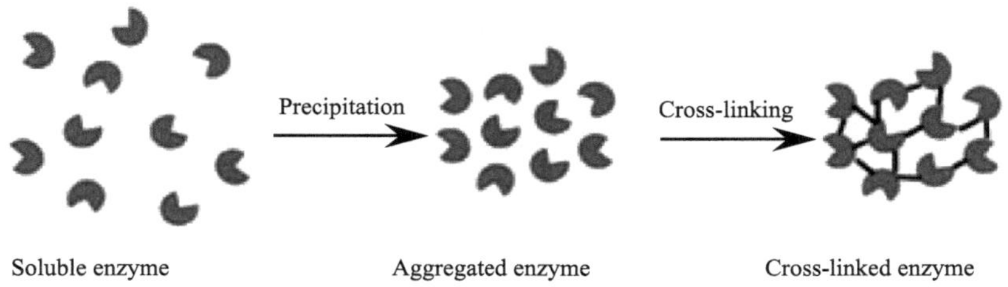

Figure 4-6　Preparation of cross-linked enzyme aggregates

交联法往往与吸附法或包埋法等方法联合使用，称双重固定化。

（1）吸附交联法（Adsorb-cross-linking method）

将酶吸附在硅胶、皂土、氧化铝或其他大孔型离子交换树脂上，再用戊二醛等双功能试剂交联。也可将双功能试剂与载体反应得到有功能团的载体，再与酶交联。

（2）包埋交联法（Embed-cross-linking method）

将酶液和双功能试剂（戊二醛）结合，然后用高分子或多糖类物质包埋，这样可避免颗粒太细的缺点，制得的固定化酶稳定性好。

交联法的优点：制成的固定化酶或固定化菌体结合牢固，可长时间使用。缺点：交联反应的激烈条件可导致酶分子多个基团被交联，酶活力损失较大，且制成的固定化酶或固定化菌体的颗粒较小，给使用带来不便。

Box 4-6　Cross-Linking method

Glutaraldehyde is the most extensively used cross-linking reagent. It is a quite simple and cost-effective method, in which it reacts with the enzyme molecules and create bridges to form the backbone by creating cross-links between them. The absence of a solid support is a characteristic feature of this immobilization method. The cross links formed between the enzyme and glutaraldehyde are irreversible and can withstand extreme pH and temperature. But the disadvantage is that it involves the risk of denaturation of the enzyme.

4 种固定化方法图示见 Figure 4-7。

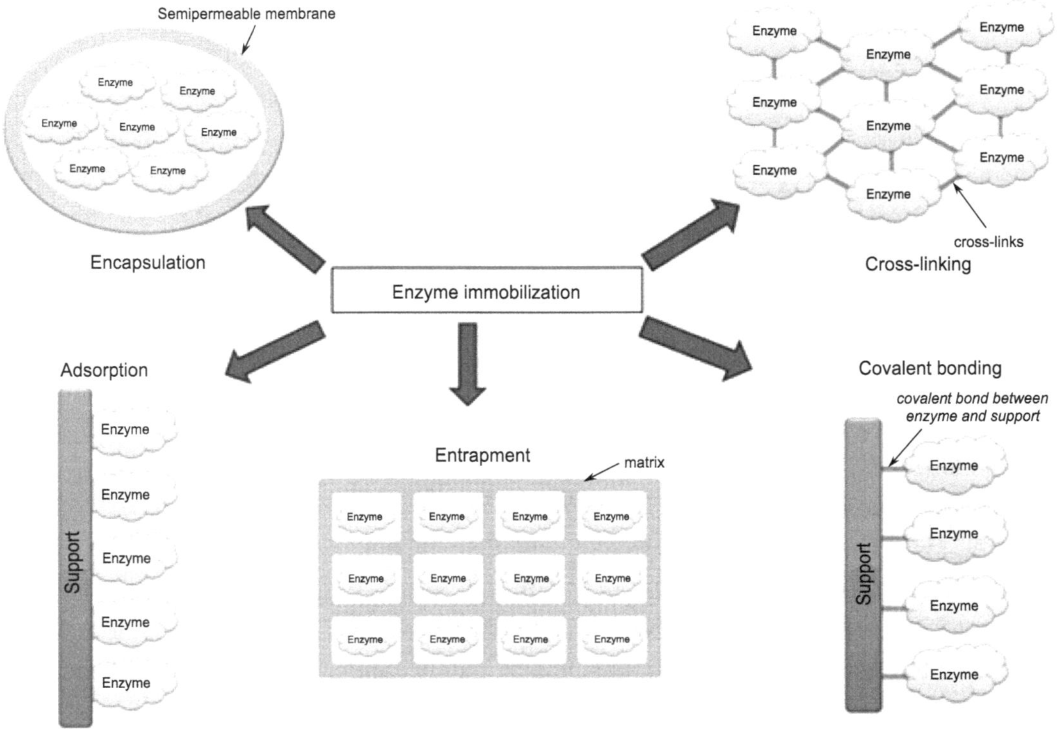

Figure 4-7　Classification of immobilization methods

4 种不同固定化方法的比较见 Table 4-1。

Table 4-1　Comparison of the four immobilization methods

Characteristics	Adsorption		Covalent coupling	Entrapment		Cross-linking
	Physical adsorption	Ionic binding		Gel entrapment	Micro-encapsulation	
Preparation	Simple	Simple	Difficult	Difficult	Difficult	Difficult
Cost	Low	Low	High	Moderate	Moderate	High
Binding force	Weak	Weak	Strong	Weak	Weak	Strong
Enzyme leakage	Yes	Yes	No	Yes	Yes	No
Applicability	Wide	Wide	Selective	Wide	Wide	Selective
Operational stability	Low	Low	High	High	High	Low
Large diffusion barriers	No	No	No	Yes	Yes	No
Enzyme activity loss	No	No	Yes	No	No	Yes

二、细胞固定化方法（Methods of cell immobilization）

固定化细胞按其细胞类型有 3 类，即固定化微生物细胞、固定化植物细胞和固定化动物细胞。与酶的固定化方法一样，迄今没有通用的适合所有类型细胞的固定化方法，须针对特定的细胞、产物性质选择合适的固定化方法。

1. 吸附法（Adsorption method）

吸附法是细胞固定化常用的方法。由于动物细胞大多具有附着特性，因而吸附法是制备固定化动物细胞的主要方法。

吸附剂分为天然载体和人工合成载体。天然载体主要有纤维素、葡聚糖、琼脂糖、明胶等。人工合成载体主要有多孔塑料、金属丝网、微载体以及合成的离子交换介质等。只需将载体放在细胞悬浮液中搅拌或浸泡，然后洗去未被吸附的游离细胞即可。细胞表面与载体表面以非共价键（如范德瓦尔斯力、离子键）相互作用。

2. 包埋法（Embedding method）

包埋法是使用最为广泛的细胞固定化方法，其中的凝胶包埋法比半透膜包埋法更为普遍。使用的载体主要有琼脂、海藻酸钙、角叉菜胶（又称卡拉胶）、明胶、聚丙烯酰胺、光交联树脂等。将细胞与固定化材料一起凝胶化或聚合即可制备固定化细胞，可根据特性选择不同的载体、包埋条件和方法，包埋后细胞密度大，反应速度快。

3. 物理法（Physical method）

直接利用物理方法（加热、干燥等）处理细胞，将酶固定在细胞内而制得固定化细胞。例如，用柠檬酸等处理含葡萄糖异构酶的淀粉酶链霉菌（*Streptomyces diastaticus*），然后干燥，可得到含有高活性葡萄糖异构酶的固定化菌体。

4. 絮凝法（Flocculating method）

利用微生物细胞自我絮凝作用形成的颗粒，可以制备出一种无载体固定化细胞，前提是获得能够自我形成絮凝的细胞系。优点是操作简单，传质阻力小，细胞颗粒表面不断自我更新，整体活性高。

微生物细胞自我絮凝特性类似，动物的贴壁依赖性生长细胞在悬浮培养中具有相互聚集形成细胞团的倾向，这是动物细胞无载体固定化培养的依据，可发展成为降低动物细胞培养成本的新技术。

5. 交联法（Cross-linking method）

有时也可用多功能试剂（常用戊二醛）将细胞交联成网而固定化，但通常完整细胞经戊二醛处理就会被杀死，而某些酶的活力仍可保持，适合需要单酶活力的固定化，不适合制备固定化活细胞。

Box 4-7 Methods of cell immobilization

Cell immobilization is a biotechnology process, in which microbial cells, animal and plant cells are fixed in a suitable matrix. Entrapment and surface attachment techniques are commonly used. When compared to classical fermentation processes, immobilized microorganisms offer the advantage of short residence time and high volumetric productivity in continuous processes in different types of reactors.

Unlike microbial cells that are easy to grow in cultures , animal and plant cells are relatively larger than bacterial cells and therefore more prone to disruption due to physical stress. When immobilized, plant cells are protected from liquid shear forces. Animal cells due to lacking cell walls are very fragile. As many animal cells has tendency to adhere on the surface of support matrix, if these cells are adsorbed on a suitable surfaces, such as plastic, glass or ceramics, they will stick to them and would be easier to grow.

三、原生质体固定化方法（Method of protoplast immobilization）

一般采用凝胶包埋法制备固定化原生质体。

制备原生质体时，必须根据细胞壁主要成分的不同选择对细胞壁有专一性作用的酶，同时不影响到细胞膜的完整性，更不能使细胞内部的结构受到破坏。为防止原生质体破裂，应加入适当的渗透压稳定剂。

第三节　固定化酶（细胞）的性质与特点

Properties and Characteristics of Immobilized Enzyme (Cell)

通过固定化技术将酶固定在载体上制成固定化酶以后，可以基本保持酶的空间结构和活性中心的完整性，所以能够在一定的空间范围内进行催化反应。但是，由于受载体的影响，酶的结构会发生某些变化，从而使酶的催化特性发生某些变化。同时，酶固定化后，其催化作用由均相移到异相，由此带来的扩散限制效应、空间障碍、载体性质造成的分配效应等因素必然对酶的性质产生影响。

一、固定化酶的性质（Properties of immobilized enzyme）

固定化是一种化学修饰，对酶本身以及酶所处的环境均可产生一定的影响，因此固定化酶表现出来的性质与自然酶有所不同。

（一）固定化酶的活性（Activity of immobilized enzyme）

1. 表征（Representation）

大多数情况下，固定化酶的活力通常低于相应的溶液酶。但有时固定化不影响酶活性中心与底物的结合（Figure 4-8A、Figure 4-8B），因而并不引起酶活力下降，有时偶联过程中酶得到化学修饰也会引起酶活力升高。

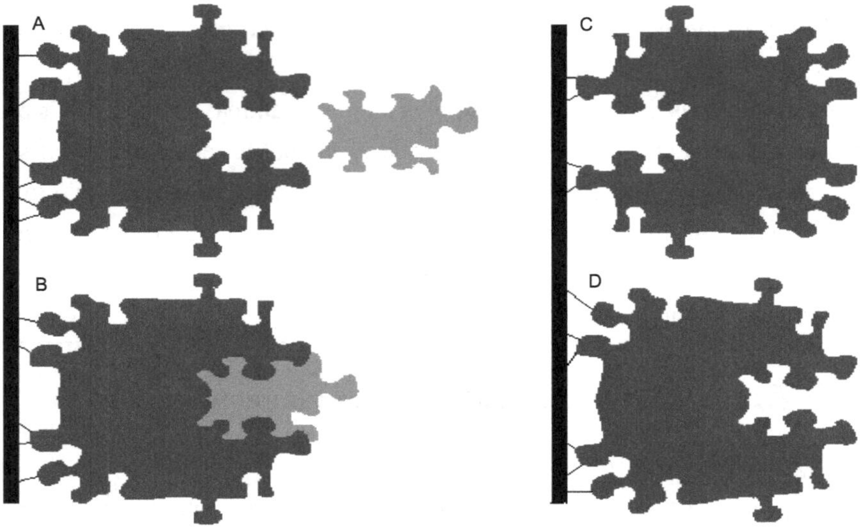

Figure 4-8　Conformational change and steric restriction of immobilized enzyme

2. 原因（Reasons）

（1）构象改变（Conformational change）

固定化过程中，酶与载体相互作用使酶的活性中心或变构中心构象发生变化，见 Figure 4-8D。或酶活性中心的重要氨基酸残基与载体结合，导致酶活性下降。

（2）立体屏蔽（Steric restriction）

由于载体对酶活性中心或变构中心造成空间障碍，因而底物或效应物与酶无法接触，见 Figure 4-8C。从而影响酶的活性。

（3）分配及扩散限制效应（Partitioning and diffusion limitation）

由于载体的亲水或疏水性质以及带电特性，使酶的底物、产物或其他效应物在固定化酶所处微观环境（microenvironment）和宏观环境（macroenvironment）间发生不等分配，迁移和运转速度受到限制，影响了反应速度，包括外扩散限制和内扩散限制，见 Figure 4-9。

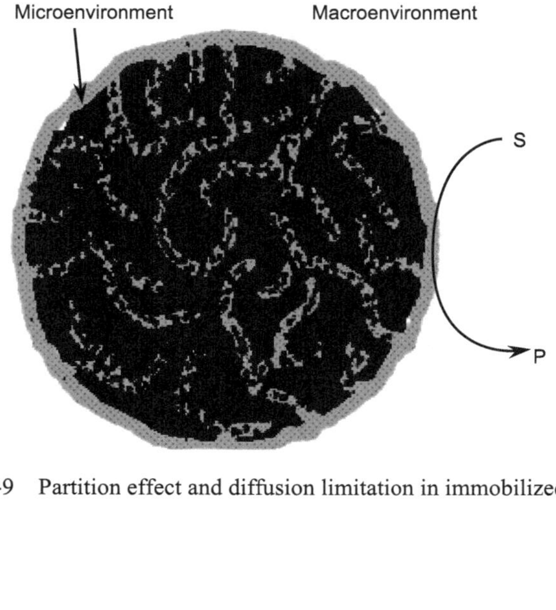

Figure 4-9　Partition effect and diffusion limitation in immobilized enzyme

（二）固定化酶的稳定性（Stability of immobilized enzyme）

1. 表征（Representation）

多数情况下，酶经过固定化后稳定性都有所增加，但如果固定化酶触及到酶的活性敏感区，也可能导致酶的稳定性下降。稳定性提高的具体表现有如下几个。

1）热稳定性提高，可耐受较高的温度。

2）操作（耐变性剂的作用）和储藏稳定性增强。

3）对蛋白酶的抵抗性增强，不易被蛋白酶水解。

2. 原因（Reasons）

1）固定化酶分子与载体多点相连，增加了酶活性构象的牢固程度。

2）阻挡了不利因素对酶的侵袭。

3）限制了酶分子之间的相互作用。

（三）固定化酶的催化特性（Catalytic properties of immobilized enzyme）

1. 最适温度（Optimum temperature）

固定化酶的最适作用温度一般与游离酶差不多，活化能也变化不大。但有些固定化酶由于受到固定化方法和固定化载体的影响，最适温度与游离酶相比会有较明显的变化。

2. 最适 pH（Optimum pH）

酶经过固定化后，其作用的最适 pH 往往会发生一些变化。影响固定化酶最适 pH 的因素主要有两个：一是载体的带电性质，二是酶催化产物的性质。

（1）载体性质（Properties of carrier）

一般说来，用带负电荷的载体制备的固定化酶，其最适 pH 比游离酶的最适 pH 高（即向碱性一侧移动）；用带正电荷载体制备的固定化酶的最适 pH 比游离酶的最适 pH 低（即向酸性一侧移动）；而用不带电荷的载体制备的固定化酶，其最适 pH 一般不改变（有时也会有所改变，但不是由于载体的带电性质引起的）。

（2）产物性质（Properties of product）

一般说来，酶催化反应的产物为酸性时，固定化酶的最适 pH 要比游离酶的最适 pH 高一些；产物为碱性时，固定化酶的最适 pH 要比游离酶的最适 pH 低一些；产物为中性时，最适 pH 一般不改变。这是由于固定化载体成为扩散障碍，使反应产物向外扩散受到一定的限制所造成的。

3. 底物特异性（Substrate specificity）

（1）表征（Representation）

固定化酶的作用专一性与溶液酶基本相同。但其变化与底物分子质量的大小有一定关系。对于那些作用于小分子质量底物的酶，固定化前后的底物特异性没有明显变化；而对于那些可作用于大分子质量底物，又可作用于小分子质量底物的酶而言，固定化酶的底物特异性往往会发生变化。

（2）原因（Reasons）

固定化酶底物特异性的改变，是由于载体的空间位阻作用引起的。酶固定化后，大分子质量底物难于接近酶分子而使催化速度大大降低，而分子质量较小的底物受空间位阻作用的影响较小或不受影响，故与游离酶的作用没有明显不同。

（四）固定化酶的动力学特征（Kinetics of immobilized enzyme）

米氏常数 K_m 值等于酶促反应达到其最大反应速度 V_m 一半时的底物浓度，可近似表示酶和底物之间的亲和力，K_m 值越大，亲和能力越弱，反之亦然。

K_m 值随着载体电荷的变化而变化，一般说来，载体和底物带异种电荷时，亲和力增强，K_m 值减小；反之，载体和底物带同种电荷时，亲和力下降，K_m 值增大。

Box 4-8　Properties of immobilized enzyme

Immobilized enzyme is an enzyme attached to an inert and insoluble material. This can provide increased resistance to changes in conditions such as pH or temperature. In addition, some other critical enzyme properties have to be improved like stability, activity, inhibition by reaction products, selectivity towards non-natural substrates. Immobilized enzymes may also exhibit much better functional properties than the corresponding soluble enzymes by very simple immobilization protocols. But different enzymes respond differently to the same immobilization protocol. Therefore, a suitable immobilization protocol has to be worked out for a given enzyme. The enzyme kinetics (i.e. activity) may be influenced by matrix due to conformational changes in the enzyme molecules induced by the procedure of immobilization.

二、固定化细胞的特点（Characteristics of immobilized cell）

综合固定化微生物细胞、植物细胞和动物细胞的共同特点如下。

1. 存活率高（High survival rate）

固定化载体的保护能够减轻剪切力和其他外界因素对动植物细胞的影响，同时动物细胞可附着在载体表面生长，提高了细胞的存活率和稳定性。

2. 产率高（High productivity）

固定化能够提高细胞密度，且不易聚集成团，通过更换不同的培养基，可使固定化细胞反复使用较长一段时间，从而提高了产率。

3. 易于分离（Easy separation）

固定化细胞易于与培养液分离，有利于产品的分离纯化，从而提高了产品质量。

Box 4-9　Properties of immobilized cell

Immobilization of cells must have properties such as a high biocatalytic activity, long-term stability of cells, possibility of regenerating biocatalyst, and low loss of activity during immobilization and fermentation. Immobilization allows the cells to be used repeatedly and continuously, which helps maintain a high cell density during process and consequently reduces the cost of bioprocess. Immobilized cells are more resistant to shear stress since there is an additional support material to provide protection.

三、固定化酶（细胞）的评价（Evaluation of immobilized enzyme or cell）

1. 固定化酶活力（Activity of immobilized enzyme）

固定化酶活力是固定化催化某一特定化学反应的能力，用一定条件下催化某一反应的初速度表示。固定化酶的单位可定义为每毫克干重固定化酶每分钟转化底物（或生成产物）的量。固定化酶通常呈颗粒状，一般测定溶液酶活力的方法要作改进才能适用于测定固定化酶。

2. 相对活力（Relative activity）

相对活力是指固定化酶活力与同蛋白量溶液酶活力的比值，体现了固定化方法对酶活力的影响，即

$$\text{相对活力}=\frac{\text{固定化酶活力}}{\text{溶液酶总活力}-\text{残留酶活力}}\times 100\%$$

3. 活力回收（Activity recovery）

活力回收是指固定化酶活力占溶液酶活力的百分数，体现了未能固定的酶损失和固定化方法对酶活力的损失，即

$$\text{活力回收}=\frac{\text{固定化酶活力}}{\text{溶液酶活力}}\times 100\%$$

4. 固定化酶（细胞）的半衰期（Half-life of immobilized enzyme or cell）

固定化酶（细胞）的半衰期是指在连续测定条件下，固定化酶（细胞）活力下降为最初活力一半所经历的连续工作时间 $T_{1/2}$，是衡量稳定性的重要指标。

第四节　固定化技术的应用

Applications of Immobilization Technology

一、固定化酶的应用（Applications of enzyme immobilization）

（一）工业领域（Industrial field）

1. 氨基酰化酶（Amino-acylase）

氨基酰化酶是世界上第一种工业化生产的固定化酶。1969 年，日本田边制药公司将从米曲霉（*Aspergillus oryzae*）中提取分离得到的氨基酰化酶，以 DEAE-葡聚糖凝胶为载体通过离子键结合法制成固定化酶，用来拆分 DL-乙酰氨基酸，将 DL-乙酰氨基酸水解生成 L-氨基酸。

Box 4-10　Production of L-amino acids

L-amino acids are very important for use in foods and feed supplements. The chemical methods for their production commonly result in a racemic mixture of D and L-amino acids.

They can be acylated to form D, L-acyl amino acids. The immobilized L-amino acid acylase is the first commercial enzyme that was successfully immobilized. It has frequently been immobilized on DEAE-sephadex and selectively hydrolyses D, L-acyl amino acid to produce L-amino acids. The reaction catalyzed by the enzyme L-amino acid acylase can be represented as follows:

$$\text{DL-acyl amino acid} + H_2O \xrightarrow{\text{amino acylase}} \text{L-amino acid} + \text{D-acyl amino acid}$$

The free L-amino acids can be separated from the un-hydrolyzed deacylated amino acids. The later can be racemized to D, L-acyl amino acid and recycled through the enzyme reactor containing immobilized amino acylase. Huge quantities of L-methionine, L-phenylalanine, L-tryptophan, and L-valine have been produced worldwide by this approach.

2. 葡萄糖异构酶（Glucose isomerase）

葡萄糖异构酶是世界上生产规模最大的一种固定化酶。将培养好的含葡萄糖异构酶的放线菌，如白色链霉菌（*Streptomyces albus*），用 60～65℃热处理 15min，该酶就固定在菌体上，制成的固定化酶能够催化葡萄糖异构化生成果糖，用于连续生产果葡糖浆。

由淀粉通过淀粉酶的液化、葡萄糖淀粉酶的糖化生产葡萄糖，然后通过固定化葡萄糖异构酶生产果葡糖浆的工艺流程图见 Figure 4-10。

Box 4-11 Production of high fructose corn syrup

Fructose is the sweetest among the monosaccharides and twice the sweetening strength of sucrose. Glucose is about 75% as sweet as sucrose. Therefore, glucose cannot be a good substitute for sucrose as a sweetener. There is a great demand for fructose which is very sweet but has the same calorific value as that of glucose or sucrose.

Glucose isomerase is an intracellular enzyme produced by a number of microorganisms such as the species of *Arthrobacter*, *Bacillus* and *Streptomyces*. Being an intracellular enzyme, the glucose isomerase can be isolated without loss of biological activity, but require special and costly techniques. However, whole cells or partly broken cells can be immobilized and repeatedly used. The starch containing raw materials like wheat, potato, corn are subjected to hydrolysis to produce glucose. Glucose isomerase can transform glucose into its isomer-fructose, which produces a high fructose syrup containing about 50% fructose. Even today, the largest immobilized enzyme product in terms of volume is immobilized glucose isomerase.

3. β-半乳糖苷酶（β-galactosidase）

β-半乳糖苷酶又称乳糖酶，可水解牛乳中的乳糖生成半乳糖和葡萄糖，通过细菌、酵母菌和霉菌发酵的方法获得并制成的固定化乳糖酶，已用于制造低乳糖奶，这对改善或消除乳糖不耐受症、充分发挥牛乳的保健作用具有重要意义。

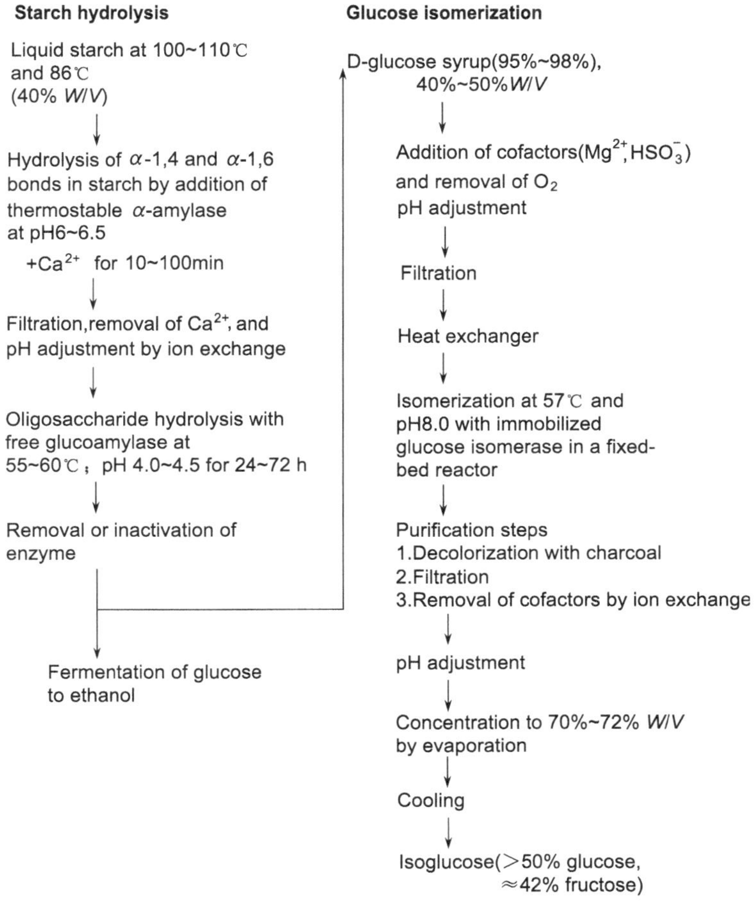

Figure 4-10　Enzyme process for hydrolysis of starch to glucose and isomerization of glucose to fructose

4. 青霉素酰化酶（Penicillin acylase）

青霉素酰化酶是在半合成抗生素生产中具有重要作用的酶，可用多种方法固定化，催化天然青霉素或头孢菌素生成 6-氨基青霉烷酸或 7-氨基头孢霉烷酸，从而合成新型青霉素或新型头孢菌素。

（二）医药领域（Pharmaceutical field）

将游离酶作为治疗药物应用于临床，有以下致命弱点：①酶作为异体物质，会导致免疫反应；②酶本身是蛋白质，容易被胃酸或蛋白酶破坏；③由于稀释作用，药物酶无法集中于靶器官组织以达到治疗所需的最适浓度。

溶液酶的这些缺点，可通过选择适宜的载体与方法将其固定化后逐一加以解决。常用的载体有：可溶性载体修饰（如多糖或糖肽、聚乙二醇、聚氨基酸以及血清白蛋白等）、凝胶包埋、脂质体包埋、制备导向药物等。

固定化药物酶就其应用方式而言，分为通过转入体内发挥作用和通过“体外循环”做成人工脏器两种类型。

1. L-天冬酰胺酶（L-asparaginase）

L-天冬酰胺酶是治疗癌症的第一个酶制剂，但由于是大分子物质，在人体内会引起抗原抗体反应，轻则出现发热、恶心、呕吐等症状，重则出现过敏性休克。利用固定化技术，可将 L-天冬酰胺酶制成微胶囊型固定化酶，不但能够避免抗原抗体反应，还可延长酶的半衰期，使进行期的癌症消失。

2. 人工脏器（Artificial organ）

除了将固定化酶直接注射到人体用于治疗疾病之外，也可以将血液引出体外，与“人工脏器”中的固定化酶接触，达到治疗的目的，如利用固定化脲酶清除尿毒症患者体内积累的有害毒性物质尿素等。

（三）分析检测（Analysis and detection）

酶传感器是由固定化酶与能量转换器密切结合的传感装置，是生物传感器（Figure 4-11）的一种。广泛应用于临床诊断、工业发酵控制和环境检测等领域，其中研究最多、应用最广的是酶电极。

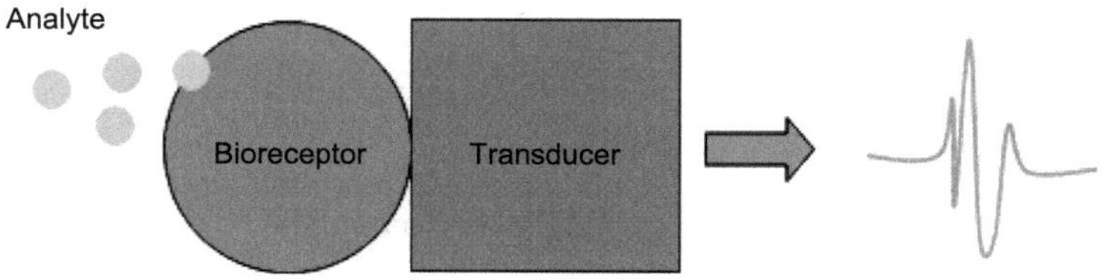

Figure 4-11　Schematic diagram of biosensor

1. 葡萄糖传感器（Glucose sensor）

世界上第一个生物传感器是葡萄糖传感器，即用聚丙烯酰胺凝胶包埋法将葡萄糖氧化酶固定化后制成酶膜，再与氧电极组合成酶电极。使用时，样品中的葡萄糖扩散到酶膜中，酶催化葡萄糖与氧反应，生成葡萄糖酸和过氧化氢，使氧被消耗，再由氧电极、过氧化氢电极和 pH 电极来测定样品中葡萄糖的浓度，见 Figure 4-12。

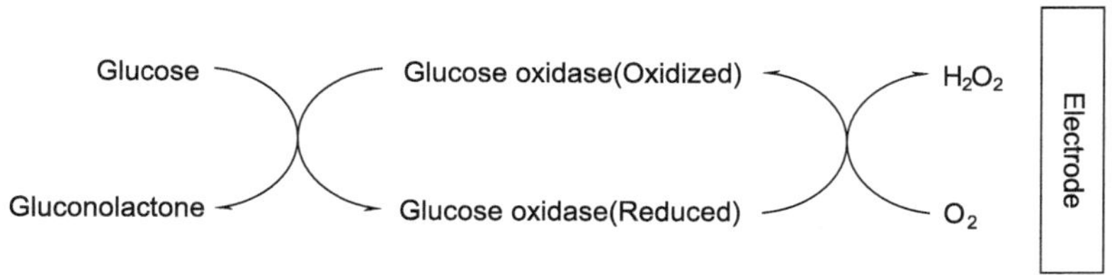

Figure 4-12　Schematic diagram of glucose electrode

也可将葡萄糖氧化酶、过氧化氢酶、还原性色素固定于纸片上，制成检测试纸，方便用于医院和家庭的自我尿糖检验。

2. 酶联免疫测定（Enzyme-linked immunoassay）

将适宜的酶与抗原或抗体结合在一起，要测定样品中抗原的含量，可将与之对应的抗体结合，制成酶标抗体；反之，若要测定抗体的量，则将酶与对应的抗原结合，制成酶标抗原。

将酶标抗体（或酶标抗原）与样品中的待测抗原（或抗体）混合，经过免疫反应，形成酶-抗体-抗原复合物，通过测定复合物中酶的含量，可测出样品中待测抗原（或抗体）的量。常用的酶有过氧化氢酶和碱性磷酸酶。

二、固定化细胞的应用（Applications of cell immobilization）

1. 生产发酵产品（Production of fermentation products）

用相应的固定化微生物生产酒类、氨基酸、有机酸、酶、有机溶剂、抗生素、维生素等产品。

2. 制备微生物传感器（Preparation of microbial sensors）

微生物传感器是由固定化微生物细胞与各种能量转换器密切结合而成的传感装置，已成功用于测定葡萄糖、甲酸、乙酸、甲醇、乙醇、头孢霉素、谷氨酸、硝酸盐、生化需氧量（biochemical oxygen demand，BOD）、细胞数量等。

3. 制备人工种子（Preparation of artificial seeds）

利用凝胶包埋法将植物细胞固定化，制备人工种子。按照细胞全能理论，在一定条件下，每一个细胞都会生长繁殖，长成一棵完整的植株，这对种质的保存具有重要意义。

4. 生产次级代谢物（Production of secondary metabolites）

利用固定化植物细胞生产各种色素、香精、药物等次级代谢物，一般仅适用于胞外产物的生产。对于胞内产物，应设法增加细胞的通透性，使胞内产物分泌到胞外。

5. 生产疫苗（Production of vaccines）

动物细胞大部分为贴壁细胞，需要贴附在载体表面才能正常生长，因此固定化动物细胞应用广泛。可用于生产小儿麻痹症疫苗、风疹疫苗、狂犬病疫苗、口蹄疫疫苗等，还可生产各种激素、血纤溶酶原激活剂等酶类以及抗菌肽等多肽药物等。

Box 4-12　Applications in ethanol fermentation of immobilized yeast cells

Fermentation systems operated in continuous mode offer a number of advantages compared to batch processes, generally resulting in enhanced volumetric productivity and, consequently, smaller bioreactor volumes and lower investment and operational costs. These continuous processes can be benefited from whole cell immobilization techniques in order to retain high cell densities inside the bioreactors.

In brewing, industrial continuous systems using immobilized cells have been successfully implemented for the production of alcohol-free beer and beer maturation. Entrapment of microbial cells like yeast helped the brewing industry to reduce fermentation process times and the size of their storage facilities. The most significant advantages of immobilized yeast cell systems include the ability to operate with high productivity at dilution rates exceeding the maximum specific growth rate, the increase of ethanol yield and cellular stability, and the decrease of process cost due to the cell recovery and reutilization.

三、固定化原生质体的应用（Applications of protoplast immobilization）

固定化原生质体一方面保持了细胞原有的新陈代谢特性，生产各种胞内产物，另一方面又去除了细胞壁的扩散屏障，有利于胞内产物不断分泌到胞外，免去了细胞破碎和提取过程，为胞内物质的生产开辟了新途径。可用于生产各种氨基酸、胞内酶和生物碱等。

1. 生产氨基酸（Production of amino acids）

用琼脂-多孔醋酸纤维素固定化黄色短杆菌（*Brevibacterium flavum*）的原生质体生产谷氨酸，提高了谷氨酸的产率。

2. 生产胞内酶（Production of intracellular enzymes）

利用固定化原生质体可生产存在于细胞间质中的碱性磷酸酶以及细胞内的葡萄糖氧化酶、谷氨酸脱氢酶、纤维素酶、β-葡聚糖酶等。

Summary

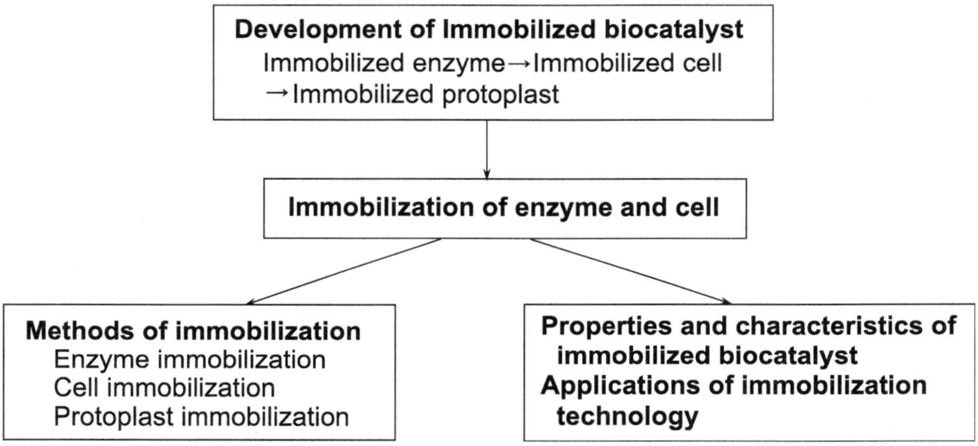

Review Questions

1. State the advantages and disadvantages of using immobilized enzymes, immobilized cell and immobilized protoplast.

2. Compare the advantages and disadvantages of different immobilized methods.

3. What enzyme properties have been changed by immobilization? How to evaluate immobilized enzyme or cell?

4. Would you tell some application examples of immobilized enzyme or immobilized cell?

第五章　酶分子的化学修饰

Chemical Modification of Enzyme Molecules

Compared to conventional chemical catalysts, enzymes tend to be highly specific, catalytic efficiency under mild conditions. However, enzymes have certain important limitations including poor stability and insufficient activities *in vitro*. Although enzyme stabilization by immobilization is already used extensively and has many benefits, the objective of immobilization is not to stabilize enzymes，but to enable the reuse and recycling of enzymes. While the explosion of enzyme chemical modification has stimulated much of the interest in enhancing enzyme functionality and stability against various kinds of severe treatments.

Through enzyme molecular modification, the molecular structure of the enzyme may have some reasonable changes, which might improve its catalytic efficiency, enhance its stability, reduce or eliminate its antigenicity, and change its substrate specificity, etc. Meanwhile, the effects of the main chain, side chain, components, metal ions and various physical factors on the spatial conformation of the enzyme molecules would be understood to further explore the relationship between structural characteristics and catalytic properties. For example, modification of amino acid residues on the surface of an enzyme molecule is used to alter the nature of the surface charge and hydrophobicity/hydrophilicity. The use of intramolecular crosslinking of enzymes is to make them more resistant to heat denaturation.

酶作为生物催化剂，具有底物专一性强、催化效率高、反应条件温和等特点，但在实际应用中，其热稳定性差、对酸碱敏感、易受蛋白酶水解、具有异源蛋白的抗原性等，会影响酶的应用范围和效果。

酶的化学修饰将试图克服上述缺点，通过各种方法人为地改变天然酶的一些性质，从而扩大其应用领域。主要目的有如下几个。

1）提高酶的活性。

2）增强酶的稳定性。

3）降低或消除酶的抗原性。

4）研究和了解酶分子主链、侧链、金属离子对酶分子空间构象的影响。

第一节　酶的活性中心

Enzyme Active Center

酶所具有的特定空间构象是酶功能表达的基础。研究表明，与酶催化活性有关的并非酶的整个分子，而是酶分子中一小部分结构，即只有少数特异的氨基酸参与结合底物和催化作用，这些特异的氨基酸残基比较集中的区域构成了酶的活性中心（active center）。

一、必需基团与活性中心（Essential group and active center）

（一）必需基团（Essential group）

参与构成酶活性中心和维持酶特定构象所必需的基团称酶的必需基团，按照必需基团所在位置分为如下几种。

1. 活性中心内（Inside active center）

结合基团和催化基团形成了酶活性中心的两个功能部位，即结合部位和催化部位。

2. 活性中心外（Outside active center）

不与底物直接作用，即不参与构成活性中心，但对于维持酶的空间结构是必需的，由于活性中心的形成首先依赖于整个酶分子的结构，因此这些基团称酶活性中心之外的必需基团，它们有时还与实现复合酶酶单体间的协同催化作用有关。

（二）活性中心（Active center）

由必需基团组成的、与酶活力直接相关的区域称酶的活性中心或活性部位（active site）。不同功能基团形成酶活性中心的两个功能部位如下所述。

1. 结合部位（Binding site）

结合部位负责与底物的结合，使底物与一定构象的酶形成中间产物，决定了酶的专一性。

2. 催化部位（Catalytic site）

催化部位能够改变底物中某些化学键的稳定性，催化底物发生反应生成产物，决定了酶的高效性。

必需基团与活性中心的关系如 Figure 5-1 所示。

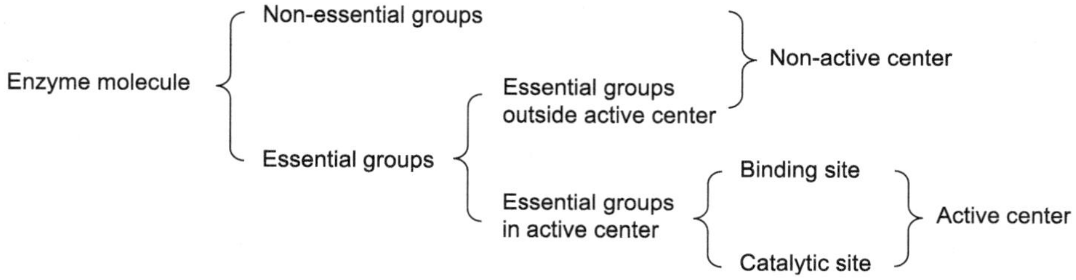

Figure 5-1　The relationship between active site and essential groups

二、酶活性中心的特点（Characteristics of enzyme active center）

虽然酶在结构、专一性和催化模式上差别很大，但就活性部位而言有其共同特点。

1）活性中心只占酶分子很小一部分（通常只占整个酶分子体积的 1%～2%）。酶大多由 100 多个氨基酸残基组成，而活性中心的催化部位一般只有 2～3 个氨基酸残基，结合部位的氨基酸残基数目因不同的酶而异，可为一个或数个。

2）活性部位是一个三维实体。活性部位的氨基酸残基在一级结构上可能相距甚远，甚至位于不同肽链上，通过肽链的盘绕、折叠，在空间结构上相互靠近。一旦酶的高级结构受到破坏，酶即失活。

3）活性部位位于酶分子表面的裂缝内。在所有已知结构的酶分子表面，通常有一个含非极性基团较多的疏水性裂缝，有利于与底物结合并发生催化作用。

4）底物通过较弱的次级键，如盐键、氢键、范德瓦尔斯力和疏水相互作用结合到酶分子上。

5）酶活性部位具有柔性，与底物结合的动态辨认过程称诱导契合。

酶的活性中心结合底物与催化形成产物的过程如 Figure 5-2 所示。

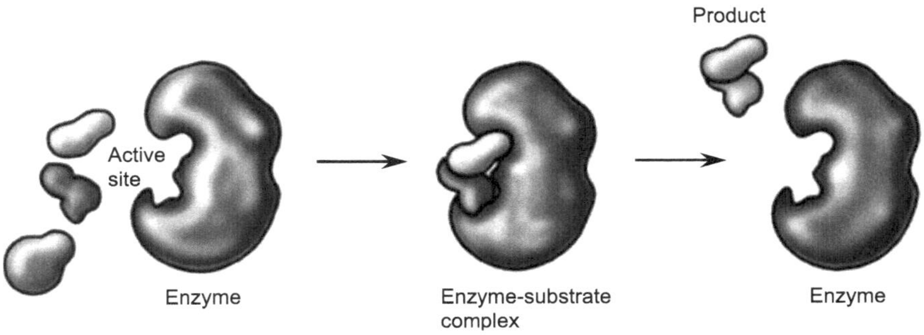

Figure 5-2　The active site is a groove or pocket on the enzyme surface, into which the substrate binds and undergoes reaction

Box 5-1　Enzyme active site

Enzymes and substrates come in close contact in a limited area of the enzyme surface called the active site, at which the catalytic process takes place. To learn about the catalytic mechanism of an enzyme, it is essential to study the structural elements and the three-dimensional conformation of this site.

The active site is in the shape of a three-dimensional cleft that is composed of amino acids from different residues of the primary amino acid sequence. This active site region is relatively small compared to the rest of the enzyme. Similar to a ligand-binding site, the majority of an enzyme (non-binding amino acid residues) exist primarily to serve as a framework to support the structure of the active site by providing correct orientation. The unique amino acids contained in an active site promote specific interactions that are necessary for proper binding and resulting catalysis. Enzyme specificity depends on the arrangement of atoms in the active site. Complementary shapes between enzyme and substrate(s) allow a greater amount of weak non-covalent interactions including electrostatic forces, van der Waals forces, hydrogen bonding, and hydrophobic interactions.

第二节　酶化学修饰的方法

Methods for Chemical Modification of Enzyme

由于蛋白质分子具有复杂的空间结构，同一类氨基酸的侧链基团，有的可能暴露于蛋白质分子的表面，有的则深埋于蛋白质分子内部。随着酶分子修饰技术的不断发展，修饰方法也多种多样，但基本原则是利用修饰剂与酶分子上某种氨基酸残基发生化学反应，从而对酶分子结构和性能进行改造，或确定哪些氨基酸残基处于活性部位并为蛋白质的特定功能所必需。

一、酶分子的表面修饰（Surface modification of enzyme molecules）

（一）侧链基团的修饰（Modification of side chain groups）

侧链基团的修饰又称小分子修饰（micromolecule modification），利用小分子基团专一性化学修饰剂对酶活性中心或活性中心以外的侧链基团进行化学修饰，可以用来探测酶分子活性中心的结构。

蛋白质表面约一半基团由非极性氨基酸残基组成。在构成酶的 20 种氨基酸中，只有极性氨基酸残基的侧链基团能够被修饰，酶分子侧链上的功能基团主要有：氨基（赖氨酸残基）、羧基（谷氨酸、天冬氨酸残基）、巯基（半胱氨酸残基）、胍基（精氨酸残基）、酚基（酪氨酸残基）、羟基（丝氨酸、苏氨酸残基）、咪唑基（组氨酸残基）、吲哚基（色氨酸残基）等。

1. 氨基修饰（Amino group modification）

凡能使酶分子侧链上的氨基发生改变的化合物称为氨基修饰剂。氨基修饰剂主要有 2,4-二硝基氟苯（2,4-dinitrofluorobenzene, DNFB）、丹磺酰氯（dansyl chloride, DNS-Cl）、亚硝酸（nitrous acid）等。这些修饰剂作用于酶分子侧链上的氨基，可将氨基屏蔽起来，在蛋白质序列分析中占有极其重要的地位，常用于多肽链 N 端氨基酸测定。

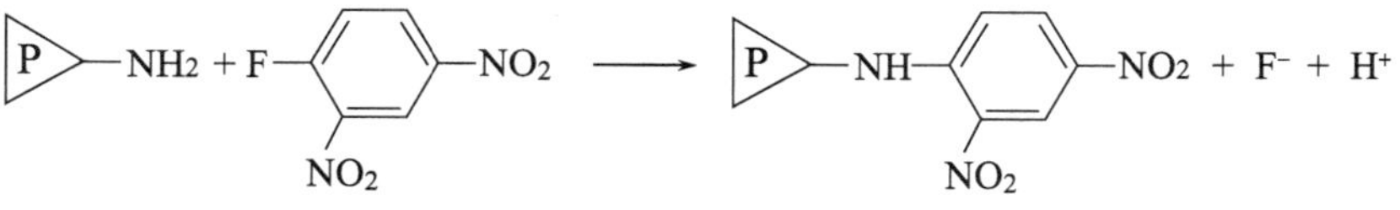

(DNFB)

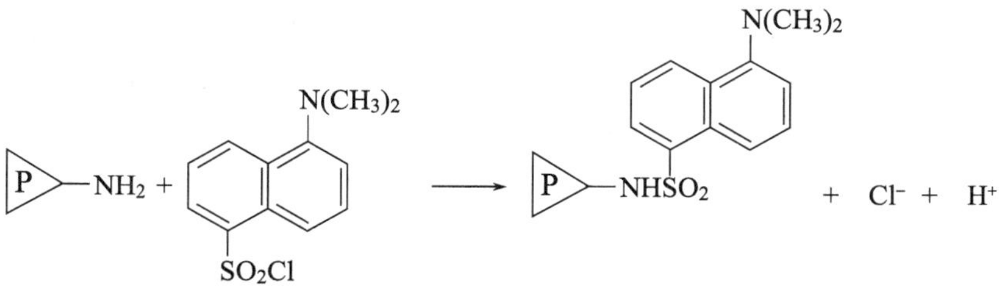

(DNS-Cl)

2. 羧基修饰（Carboxyl group modification）

采用各种羧基修饰剂与蛋白质侧链上的羧基进行酯化、酰基化等反应，使蛋白质的空间构象和催化特性发生改变。水溶性碳化二亚胺[1-ethyl-3-(3-dimethylaminopropyl) carbodiimide, EDC]是修饰酶分子羧基普遍采用的修饰剂，在温和条件下即可与酶分子上的羧基发生酯化反应。

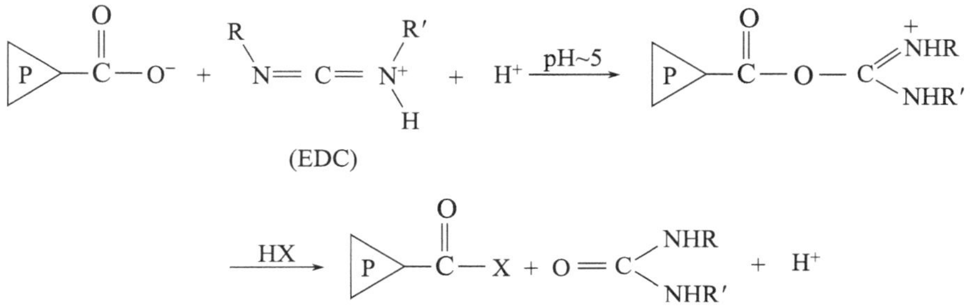

3. 巯基修饰（Sulfhydryl group modification）

采用巯基修饰剂与酶蛋白侧链上的巯基结合，从而改变酶的空间结构和催化特性。蛋白质分子中半胱氨酸残基的侧链含有巯基，巯基是许多酶活性中心的催化基团，巯基还可以与另一巯基形成二硫键，对稳定酶的结构具有重要作用。因此巯基修饰可显著提高酶的稳定性。

烷基化试剂，如碘乙酸（iodoacetic acid，IAA）和碘乙酰胺（iodoacetamide，IAA），是重要的巯基修饰剂，在氨基酸测序前，常用碘乙酸使巯基基团羧甲基化，以防止半胱氨酸的降解并易被氨基酸分析仪识别。*N*-乙基马来酰亚胺（*N*-ethylmaleimide，NEM）是一种有效的巯基修饰剂，该反应具有较强的专一性并伴随光吸收的变化，可据此确定反应的程度。

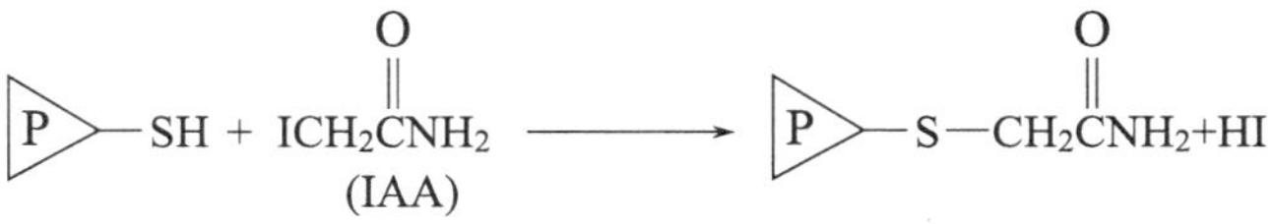

4. 二硫键修饰（ Disulfide bond modification）

二硫键在酶分子序列分析和酶分子折叠研究中具有重要地位，通常通过还原与巯基修饰相结合。巯基乙醇（mercaptoethanol，ME）和二硫苏糖醇（dithiothreitol，DTT）是常用的修饰二硫键的试剂，可将二硫键打开还原成游离巯基。游离巯基很容易再氧化形成二硫键，可用碘乙酰胺处理防止重新被氧化。

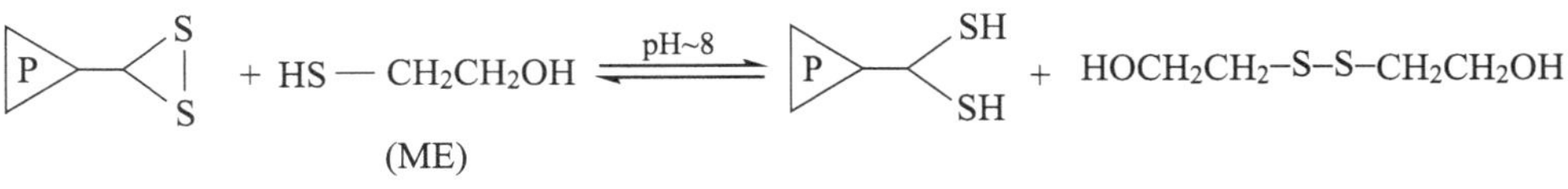

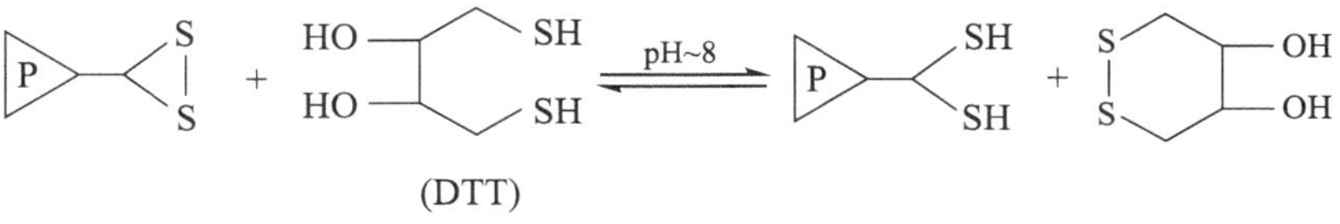

5. 胍基修饰（Guanidine group modification）

蛋白质分子中精氨酸残基的侧链含有胍基。通常采用二羰基化合物（dicarbonyl compound）与胍基反应生成稳定的杂环，从而改变酶分子的空间构象和催化特性。丁二酮（2,3-butanedione）、1,2-环己二酮（1,2-cyclohexanedione）、苯乙二醛（phenylglyoxal）是修饰胍基的重要试剂，在中性或弱碱性条件下可与精氨酸残基反应。

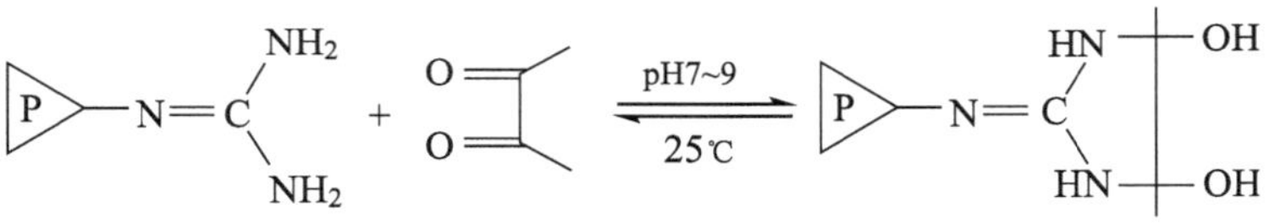

(2,3-butanedione)

6. 酚基修饰（Phenol group modification）

蛋白质分子中的酪氨酸残基上含有酚羟基，其修饰包括酚羟基的修饰和芳香环上的取代修饰。碘（iodine，I）和四硝基甲烷（tetranitromethane，TNM）是修饰酚羟基的常用修饰剂，其中四硝基甲烷可高度专一性地硝化酪氨酸酚羟基，生成稳定的3-硝基酪氨酸，可用于氨基酸定量分析。

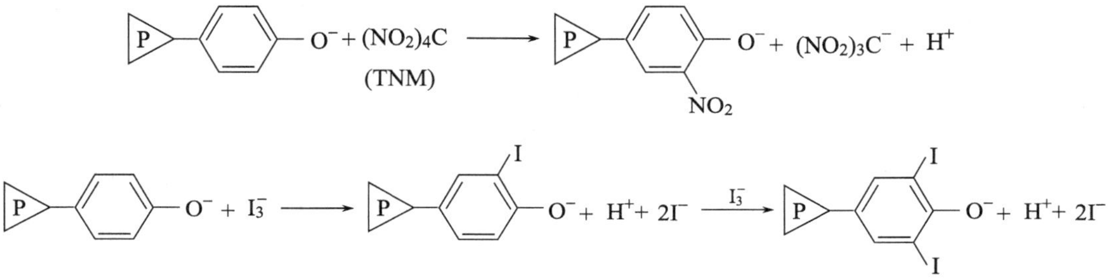

7. 咪唑基修饰（Imidazole group modification）

蛋白质分子中组氨酸的咪唑基是许多酶活性中心的必需基团，在酶催化过程中起重要作用。常用的咪唑基修饰剂有焦碳酸二乙酯（diethyl pyrocarbonate，DPC）和碘乙酸（iodoacetic acid，IAA），均可修饰咪唑环上的两个氮原子。

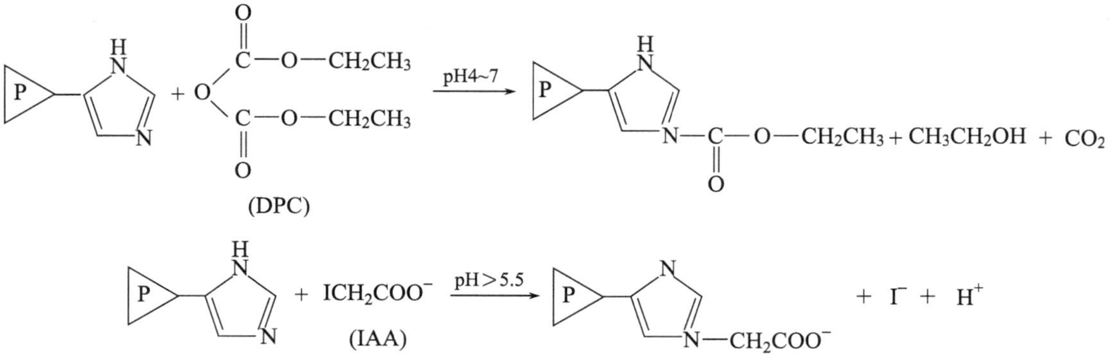

8. 吲哚基修饰（Indolyl group modification）

蛋白质分子中的色氨酸含有吲哚基，常位于分子内部的色氨酸疏水性较强且不活泼，一般试剂难于对吲哚基进行修饰。*N*-溴代琥珀酰亚胺（*N*-bromosuccinimide，NBS）可对吲哚基进行修饰，但酪氨酸也可与修饰剂反应从而产生干扰作用。2-羟基-5-硝基卞溴（2-hydroxy-5-nitrobenzyl bromide，HNBB）和 4-硝基苯硫氯对吲哚基的修饰较专一，但也容易与巯基作用，可对巯基进行保护后，再用这两种修饰剂对吲哚基进行修饰。

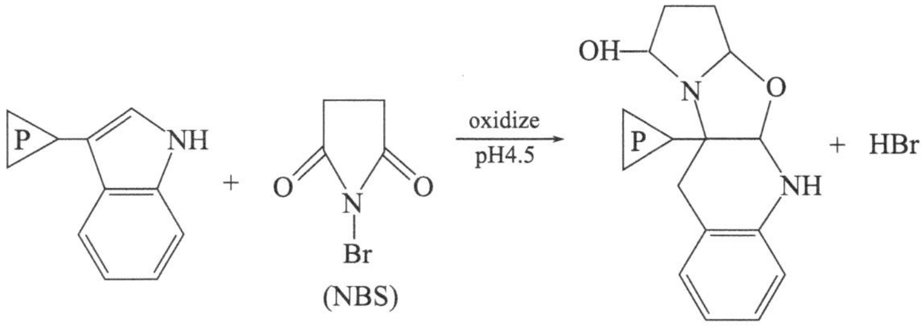

酶分子侧链基团及其相应的修饰剂如 Table 5-1 所示。

Table 5-1 Chemical modifiers of amino acid functional groups

Functional groups	Amino acids	Reagents
Amino group （$-NH_2$）	Lys	DNFB，DNSCl，nitrous acid
Carboxyl group（–COOH）	Asp and Glu	Water-soluble carbodiimide
Sulfhydryl group（–SH）	Cys	*N*-ethylmaleimide，iodoacetic acid，iodoacetamide
Disulfide bond（–S–S–）		Mercaptoethanol，dithiothreitol
Guanidine group（$-CN_3H_4$）	Arg	Dicarbonyl compound，glyoxal
Phenol group（X–OH）	Tyr	Iodine，tetranitromethane
Imidazole group（$C_3H_4N_2$）	His	Diethyl pyrocarbonate
Indolyl group （C_8H_7N）	Try	*N*-bromosuccinimide

（二）大分子结合修饰（Macromolecular binding modification）

1. 原理（Principle）

利用水溶性大分子与酶分子侧链基团共价结合，使酶分子空间构象发生改变，从而改变酶的催化特性。

2. 修饰过程（Modification process）

（1）修饰剂的选择（ Selection of modifier）

大分子结合修饰是目前应用最广的酶分子修饰方法，常用的水溶性大分子修饰剂有：聚乙二醇（polyethyleneglycol，PEG）、右旋糖酐（dextran）、糖肽（glycopeptide）及血清白蛋白（serum albumin）等，应根据酶分子的结构和修饰剂的特性选择适宜的修饰剂。

在各种大分子修饰剂中，相对分子质量为 500～20 000 的聚乙二醇应用最广，它既溶于水又可溶于绝大多数有机溶剂，无抗原性和毒性，在体内不残留，PEG 分子中的羟基被活化后可在温和条件下与蛋白质表面的氨基相连形成复合物，是蛋白质的优良修饰剂。

（2）修饰剂的活化（Activation of modifier）

作为修饰剂的水溶性大分子在使用之前一般需要经过活化才能与酶分子上某侧链基团进行反应，可采用多种不同的试剂进行活化，制成在不同条件下对酶分子不同基团进行修饰的大分子衍生物。

（3）修饰与分离（Modification and separation）

将带有活化基团的大分子修饰剂与经过分离纯化的酶液按一定比例混合，在一定温度、pH 等条件下使修饰剂的活化基团与酶分子的某侧链基团共价结合，完成修饰作用。

由于修饰剂对不同酶分子的修饰效果不同，酶分子对修饰分子结合数量不同，因此修饰后需要通过凝胶过滤层析等方法进行分离，将具有不同修饰度的酶分子分开，从中获得具有较好修饰效果的修饰酶。

（三）固定化修饰（Immobilization modification）

1. 共价偶联（Covalent coupling）

通过酶表面极性氨基酸残基，将酶共价连接到水不溶性载体上，由于酶所处的微环境发生改变，使酶的催化特性和稳定性发生改变，即固定化酶中的共价偶联法。

2. 化学交联（Chemical cross-linking）

（1）双功能试剂（Bifunctional reagent）

将酶分子中相近两个侧链基团共价交联，从而提高酶稳定性的修饰方法称分子内交联（intramolecular cross-linking），借助双功能试剂使酶分子间发生共价交联称分子间交联（intermolecular cross-linking），可在一定程度上改善酶的生物化学性质和稳定性。

（2）交联酶晶体（Crosslinked enzyme crystal，CLEC）

在双功能交联剂对溶液酶化学交联的基础上，开发了交联酶晶体技术，即首先将酶蛋白分批结晶，得到 1～100μm 的微晶，然后利用双功能（如戊二醛）或多功能试剂，将蛋白质进行分子内或分子间的化学交联。交联酶晶体能提高酶的稳定性，便于从反应体系中进行分离和重复利用。

Box 5-2　PEGylation

Chemical modification of proteins with polyethylene glycol (PEGylation) is routinely achieved by incubation of a reactive derivative of PEG with the target molecule. The covalent attachment of PEG to a drug or therapeutic protein can “mask” the agent from the host’s immune system, and increase the molecular size of the polypeptide, thus reducing immunogenicity and antigenicity, preventing its renal ultrafiltration, and reducing the degradation by proteolytic enzymes.

When polyethylene glycol (PEG) is properly linked to a polypeptide, it modifies many of its features while the main biological functions, such as enzymatic activity or receptor recognition, may be maintained. PEGylation is therefore of interest in applied biotechnology because, upon modification, enzymes may become soluble and active in organic solvent. This property opens new techniques in biocatalysis and in pharmaceutical technology where many insoluble drugs are solubilized by PEG conjugation and thus more easily administered.

二、酶分子的内部修饰（Internal modification of enzyme molecules）

（一）肽链有限水解修饰（Limited hydrolysis modification of peptide chain）

1. 原理（Principle）

酶的催化功能与酶活性中心的构象密切相关，活性中心部分肽段的存在对酶的催化作用是必需的，而活性中心以外的肽段则起到维持酶空间构象的作用。肽链有限水解修饰又称肽链主链修饰（peptide main-chain modification），常用蛋白酶或肽酶在肽链的限定位点进行水解，使酶的空间结构发生改变，从而改变酶的催化特性。

2. 作用（Action）

酶蛋白肽链被水解后，可能出现以下三种情况。

1）肽链水解后引起酶活性中心的破坏，酶将失去催化功能，这种修饰主要用于探测酶活性中心的位置。

2）肽链部分水解后，仍可维持酶活性中心的空间构象，酶的活性仍然保持或损失不多，但其抗原性降低，可提高某些药用酶的使用价值。

3）肽链的断裂有利于酶活性中心的形成，从而使酶显示催化活性或提高酶活力。

Box 5-3　Specific proteolytic cleavage

Many enzymes acquire full enzymatic activity as they spontaneously fold into their characteristic three-dimensional forms. In contrast, other enzymes are synthesized as inactive precursors that are subsequently activated by cleavage of one or a few specific peptide bonds. The inactive precursor is called a zymogen (or a proenzyme). An energy source (ATP) is not needed for cleavage. Therefore, in contrast with reversible regulation by phosphorylation, even proteins located outside cells can be activated by this means. Another noteworthy difference is that proteolytic activation, in contrast with allosteric control and reversible covalent modification, occurs just once in the life of an enzyme molecule. For example，the digestive enzymes that hydrolyze proteins are synthesized as zymogens in the stomach and pancreas.

（二）金属离子置换修饰（Modification of metal ion substitution）

1. 原理（Principle）

将酶分子中的金属离子换成另一种金属离子，使酶的催化特性发生改变。

2. 步骤（Procedures）

（1）酶的分离纯化（Separation and purification of enzyme）

将欲进行修饰的酶分离纯化，获得具有一定纯度的酶液。

（2）除去原有金属离子（Removal of original metal ions）

在纯化的酶液中加入一定量的金属螯合剂，如乙二胺四乙酸（EDTA），使酶分子中的金属离子与 EDTA 形成络合物，再经透析、超滤或分子筛层析等方法，除去酶液中的 EDTA-金属螯合物，此时酶往往为无活性状态。

（3）加入置换离子（Addition of the substituted ions）

在去离子酶液中加入一定量的另一种金属离子，与酶蛋白结合后，再除去多余的置换离子，即可得到金属离子置换后的酶。金属离子置换修饰适合于那些分子结构中本来就含有金属离子的酶，一般都是二价金属离子，如钙离子（Ca^{2+}）、镁离子（Mg^{2+}）、锰离子（Mn^{2+}）、锌离子（Zn^{2+}）、亚铁离子（Fe^{2+}）、铜离子（Cu^{2+}）等。

第三节　酶化学修饰的应用

Applications of Chemical Modification of Enzyme

对酶分子进行化学修饰，主要涉及两个方面的内容：①对酶活性中心的必需基团进行化学修饰，研究酶的结构与功能的关系；②通过对酶功能基团的修饰，增强酶的稳定性，提高酶的催化效率，降低或消除酶的抗原性，改变酶的动力学特性等。

一、研究酶的活性中心（Research on enzyme active center）

1. 确定活性中心的必需基团（Determining essential groups in active center）

酶分子修饰在研究酶活性中心必需基团时经常被采用。若某基团被特定的化学修饰剂修饰后没有引起酶活力的变化，则说明该基团可能不是该酶的必需基团。若酶活力降低或丧失，则可推断该基团可能是该酶的必需基团。但这不能确定化学修饰剂是同活性中心内的必需基团结合。

有两点可作为其判断标准：一是酶活力丧失程度与修饰剂的浓度有化学计量关系；修饰剂也可修饰活性中心之外的必需基团，使蛋白质构象发生改变而酶活力丧失，但丧失程度与修饰剂的浓度不存在化学计量关系；二是由于底物或可逆抑制剂（主要为竞争性抑制剂）可与活性中心结合，因而可作为保护剂降低修饰蛋白的失活程度，而与活性中心不能结合的分子则没有这种作用。根据这两点，基本上可确定该基团处于酶的活性中心。

2. 阐明金属离子的催化功能（Clarifying catalytic function of metal ions）

有些酶分子活性中心含有对酶催化功能有重要作用的金属离子，通过金属离子置换修饰，能够了解各种金属离子在酶催化过程中的作用，从而阐明金属离子对酶催化的影响及其机制。

二、改善酶的催化性能（Improving enzyme catalytic efficiency）

酶类药物具有作用专一性和高效性的特点，通常采用肌肉静脉给药的方式。由于酶进入人体后易发生免疫反应，引起毒副作用，且在体内不稳定，半衰期短，因而影响了酶的使用效果。酶在食品、轻工及化工领域虽然得到了广泛应用，但有些酶的活力和稳定性还不能满足工业生产的实际要求。通过酶分子的化学修饰，可显著提高酶的稳定性，减少或消除酶的抗原性，延长其半衰期，提高酶的催化效率，从而克服了酶的局限性，提高了酶的应用价值。

（一）提高酶活性（Improving enzyme activity）

1. 肽链有限水解修饰（Limited hydrolysis modification of peptide chain）

有些酶蛋白原本不显示酶活或活性不高，利用某些专一性的蛋白酶对其进行肽链有限水解修饰，除去一部分肽段，可使其空间构象发生改变，有利于活性中心与底物结合，从而显示出酶的催化活性或提高酶的活力。

例如，胃中低 pH 的环境能够促进胃蛋白酶原 N 端切下屏蔽的 44 个氨基酸序列，从而暴露了胃蛋白酶的活性部位，生成的胃蛋白酶能够以一种正反馈的自动水解方式激活其他胃蛋白酶原，见 Figure 5-3。用蛋白酶从胰蛋白酶原 N 端切去一个六肽，即可显示出胰蛋白酶的催化活性；用胰蛋白酶从天冬氨酸酶的羧基末端切去 10 多个氨基酸残基，可使天冬氨酸酶的活性提高 5 倍左右。

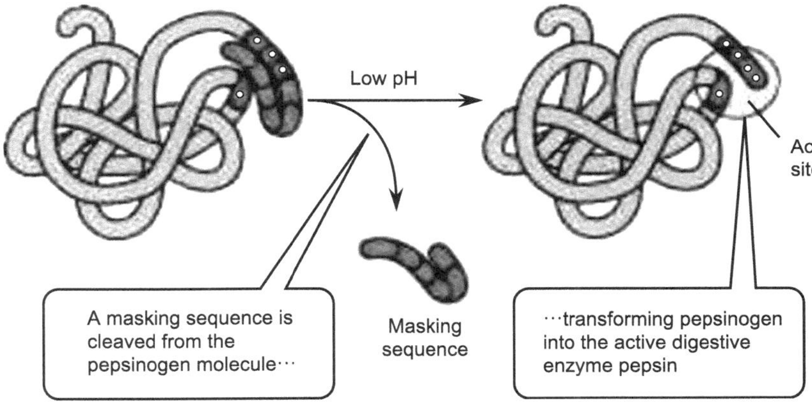

Figure 5-3　The pepsinogen transforming into the active digestive pepsin

2. 金属离子置换修饰（Modification of metal ion substitution）

α-淀粉酶是杂离子型的，有的含有钙离子，有的含有镁离子或锌离子，如果将其他杂离子都换成钙离子，则可提高酶的催化效率并显著增强酶的稳定性。因此，在 α-淀粉酶的发酵生产、保存和应用过程中添加一定量钙离子，有利于稳定和提高 α-淀粉酶的活力。若将锌型蛋白酶的锌离子置换成钙离子，酶的催化效率可提高 20%～30%。

（二）增强稳定性（Enhancing enzyme stability）

1. 大分子结合修饰（Macromolecular binding modification）

经过修饰的医药用酶，可显著增强其稳定性。例如，具有抗氧化、抗辐射、抗衰老功能的超氧化物歧化酶（superoxide dismutase，SOD），经大分子结合修饰形成聚乙二醇-超氧化物歧化酶（PEG-SOD），其稳定性显著提高，在血浆中的半衰期可延长 350 倍。用亚硝酸修饰 L-天冬酰胺酶，使其氨基变成羟基，酶的稳定性大大提高，在体内的半衰期延长 2 倍。

2. 金属离子置换修饰（Modification of metal ion substitution）

有些酶分子中的金属离子被置换后，其稳定性显著增强。例如，铁型超氧化物歧化酶（Fe-SOD）分子中的铁离子被锰离子置换成为锰型超氧化物歧化酶（Mn-SOD）后，对过氧化氢的稳定性显著增强，对叠氮钠（NaN_3）的敏感性显著降低。

（三）消除抗原性（Eliminating enzyme antigenicity）

1. 大分子结合修饰（Macromolecular binding modification）

PEG 与酶蛋白结合后形成的保护层，可掩盖蛋白质的抗原决定簇，降低甚至消除了酶的抗原性，同时提高了对胰蛋白酶消化的抵抗力，延长了修饰酶在体内的作用时间。例如，具有抗癌作用的精氨酸酶和对白血病有显著疗效的 L-天冬酰胺酶经聚乙二醇结合修饰后，抗原性显著降低甚至消除。利用链激酶、尿激酶等溶栓蛋白可治疗血栓类疾病，经 PEG 修饰后，这些异源蛋白在体内不仅抗原性降低，而且半衰期延长。

2. 肽链有限水解修饰（Limited hydrolysis modification of peptide chain）

酶作为大分子的外源蛋白往往具有较强的抗原性，而小分子蛋白质或肽段的抗原性较低或无抗原性。若将酶分子经肽链有限水解以降低其相对分子质量，可使酶的抗原性降低或消失。例如，将木瓜蛋白酶用亮氨酸氨肽酶切去肽链的 2/3，酶活性保持不变，但抗原性大大降低。枯草杆菌中性蛋白酶经 EDTA 处理后，再经部分水解，得到仍然具有蛋白酶活性的小分子肽段，将其用作消炎剂使用时，不产生抗原性，提高了治疗效果。

Box 5-4　Methods of enzyme stabilization

Stabilization methods of enzymes against denaturation include the following:

1) Immobilization of enzymes on or within solid supports and matrices, including covalent binding of an enzyme to soluble matrices such as starch and other macromolecules;

2) Use of stabilizing additives such as multivalent metal ions, substrates, salts, small organics such as sorbitol, and soluble polymers such as polyethylene glycol(PEG);

3) Chemical modification of the enzyme molecule(e.g. surface modification, inter-and intramolecular crosslinking);

4) Protein engineering;

5) Crosslinked enzyme crystal (CLEC) technology.

Summary

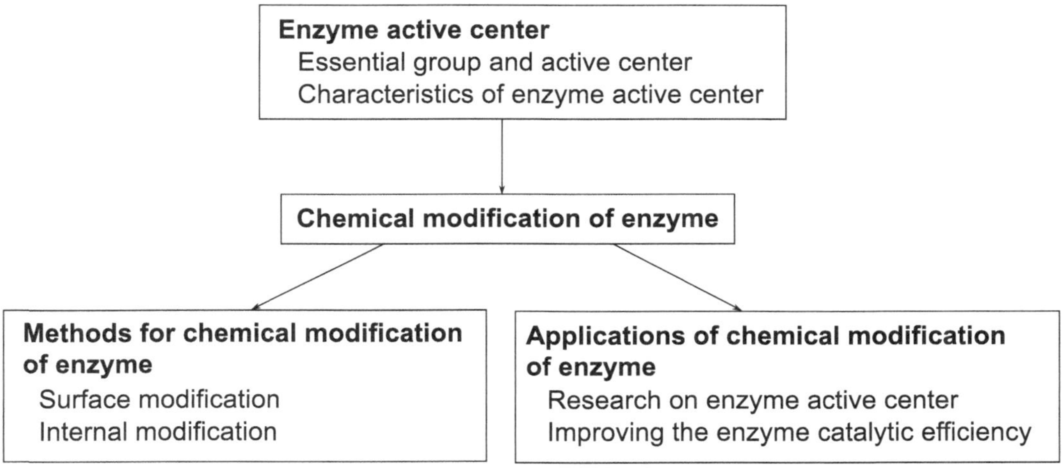

Review Questions

1. What are the features of the active site and the essential groups of an enzyme?

2. Compare the similarities and differences between enzyme modification and enzyme immobilization in method and purpose.

3. Review the side-chain groups of enzyme and their modifiers.

4. Summary the methods of improving enzyme activity, enhancing enzyme stability and enzyme reducing immunoreactivity.

第六章　酶反应器

Enzyme Reactor

All reactions catalyzed *in vitro* by free enzymes and immobilized enzymes must proceed in a vessel in order to control the reaction conditions and reaction velocity. A number of important types of such reactors are stirred tank reaction (STR), bubble column reactor (BCR), packed bed reactor (PBR), fluidized bed reactor (FBR), membrane reactor (MR), recycle reactor (RCR) and so on. Several important factors can influence the choice of reactor for a particular process. In general, the choice depends on the cost of a predetermined productivity within the product's specifications. Other contributing factors are the form of the enzyme (i.e. free or immobilized), the kinetics of the reaction and the chemical and physical properties of substrates and products. Attention must also be paid to the scale of operation, the possible need for pH and temperature control, the supply and removal of gases and the stability of the enzyme, substrate and product. These factors will be discussed in more details with respect to different types of reactors.

酶和固定化酶在体外进行催化反应时，必须在一定的反应容器中进行，以便控制酶催化反应的各种条件和催化反应的速度，用于酶催化反应的容器及其附属设备称酶反应器。

第一节　酶反应器的类型

Types of Enzyme Reactor

酶反应器有多种类型，按照结构的不同可以分为搅拌罐式反应器、填充床式反应器、流化床式反应器、鼓泡塔式反应器、膜式反应器等。

一、搅拌罐式反应器（Stirred tank reactor，STR）

搅拌罐式反应器是带有搅拌装置的一种常用的罐式反应器，由反应罐、搅拌器和保温装置组成，与分批式、流加分批式和连续式的操作方式相对应的有分批搅拌罐式反应器和连续搅拌罐式反应器。

1. 分批搅拌罐式反应器（Batch stirred tank reactor, BSTR）

分批搅拌罐式反应器是将酶或固定化酶和底物溶液一次性加到反应器中，在一定条件下反应一段时间，然后将反应液全部取出，见 Figure 6-1。

2. 连续搅拌罐式反应器（Continuous stirred tank reactor，CSTR）

连续搅拌罐式反应器只适合于固定化酶的催化反应。操作时将固定化酶置于罐内，底物溶液连续从进口处进入，反应液连续从出口流出。在反应器的出口处装上筛网或其他过滤介质，以截留固定化酶，见 Figure 6-2。

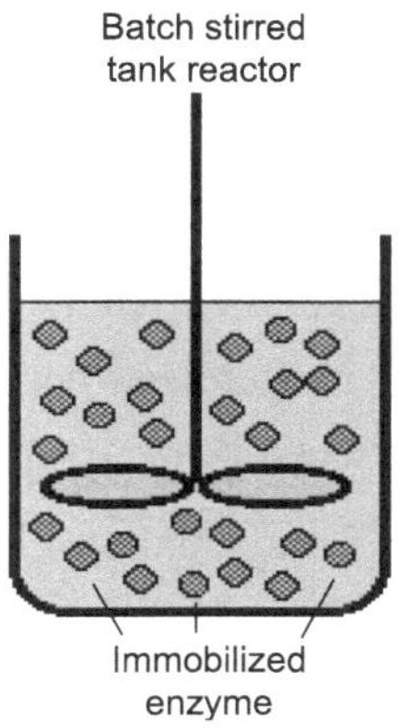

Figure 6-1 Batch stirred tank reactor

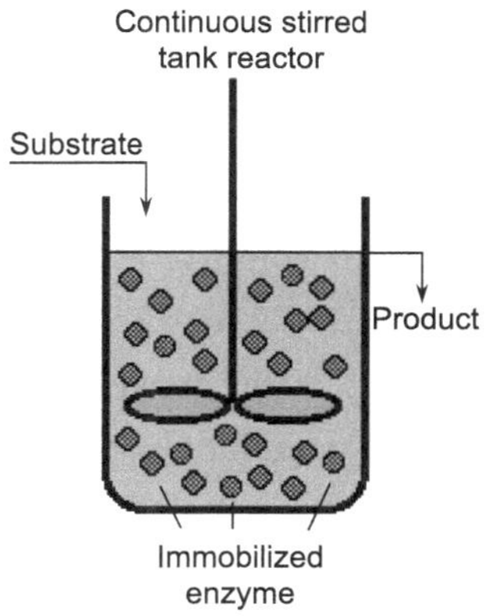

Figure 6-2 Continuous stirred tank reactor

搅拌罐式反应器的特点是：设备简单、操作容易，酶与底物混合较均匀、传质阻力较小，反应条件易控制。用于游离酶催化反应时，反应后产物和酶混在一起，酶难以回收利用；用于固定化酶催化反应时，注意控制好搅拌速度，以免固定化酶的结构受到破坏。

二、填充床式反应器（Packed column reactor，PCR）

填充床式反应器是将固定化酶堆叠在反应器中进行催化反应的一类反应器，底物溶液按照一定的方向以一定的速度流过反应床，通过底物溶液的流动，实现物质的传递和混合，见 Figure 6-3。

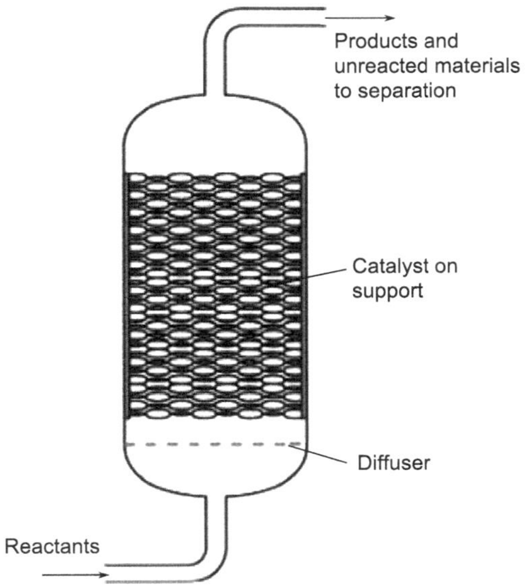

Figure 6-3 Packed column reactor

特点：设备简单，操作方便；单位体积反应床的固定化酶密度大，能够提高酶催化反应的速度，在工业生产中应用普遍。填充床底层的固定化酶颗粒所受压力大，容易引起变形或破碎，可在反应器中间加隔板予以解决。

Box 6-1　Packed-bed reactor

Two main types of continuous reaction equipment are packed-bed reactor and continuous stirred tank reactor (CSTR). A hybrid of these two types is fluidized-bed reactor. When immobilized enzyme is in the form of spheres, chips, disks, sheets, beads, or pellets, it can be packed readily into a column. In a packed-bed reactor, there is a steady movement of the substrate across the bed of immobilized enzyme in a chosen spatial direction. If the fluid velocity profiles is perfectly flat over the cross section, the reactor can operate as a plug-flow reactor (PFR) under this ideal condition. In other words, the fluid elements are visualized to move through the reactor in a plug-like fashion. Of course, in actual reactor systems, the fluid-flow pattern tends to be different from this idealized condition.

三、流化床式反应器（Fluidized bed reactor，FBR）

流化床式反应器是将固定化酶颗粒置于反应器中，底物溶液以一定的速度连续地由下而上流过反应器，同时反应液连续地排出，即通过流体的流动使固定化酶颗粒在悬浮翻动状态下进行连续催化反应的一类反应器，见 Figure 6-4。

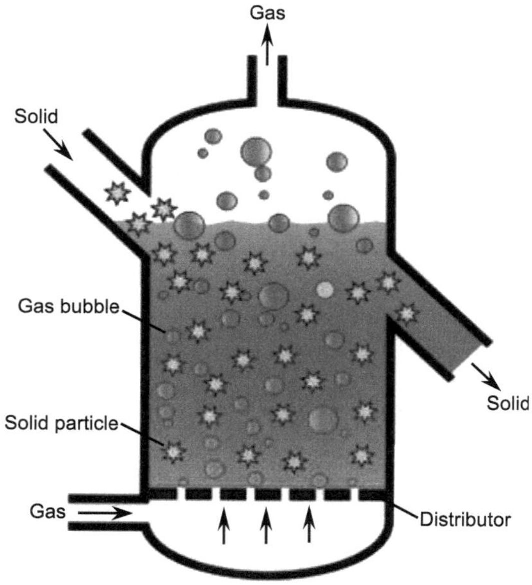

Figure 6-4　Fluidized bed reactor

固定化酶颗粒不应过大，且应具有较高强度。要注意控制好底物溶液和反应液的流动速度，过低则难于保持固定化酶颗粒的悬浮翻动状态；过高则催化反应不完全，甚至使固定化酶的结构受到破坏。

特点：混合均匀，传质和传热效果好，温度和 pH 的调节控制容易；不易堵塞，适用于黏度较大的反应液。由于固定化酶不断处于悬浮翻动状态，固定化酶颗粒容易受到破坏。

Box 6-2 Fluidized-bed reactor

In a fluidized-bed reactor, the substrate passes upward through the immobilized enzyme bed at a velocity high enough to lift the particles; however, the velocity is not so high as to sweep away the particles from the reactor itself. The fluid flow pattern provides a degree of mixing that falls somewhere between complete back-mixing, as in a CSTR, and no back-mixing, as in a PFR.

Fluidized-bed reactors are likely to find some applications in supported-enzyme catalysis where viscous, particulate substrates are to be handled. These systems with immobilized enzyme particles or chips have been reported for the hydrolysis of lactose present in cheese whey, starch hydrolysis, and glucose isomerization.

四、鼓泡塔式反应器（Bubble column reactor，BCR）

鼓泡塔式反应器是利用从反应器底部通入气体产生的大量气泡，在上升过程中起到提供反应底物和混合作用的无搅拌装置的反应器，见 Figure 6-5。由于反应系统中存在固、液、气三相，又称三相流化床反应器（three-phase fluidized bed reactor）。既可用于游离酶的催化反应，也可用于固定化酶的催化反应，既可用于连续反应，也可用于分批反应。

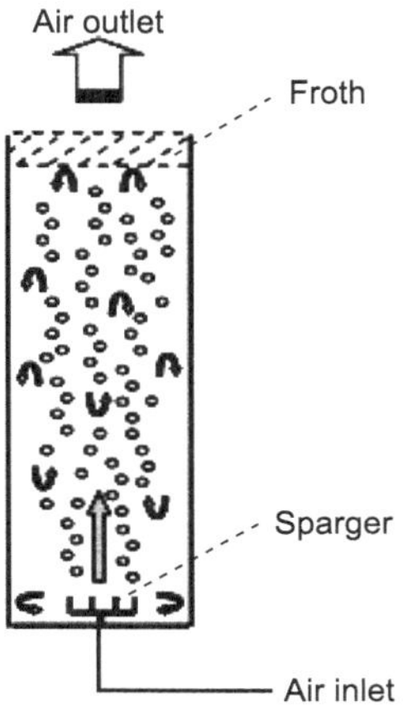

Figure 6-5 Bubble column reactor

特点：结构简单，操作容易；剪切力小，物质与热量的传递效率高，是有气体参与的酶催化反应中常用的一种反应器。

五、膜式反应器（Membrane reactor，MR）

膜式反应器是将酶催化反应与半透膜的分离作用组合在一起的反应器，可用于游离酶的催化反应，也可用于固定化酶的催化反应。

1. 游离酶（Free enzyme）

用于游离酶的膜反应器装置如 Figure 6-6 所示。底物溶液连续地进入反应器，酶与底物反应后与反应产物一起进入膜反应器进行分离，小分子的产物透过超滤膜（可根据酶分子和产物分子质量的大小，选择适宜孔径的超滤膜）而排出，大分子的酶分子被截留，可以再循环使用。

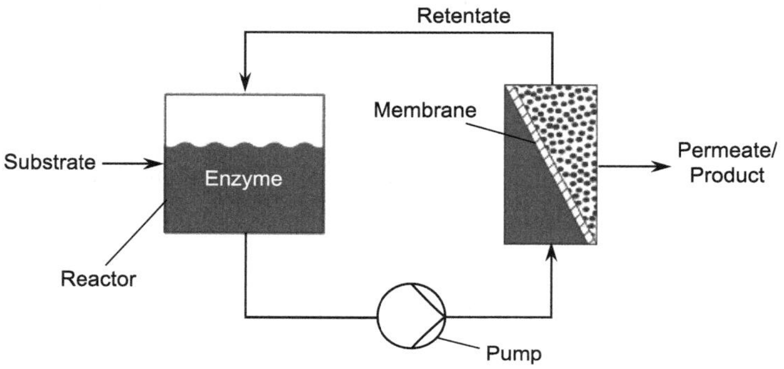

Figure 6-6　Basic setup of an enzyme membrane reactor system

采用膜式反应器进行游离酶催化反应的优点是：①酶可以回收循环使用，提高酶的催化效率；②反应产物连续地排出，可降低甚至消除产物对酶催化活性的抑制作用。缺点是：膜在使用一段时间后，由于酶与杂质吸附造成的浓差极化现象，会影响分离速度和分离效果。

2. 固定化酶（Immobilized enzyme）

用于固定化酶催化时，通常是将酶固定在具有一定孔径的多孔薄膜中，制成平板形、螺旋形、管形、中空纤维形、转盘形等多种形状的生物反应器。例如，中空纤维反应器是将酶固定在外壳与高分子聚合物制成的中空纤维的外壁之间，培养液和空气在中空纤维管内流动，底物透过中空纤维的微孔与酶分子接触进行催化反应，小分子的反应产物随反应液流出反应器。

优点：压降小，酶膜更换及设备放大容易，可承受较大的压力。缺点：使用时间过长，酶和其他杂质容易吸附在膜上，影响膜的分离性能。

Box 6-3　Membrane reactor

Besides the classical batch process, the enzyme membrane reactor is a well-established system for running continuous biocatalytic processes. It consists on a coupling of a membrane separation process with an enzymatic reaction. The selective membrane aims to separate the biocatalyst from the reaction products. In an enzymatic membrane reactor, the enzymes are dislocated in a reaction space, entrapped by a membrane and therefore can be reused. The membrane is used to retain large components (i.e. the enzyme and the substrate), while allowing small molecules to pass through (i.e. the product).

六、循环反应器（Recycle reactor，RCR）

循环反应器是让部分反应流出液流出，与新加入的底物混合，再进入反应床进行循环。特点是可以使用较高流速以减少底物相固定化酶表面传递的阻力，从而达到较高的转化率。当反应底物是不溶性物质时，可以采用循环反应器，见 Figure 6-7。

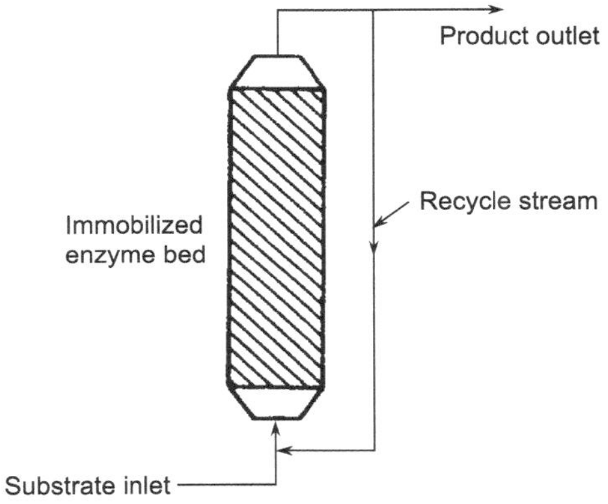

Figure 6-7 Recycle reactor

Box 6-4 Recycle reactor

Recycle reactor may find applications when an insoluble substrate is to be processed. In this type of reactor, a portion of the outflow is recycled and mixed with the inlet stream to the reactor. This permits an operation of the reactor at high fluid velocities, which minimizes bulk mass transfer resistance to transport of the substrate to immobilized enzyme surface. Even though high flow rates reduce the contact time of the substrate in the reactor, the recycling process effectively provides high enough contact time to achieve desired conversions. Recycle reactor systems for starch hydrolysis has been reported. They are also excellent tools for kinetic studies.

第二节 酶反应器的选择

Selection of Enzyme Reactor

酶反应器多种多样，其特点各不相同，在实际应用时，应当根据酶、底物和产物的特性以及操作条件和操作要求的不同来进行选择。

一、根据酶的应用形式（Based on enzyme application form）

1. 游离酶反应器的选择（Selection of free enzyme reactor）

游离酶催化反应使用最多的是搅拌罐式反应器，对于那些产量有限、价格昂贵的酶，可采用游离酶膜式反应器，对于那些有气体参与的酶催化反应，则可选择鼓泡塔式反应器。

2. 固定化酶反应器的选择（Selection of immobilized enzyme reactor）

可用于固定化酶的反应器主要有搅拌罐式反应器、填充床式反应器、流化床式反应器、鼓泡塔式反应器、膜式反应器等。

二、根据酶反应动力学性质（Based on dynamic propertied of enzyme reactions）

1. 酶与底物的混合程度（Mixing degree of enzyme and substrate）

搅拌罐式反应器、流化床式反应器和鼓泡塔式反应器具有较好的混合效果，固定床式反应器和膜式反应器的混合效果较差。

2. 底物浓度对酶促反应速度的影响（Effect of substrate concentration on enzymatic reaction rate）

通常情况下，酶催化反应速度随底物浓度的增加而升高，但有些酶在底物浓度过高时，会对酶催化产生抑制作用，对于这类游离酶，可以选用流加操作的分批搅拌罐式反应器。对于具有底物抑制作用的固定化酶，可以选用连续搅拌罐式反应器、填充床式反应器、流化床式反应器和膜式反应器，并控制一定的底物浓度进行连续催化反应。

3. 产物的反馈抑制（Feedback inhibition by reaction product）

有些酶催化的反应，其反应产物达到一定浓度后，会对酶有反馈抑制作用。对于受产物抑制的游离酶，可以选用膜式反应器，这是由于膜反应器能够及时将小分子产物移出，降低甚至消除小分子产物引起的反馈抑制。而对于具有产物抑制作用的固定化酶，可选用填充床式反应器，因为固定床反应器中产物浓度是逐渐升高的，只在出口处产物浓度较高。

三、根据底物或产物的理化性质（Based on physical-chemical properties of substrates or products）

在酶催化反应过程中，底物或产物的理化性质，如分子质量大小、溶解性、黏度、挥发性等，也是选择酶反应器的重要依据。

1. 根据溶解性（Based on solubility）

根据溶解性，可将底物分为三种类型，即可溶性底物、不溶性底物和胶体底物。颗粒状底物和黏度较高的胶体底物，应选择搅拌罐式反应器、流化床式反应器和循环反应器，不宜采用填充床式反应器和膜式反应器，以免造成堵塞。

2. 根据分子质量（Based on molecular weight）

产物分子质量较小时，可选用膜式反应器，小分子产物可通过膜，酶或大分子底物可被截留，从而实现产物的分离。

Box 6-5 Selection of enzyme reactor

Particulate and colloidal substrates are likely to plug-up packed columns. This can be alleviated by using a recycle reactor or a fluidized-bed reactor; in these reactors, the high fluid velocity through the bed of immobilized enzyme reduces possibility of segregation, settling, and plugging of substrates particles. A continuous stirred-tank reactor（CSTR）can also be used for processing particulate substrate, provided the substrate and the immobilized enzyme are kept suspended at fairly high agitation rates. But high agitation rates may also cause shearing of immobilized enzyme from its carrier matrix.

Operational requirements of the reaction might dictate choice of reactor type. For example, a CSTR is more suitable for reaction systems that require the addition of acid or alkali to control pH. Similarly, oxygen transfer can be more readily accomplished in a CSTR.

Columns packed with small immobilized-enzyme particles necessitate column operation at low fluid velocities. This results in channeling and dispersion of the substrate, which lower the conversion. These difficulties are overcome in a recycle or fluidized-bed reactor. On the other hand, fluidized-bed reactors have a large power requirement for fluidizing the bed.

Considering reactor costs, stirred vessels are the cheapest because of their relatively simpler construction. In addition, they have excellent operational flexibility. While discussing reactor costs, one should take into account the cost of the immobilized enzyme itself, since the reactor type may exert some influence on enzyme stability.

第三节 酶反应器的操作

Operation of Enzyme Reactor

在酶催化反应过程中，要充分发挥酶的催化功能，除了选用高活力的酶、适宜酶的应用形式以及酶反应器之外，还必须对酶反应过程中影响酶促反应速率的一些操作条件进行调节控制。

一、反应温度的调节（Regulation of reaction temperature）

温度对酶反应速度有显著影响，酶反应器中一般通过安装夹套或列管等换热装置进行热交换，将反应温度控制在最适温度的范围内。

二、pH 的调节（Regulation of pH）

反应液的 pH 对酶促反应速率有明显影响，对于分批式反应器，通常先利用稀酸或稀碱直接在反应器中将底物溶液调节到酶的最适 pH，再加入酶液。有些酶反应，反应过程中 pH 变化不大，反应过程中不需要调 pH。有些酶的作用底物或其产物是酸性或碱性物质，反应前后 pH 变化较大，需进行必要的调节。

三、底物浓度的调节（Regulation of substrate concentration）

底物浓度对酶促反应速度有直接影响。底物浓度较低时，反应速度与底物浓度成正比，反应速度随底物浓度的增加而升高。底物浓度达到一定数值时，反应速度的上升不再与底物浓度成正比，而是逐步趋向饱和，但反应液黏度增加，有些酶还会受到高底物浓度的抑制，可采用逐步流加底物的方式克服。

四、酶浓度的调节（Regulation of enzyme concentration）

底物浓度足够高时，酶促反应速度与酶浓度成正比。但酶浓度提高，必然会增加酶的使用成本，应综合考虑，确定适宜的酶浓度，并根据需要进行补充。

五、搅拌速度的调节（Regulation of stirring speed）

酶进行催化反应时，首先要与底物结合，然后才能进行催化，因而要使酶分子与底物分子能够进行有效碰撞，适当的搅拌有利于实现均匀的混合。但要控制适宜的搅拌转速，过慢，混合效果不好，过快，产生的剪切力对酶的稳定性有影响。

六、流动速度的调节（Regulation of flow rate）

在连续式酶反应器中，可通过溶液的流动实现酶与底物的混合，同样，流化床式反应器靠流体的流动实现混合，鼓泡塔式反应器靠气体的鼓泡作用实现混合。操作过程中需确定适宜的流动速度，流速过慢，影响酶与底物的均匀接触和催化反应的顺利进行，流速过快，反应不彻底，也会对固定化酶颗粒的稳定性产生影响。

七、微生物污染的控制（Control of microbial contamination）

酶反应器与微生物发酵和动植物细胞培养所使用的反应器有所不同，不必在严格无菌的条件下进行操作，但不意味着酶反应器不必防治微生物的污染。

如果酶反应器催化的底物或产物本身对微生物的生长有抑制作用，或酶催化反应的温度较高，或酶催化反应的 pH 较高或较低，或酶催化反应在有机介质中进行，则酶催化反应受微生物污染的可能性较小。

若酶催化反应的底物或产物是微生物生长繁殖的营养物质，或催化反应条件又比较适合微生物生长，则酶反应器的操作必须符合必要的卫生条件，尽量避免微生物的污染。

Summary

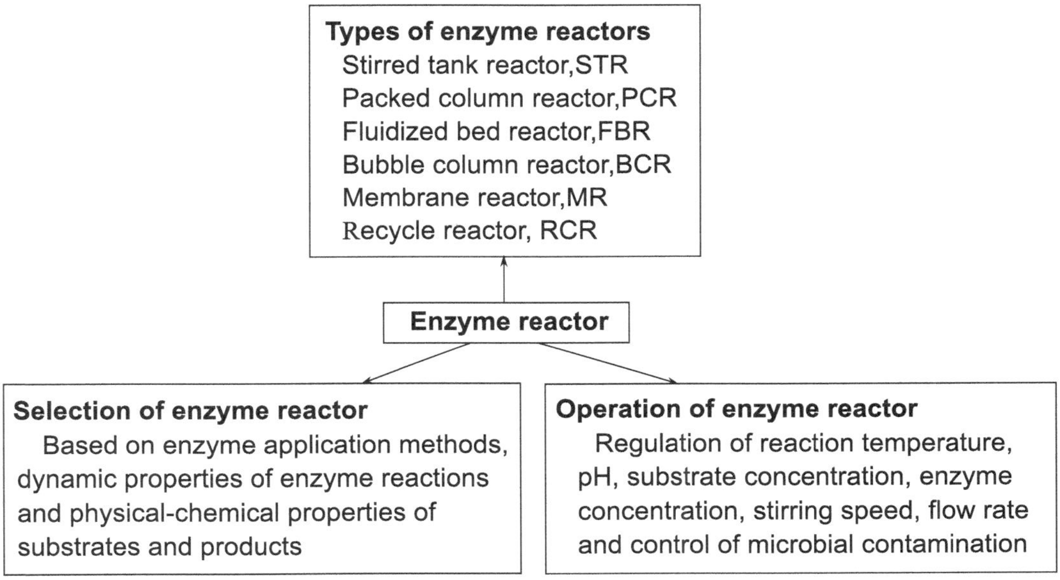

Review Questions

1. What are the difference between chemical reactor , fermentation reactor and enzyme reactor?
2. Can you name the types of enzyme reactor and state their features?
3. What are the main criteria for selecting an enzyme reactor?

第七章　抗体酶与核酶

Abzyme and Ribozyme

An abzyme (from antibody and enzyme), also called catalytic antibody, is a monoclonal antibody with catalytic activity. It was first proposed to be a kind of enzyme that can catalyze a wide range of biochemical reactions with high specificity. After successive appearance of the transition-state theory and the monoclonal antibody technique, the first “catalytic enzyme” was successfully designed and prepared in 1986, named after the former proposed “abzyme”. Continued studies have yielded important insights into reaction mechanisms, enzyme structure and function, catalysis, and the immune system itself.

Ribozyme was first discovered as the catalytic RNA by Thomas Cech in 1981. The first one known as ribozyme is the RNase P. Although ribozyme has lower diversity and catalytic efficiency than a protein enzyme, its brilliant ability to splice RNA still makes it an ideal agent in genetic therapy. The discovery of ribozyme has not only simplified the gene operating, but also reformed the discussion about the mystery of the life source.

抗体酶与核酶是独立于天然蛋白酶之外的两类酶，是现代生物酶工程的重点研究对象。它们的主要区别在于，抗体酶属于人工合成酶，可以催化许多已知反应；而核酶属于天然催化酶，主要催化 RNA 的剪切或剪接。

第一节　抗　体　酶

Abzyme

抗体酶（abzyme）又称催化抗体（catalytic antibody），是抗体的高度选择性和酶的高效催化特性相结合的产物，其本质上是一类具有催化活力的免疫球蛋白（immunoglobulin），在其可变区赋予了酶的催化活性。

一、抗体酶的理论基础（Theoretical basis of abzyme）

抗体（antibody，Ab）是一种由动物免疫系统生成的用以特异性结合并中和病原体分子的 Y 形结构的免疫球蛋白分子，由两条重链和两条轻链组成，其 Y 形结构柄部为恒定区，两尖端处为可变区，包含抗原（antigen，Ag）结合位点（Figure 7-1）。人体能产生 10^8～10^{10} 种抗体分子，主要是由可变区的多样性决定的。抗体分子高效的结合能力及高度的结合特异性为抗体酶的诞生提供了思路。

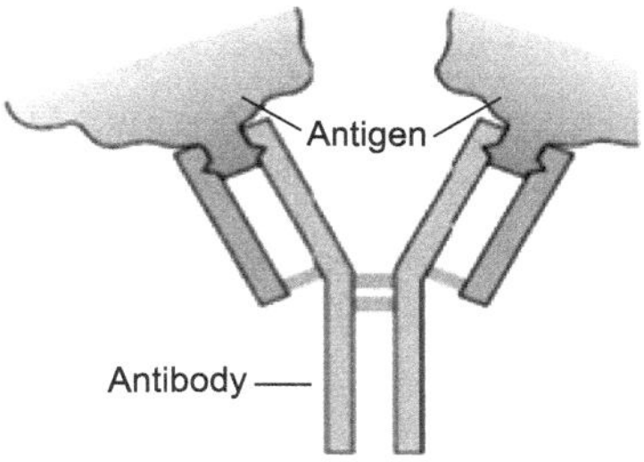

Figure 7-1　Structure of antibody and antibody-antigen complex

（一）抗体酶的发现（Discovery of abzyme）

酶促反应的两个主要特征是高催化效率和高选择性。在众多阐明酶催化机制的观点中，Pauling 提出的过渡态理论得到广泛认同。

抗体酶的理论依据及批量生产主要与过渡态理论和单克隆抗体技术的发展息息相关。过渡态理论预言了有催化功能抗体的存在及产生方法，而单克隆抗体技术直接为此预言的实现提供了可能。

1. 过渡态理论（Transition-state theory）

1946 年，Pauling 提出的过渡态理论阐述了酶的催化机制，该理论认为，酶之所以有催化活力是因为它与底物形成了过渡态，从而降低了反应的活化能，使反应加速进行（Figure7-2）。

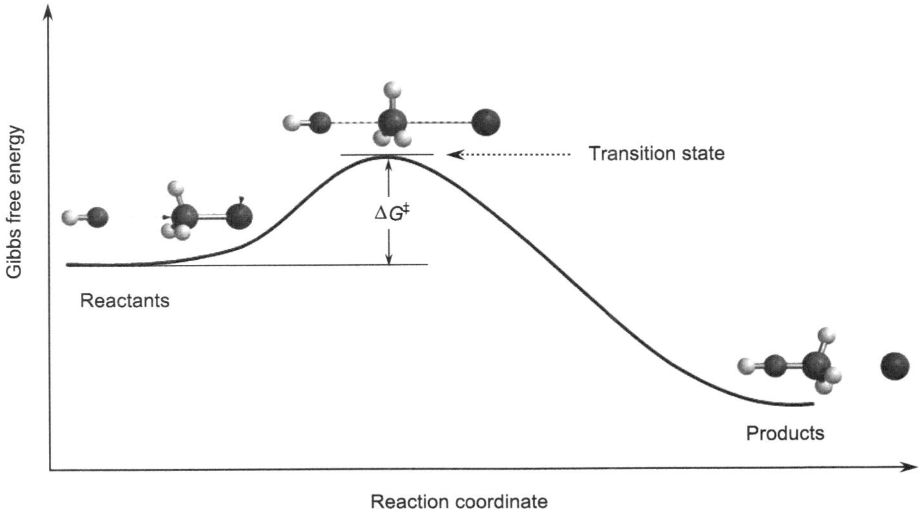

Figure 7-2　Transition-state theory

1969 年，Jencks 进一步发展了 Pauling 的理论，指出若抗体能结合反应的过渡态，则理论上能够获得催化活性，这样的抗体即具有酶的性质，能够在温和条件下高效专一地催化化学反应。抗体酶设想的提出，使得为任何一个化学反应创造一个专一性的催化酶成为可能。

2. 单克隆抗体技术（Monoclonal antibody technique）

1975 年，Kohler 和 Milstein 发明了具有历史意义的单克隆抗体制备技术，使大批量地得到单一、高效的抗体成为可能，为抗体酶的问世铺平了道路。单克隆抗体制备主要依赖于细胞融合技术，即把可在体外培养中无限传代的骨髓瘤细胞，与经特定抗原刺激后可生产特定单一抗体的脾脏细胞（含有大量浆细胞）人工诱导融合，得到能够持续大量产生单一抗体的单克隆杂交瘤细胞株，即可在体外生产所需抗体，见 Figure 7-3。

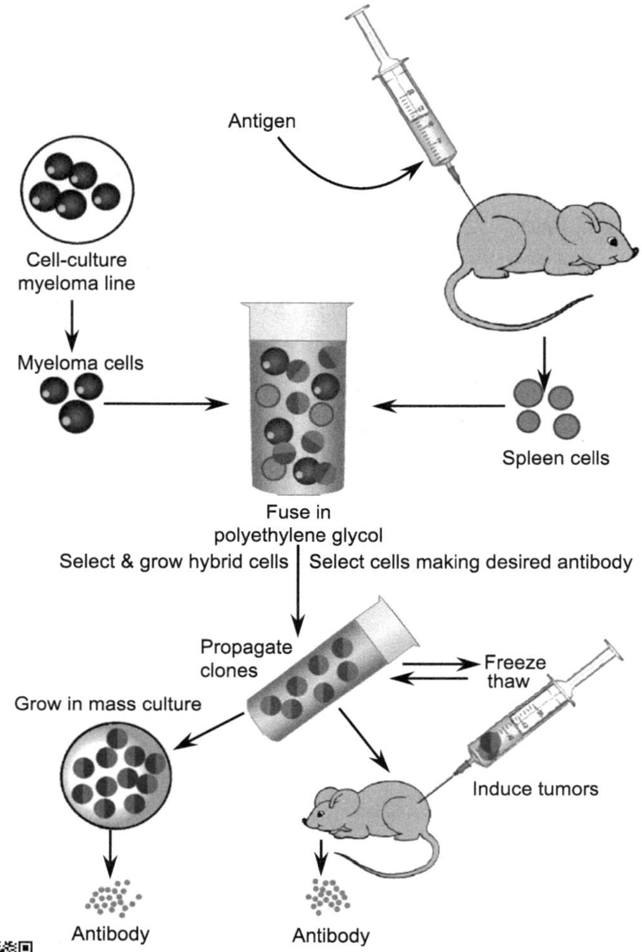

Figure 7-3　Production of monoclonal antibody

1984 年，Lerner 进一步推测，以过渡态类似物（transition state analog）作为半抗原（hapten），诱发出的抗体即与该类似物有了互补的构象，这种抗体与底物结合后，可诱导底物进入过渡态构象，从而表现出催化作用。半抗原是一类小分子物质，其本身不能引起免疫应答，但能与已产生的相应抗体结合，只具有免疫反应性而无免疫原性，此类物质只有与载体蛋白偶联后才能具有免疫原性。

在以上理论预言和技术突破的基础上，1986 年，Lerner 和 Schuta 成功制备出世界上最早的抗体酶，开启了抗体酶生产的先河。

Box 7-1　The basics of abzyme

Enzymes are biological catalysts that speed up biochemical reactions without undergoing any changes themselves. The mode of action of enzymes is that enzymes stabilize the transition state by bringing down the activation energy (ΔG) and speeding up the reaction converting substrate to product. Antibodies are those specific substances produced by the body in response to the presence of any foreign body, the antigen.

If an antibody is developed to bind to the molecule that is similar to the transition state of a given chemical reaction, the developed antibody can bind to the transition state, just like a natural enzyme, lowering the activation energy of the reaction, and thus catalyzing the reaction. A new and unique type of enzyme is produced.

（二）抗体酶的特性（Properties of abzyme）

抗体酶作为酶与抗体相互融合的新型大分子，具有抗体与酶分子两者的突出特点以及更优秀的催化特性。现已证实，抗体酶可催化国际上定义的六大酶促反应类型，外加诸多化学反应，并且随着科学技术的发展，其催化反应类型正逐渐扩大。

1. 抗体与酶的比较（Comparison of antibody and enzyme）

（1）相同点（Similarities）

抗体与酶都是蛋白质，都能高度专一性地与其配体（抗原和底物）结合。

（2）不同点（Differences）

抗体与抗原的基态结合，无催化活性；而酶与底物的过渡态结合，具有催化活性；抗体特异性地与抗原结合，结合常数可达 10^4～10^{14} L/mol，酶特异性地与底物结合，结合常数为 10～10^6 L/mol，两者的比较见 Table 7-1。

Table 7-1　Comparison of enzyme, antibody and abzyme

Types	Similarity	Catalytic efficiency	Binding substance
Enzyme		High	Substrate
Antibody	Proteins Specificity	No	Antigen
Abzyme		Low	Transition state analog (TSA)

2. 抗体酶与天然酶的比较（Comparison of abzyme and natural enzyme）

与天然酶的催化特性相比，抗体酶的特点如下。

（1）催化范围更广（Wider range of catalysis）

只要过渡态设计科学，抗体酶甚至可以催化天然酶所不能催化的反应。抗体的多样性，决定了抗体酶催化反应类型的多样性，利用抗原–抗体识别功能，把催化活性引入免疫球蛋白的抗原结合位点，可构建具有定向特异性和催化活性的生物催化剂。

（2）专一性和稳定性更高（Higher specificity and stability）

抗体酶底物识别部位的氨基酸比天然酶的更多，增强了其催化的特异性，而且生产的抗体酶一般属于 IgG 类抗体，半衰期长，因此比一般酶更加稳定，作用也更为持久。

（3）催化活性不如天然酶（Less catalytic activity than natural enzymes）

与天然酶几乎完美无缺的结构相比，只有两条重链和两条轻链的抗体酶结构要简单得多，因此其催化效率也只有天然酶的 10^{-3}～10^{-2}，但是要比非催化反应高 10^{2}～10^{6} 倍。

3. 抗体酶与抗体的比较（Comparison of abzyme and antibody）

抗体酶与非催化性抗体相比，有以下特点。

（1）反应的特异性（Specificity of reaction）

抗体的产生是针对抗原表面的决定簇，抗体酶是用底物过渡态的类似物做抗原制备的，均具有较高的特异性。

（2）反应的可逆性（Reversibility of reaction）

抗体与抗原形成的免疫复合物需要在一定理化条件下才会分离，而抗体酶与过渡态结合完成催化反应后，可从底物中自动游离参与新一轮反应。

（3）反应的量效性（Dose effectiveness of reaction）

抗体与抗原比例最合适时，反应最充分，而当底物浓度足以使所有抗体酶都能结合为抗体酶-底物过渡态复合物时，抗体酶浓度越大，反应速度越快，体现了天然酶的特性。

（4）底物修饰（Substrates modification）

抗体与抗原作用后产生凝聚、沉淀等分子形态学的变化，并不改变抗原分子结构，而抗体酶与底物结合后，将引起底物分子结构的改变，从而有利于催化反应的进行。

二、抗体酶的制备（Preparation of abzyme）

抗体酶的设计主要以过渡态理论和免疫学原理为依据。由于真实的过渡态很难捕获，因此设计目标反应的过渡态类似物、筛选出与类似物具有高度亲和性的单克隆抗体，是制备抗体酶的关键。

制备抗体酶的方法很多，目前主要应用的有诱导法、拷贝法、化学修饰法和基因工程法等。

（一）诱导法（Induction method）

诱导法是当前应用最为广泛的抗体酶制备方法，步骤如下。

首先需要合成稳定的反应过渡态类似物。通过分析反应底物和产物的结构特点，对底物基态分子进行必要的化学修饰，继而筛选出具有良好诱导效果的过渡态类似物。

利用已设计好的过渡态类似物（半抗原）与载体结合为重组抗原，通过注射的方式免疫小鼠，将从小鼠脾脏内提取的由 B 细胞分化的浆细胞与小鼠（应为同物种）骨髓瘤细胞融合，利用单克隆抗体制备技术生产出所需要的单克隆抗体酶，见 Figure 7-4。

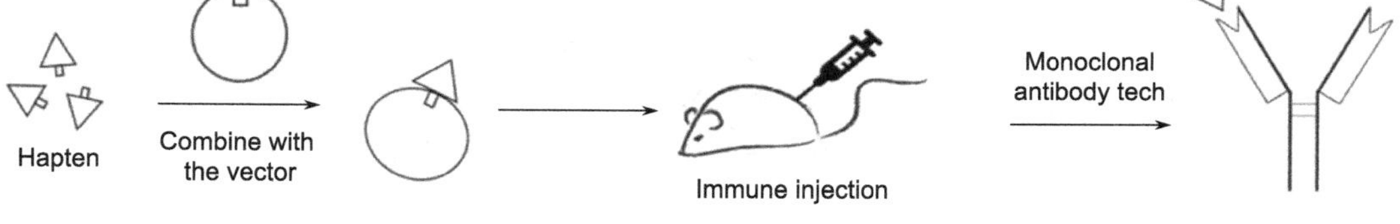

Figure 7-4　Abzyme production by induction method

（二）拷贝法（Copy method）

利用抗体生成过程中的抗原–抗体互补性，把已知酶作为抗原免疫小鼠，通过单克隆技术制备抗该种酶的抗体，然后以此种抗体分子作为抗原免疫小鼠，再次采用单克隆技术，经筛选与纯化，即可获得具有原来酶活性的抗体酶，见 Figure 7-5。这种方法虽然不能产生新的催化反应，但可用于某些来源紧张或稀缺酶类的生产。

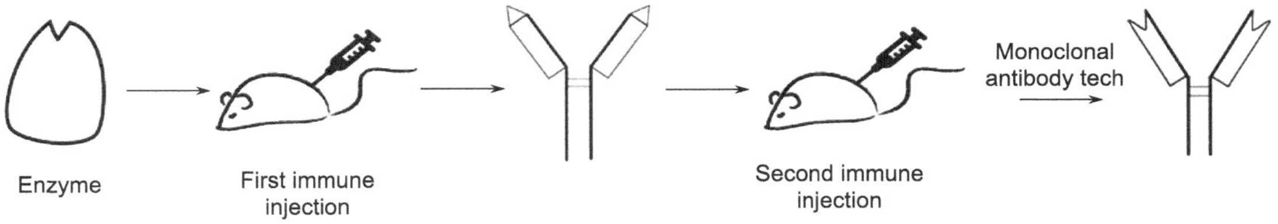

Figure 7-5　Abzyme production by copy method

（三）化学修饰法（Chemical modification method）

利用化学修饰技术或定点突变技术，将天然存在或人工合成的催化基团引入到已经具有底物结合能力的抗体的抗原结合位点上，直接获取抗体酶。此方法的优点在于不需要了解反应的过渡态及其反应的详细机制，可以引入的催化基团也具有多样性。

（四）基因工程法（Genetic engineering method）

通过分析抗体结合部位的氨基酸顺序或对应的碱基顺序，对抗体酶结合部位氨基酸对应的基因序列进行定点突变，在抗体结合部位替换具有催化作用的氨基酸残基，进而改变抗体酶的催化效率。

（五）噬菌体抗体库技术（Phage antibody library technology）

噬菌体抗体库技术是将组建亿万种不同特异性抗体可变区基因库和抗体在大肠杆菌中功能性表达与高效快速的筛选手段结合起来，从而改变制备抗体需要进行细胞融合以获得杂交瘤细胞的传统途径，使抗体酶的制备和性能的改良进入了新阶段。

Box 7-2　Improvements in abzyme production

Although abzymes have been shown to be able to catalyze a wide range of different reactions, the catalytic efficiency of the ones prepared to date is usually low (catalysis rates $k_{cat} > 10^5$) when compared with their natural, enzyme counterparts. This has led to efforts to improve the efficiency of abzymes by random mutagenesis methods, such as phage display. In this method, hypervariable regions of the abzyme's binding site are mutated and variants screened for improved binding to substrate and catalytic activity. Previously hybridoma cells of hyper-immunized mice were used to synthesize antibody *in vivo*, which took a longer time (4～6 months) while advances in cell-culture techniques has made it possible to carry out splenocyte immunizations *in vitro* by incubating the naive spleen cells in medium containing the antigen. This process typically takes 3～5 days, at which stage a cell fusion can be used to obtain hybridomas, thus reducing abzyme production time.

三、抗体酶的应用前景（Application prospect of abzyme）

目前对于抗体酶的研究正处于飞速发展阶段，包括抗体酶生产方法的创新及抗体酶催化反应范围的拓展。越来越多的证据表明，抗体酶将在生物医药、生物化学、免疫学等领域中发挥重要作用。未来对抗体酶的应用主要集中在以下几个方面。

（1）对特定化学反应的催化（Catalysis for specific chemical reaction）

通过对某一化学反应机制的研究，设计合理的反应过渡态类似物作为半抗原，诱导产生对该反应具有催化活性的抗体，用来催化那些用现有方法不能加速或不存在天然酶催化的化学反应。

（2）对化学反应的选择性催化（Selective catalysis to chemical reaction）

抗体酶的突出特点是具有精确的底物专一性和立体专一性，可以用来精确合成具有相同手性的产物，实现有机化学家梦寐以求的不对称合成，只催化生成某一光学异构体的反应，或者用来拆分对映体混合物，使原料利用率大大提高。

（3）医学应用（Medical application）

抗体酶具有广泛的特异性，可以准确识别的分子类型很多，包括一些病原体、体内生物大分子及一些已知药物；另外，抗体酶具有较好的生物兼容性，在体内的半衰期较长，可以用于治疗多种疾病。例如，设计有水解酶活性的抗体酶识别并破坏病毒的特定氨基酸序列，达到抗病毒效果；利用抗体酶降解血纤维蛋白，溶解血凝块以治疗相应心血管疾病；利用可催化可卡因降解的抗体酶使患者体内可卡因失去刺激功能，达到戒毒的目的等。

第二节　核　　酶

Ribozyme

核酶（ribozyme）是有催化活性的核酸，目前已知其作用底物大多是 RNA 分子。早在 1981 年，T. Cech 就在四膜虫中发现了一种具有自我剪切功能的 rRNA 前体；1983 年，S. Altman 也确认在较高浓度的 Mg^{2+}存在条件下，大肠杆菌 RNase P 中的 RNA 组分有类似全酶的催化活性，而其中的蛋白质亚基却无此功能。最终，这类具有催化活性的 RNA 被命名为 ribozyme。Cech 与 Altman 也因为发现核酶获得 1989 年诺贝尔化学奖。

继 RNA 核酶被发现之后，人们又发现一些单链 DNA 分子同样具有生物酶活性，这些具有生物催化功能的 DNA 分子称脱氧核酶（deoxyribozyme），ribozyme 与 deoxyribozyme 统称为 nucleozyme。

Box 7-3　Deoxyribozyme

In 1994, Breaker discovered a kind of special DNA that can specifically shear RNA, and then it was named the "deoxyribozyme". This changed people's thought about DNA molecule that it was only the carrier of genetic material without any catalytic activity. In following studies, an increasing number of deoxyribozymes were successively discovered, some of which even have the catalytic activities of specifically shearing or phosphorylating DNA. However, the deoxyribozyme has poor diversity as the molecule is small, and its catalytic reaction also needs co-factors, such as metal ion. It has higher catalytic efficiency and more stable structure than ribozyme, so it can be used for shearing RNA exclusively *in vitro* and used as the gene inactivation agent *in vivo*.

一、核酶的类型（Types of ribozyme）

根据核酶作用机制的不同，将核酶分为剪接型核酶和剪切型核酶。核酶的剪接作用和剪切作用都不需要其他酶参与，因此称之为自我剪接（self-splicing）和自我剪切（self-cleavage）。

（一）剪接型核酶（Splicing ribozyme）

剪接型核酶包括组Ⅰ内含子和组Ⅱ内含子等，催化 mRNA 前体的拼接，兼具核酸内切酶和连接酶活性。

1. Ⅰ型内含子（Group　Ⅰ　intron）

大分子核酶。分布较为广泛，普遍存在于各类生物细胞器及核基因中，其代表分子为四膜虫的 26S rRNA 前体、藻类线粒体 mRNA 及 tRNA 前体等。Figure 7-6A 展示出Ⅰ型内含子的主要组成结构域及整体分子结构。Ⅰ型内含子通常经过两步连续的转酯反应，行使剪接功能，被剪切部分呈线状。其自我剪接的分子机制如 Figure 7-6B 所示。该过程需要鸟嘌呤核苷类的参与，但不需要能量。

2. Ⅱ型内含子（Group　Ⅱ　intron）

大分子核酶。分布不如Ⅰ型内含子广泛，主要存在于线粒体中，其代表分子是酵母菌线粒体细胞色素氧化酶 mRNA 前体，催化作用同样是包含两个转酯反应，但不需要鸟嘌呤核苷的辅助。

如 Figure 7-6C 所示，Ⅱ型内含子有一个保守的二级结构，由 6 个螺旋的结构区域（D1～D6）组成，均可形成发夹环。Ⅱ型内含子的每个结构域都有其独特的功能，其中酶的活性中心在 D5 结构域，且保守核苷酸多集中在此结构域。D6 结构域包含可亲核攻击 5′端剪切点的腺苷 A，参与第一步剪切反应，剪切后的内含子呈套索状结构，剪接机制如 Figure 7-6D 所示。

（二）剪切型核酶（Cleavage ribozyme）

剪切型核酶主要包括锤头状核酶、发卡形核酶、丁型肝炎病毒核酶和 RNase P 等，催化自体或异体 RNA 分子的切割，主要执行核酸内切酶活性。

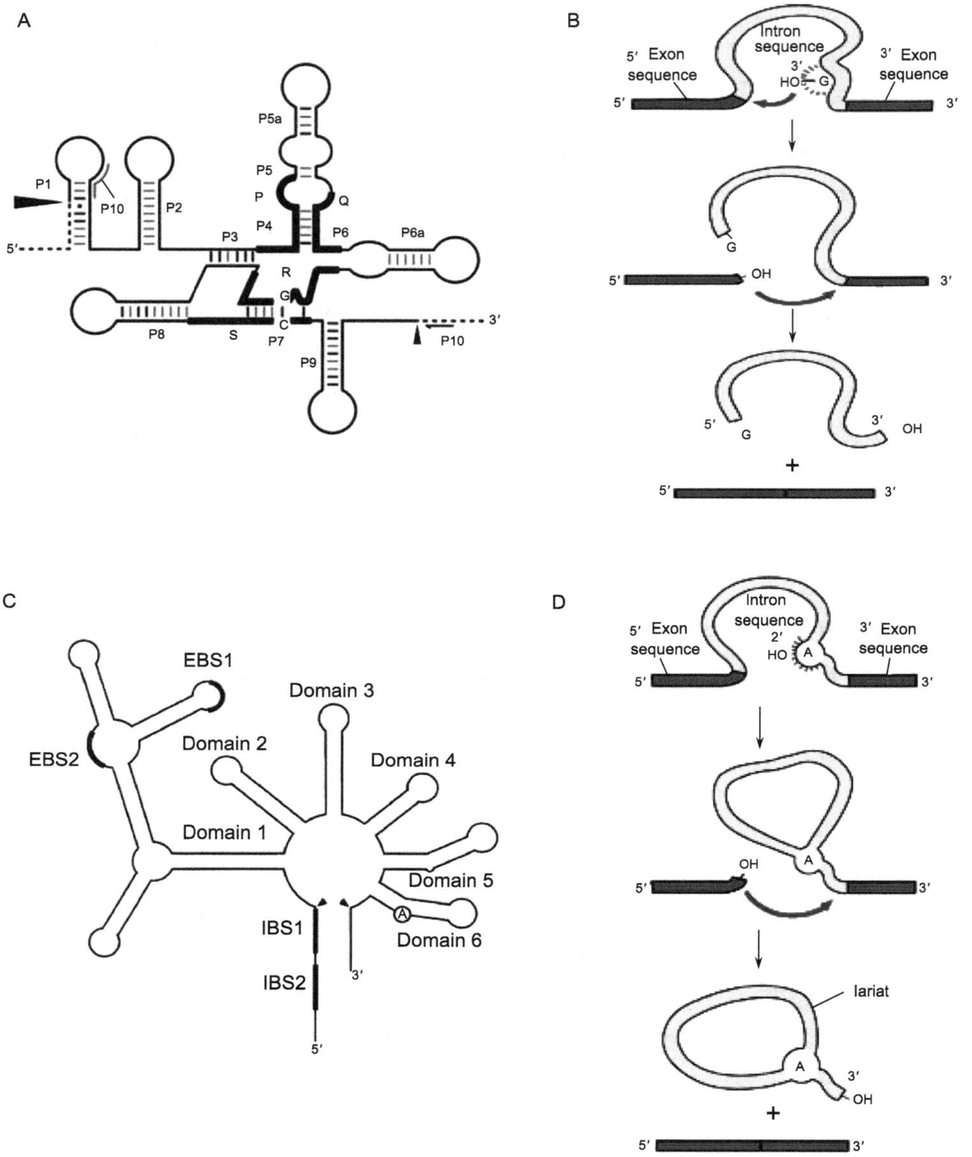

Figure 7-6　The secondary structure and self-splicing mechanism of group Ⅰ introns（A and B）and group Ⅱ introns（C and D）(arrows represent the splicing points)

1. 核糖核酸酶 P（RNase P）

核糖核酸酶 P 是一种 RNA 与蛋白质的复合体，属于大分子核酶。其 RNA 部分在原核细胞中催化前体 tRNA (precursor tRNA)5′端的剪切，但在真核细胞中未发现有催化功能。RNase P 可以识别任何包含有 CCA 及 EGS 序列的 RNA 底物，并进行特异地剪切。其结合、剪切底物的形式如 Figure 7-7 所示。

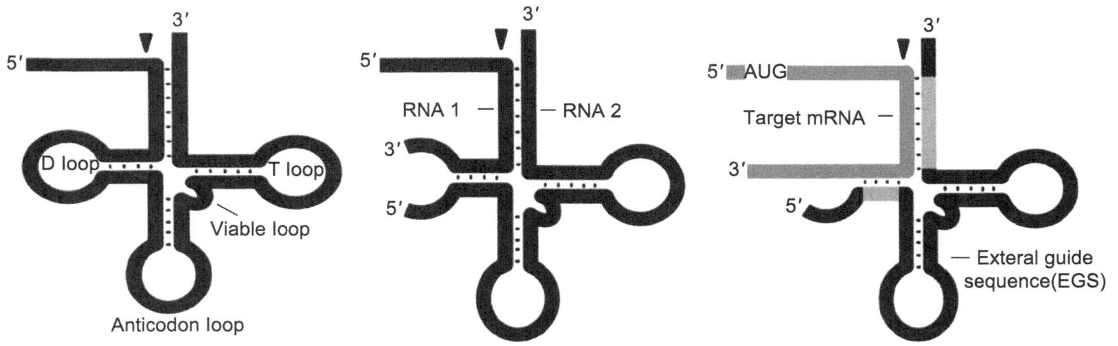

Figure 7-7　Cleaving substrates of RNase P (arrows represent the cleaving points)

2. 锤头状核酶（Hammerhead ribozyme）

锤头状核酶是一种小分子核酶，发现于三种不同植物 RNA 病毒卫星 RNA（satellite RNA）的负链中，因其与底物结合后呈现一种锤头状结构而得名。一级结构具有高度的保守性，二级和三级结构极其相似，在由保守核苷酸组成的核心区域周围存在 3 个螺旋结构，结构简单，可催化可逆的 RNA 剪切-连接反应，其中催化剪切的活性较强。锤头状核酶是当前研究最多的核酶之一，如 Figure 7-8A 所示。

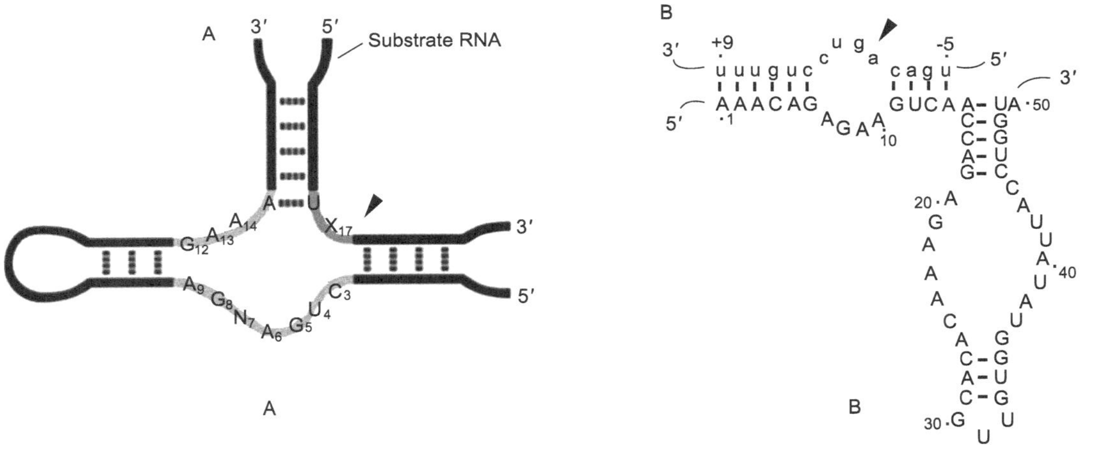

Figure 7-8　Secondary structure of hammerhead ribozyme and hairpin ribozyme (arrows represent the cleaving points)

3. 发卡状核酶（Hairpin ribozyme）

发卡状核酶是一种小分子核酶，最早在植物病毒的卫星 RNA 中发现，能催化可逆的自我剪切-连接反应，使滚环复制的病毒产物变为成熟的病毒核酸。与锤头状核酶显著不同的是，发卡状核酶的连接活性比剪切活性高近 10 倍，而锤头状核酶的剪切活性比连接活性高 100 倍，如 Figure 7-8B 所示。

Box 7-4　Ribozyme

Ribozymes (ribonucleic acid enzymes) are RNA molecules that are capable of catalyzing specific biochemical reactions, similar to the action of protein enzymes. The 1982 discovery of ribozymes demonstrated that RNA can be both genetic material (like DNA) and a biological catalyst (like protein enzymes). It also contributed to the RNA world hypothesis, which suggests that RNA may have been important in the evolution of prebiotic self-replicating systems. Within the ribosomes, ribozymes function as part of the large subunit ribosomal RNA to link amino acids during protein synthesis. They also participate in a variety of RNA processing reactions, including RNA splicing, viral replication, and transfer RNA biosynthesis. Examples of ribozymes include the hammerhead ribozyme, the hairpin ribozyme and so on.

二、核酶的催化特性（Catalytic properties of ribozyme）

核酶和蛋白酶都是具有催化活性的生物活性分子，具有一些相同或相似的性质。例如，它们均对底物具有专一性，反应过程中都与底物形成过渡态复合物，其催化功能的行使均需要特定空间构象的支持等。但与天然蛋白酶相比，核酶有以下不同的催化特性。

（1）多样性较低（Lower diversity）

蛋白质包含有 20 种氨基酸单体，而 RNA 仅由 4 种核苷酸组成，这就造成了核酶的多样性远远不如蛋白类酶。

（2）催化范围有限（Limited catalytic range）

天然蛋白酶类在酸性、中性、碱性条件下均可以执行催化功能，然而核酶催化条件却具有一定的限制，一般催化条件要求温和。

（3）催化效率较低（Lower catalytic efficiency）

比起天然酶，核酶的催化效率较低，这可能与其结构简单，不能提供大分子蛋白酶类特定的催化微环境有关。在已知核酶中，只有 HDV 核酶的切割效率接近于 RNase A，人工合成的核酶活性均有所下降。

三、核酶的应用（Applications of ribozyme）

1. 基础理论（Basic theory）

核酶的发现是生命进化过程研究领域中的重要转折点，有利于揭开生命起源的奥秘，即在蛋白质产生以前，核酶可能参与催化最初的新陈代谢，科学家在实验室模仿生命起源过程中合成了能催化 RNA 复制的核酶，填补了 DNA 和蛋白质产生之前生命进化史的空白，从而使生命从 RNA 开始的结论被广泛接受。

2. 医药领域（Medicine field）

核酶的发现提供了一种临床基因治疗的有效手段，使之在医疗领域扮演着重要的角色。与蛋白质酶相比，核酶更易进行体外设计，能够快速、方便地合成自然界尚未发现的核酶。

通过特异性结合靶 RNA 或靶 DNA，对遗传信息分子 DNA 和 RNA 进行封闭和切割双重作用，具有“基因剪刀”之称，在抗肿瘤、抗病毒等医疗领域有着十分诱人的前景。

（1）乙型肝炎治疗（Hepatitis B treatment）

人们利用核酶 RNA 分子能够特异性地与靶 RNA 配对切割，使其失去生物功能的特点，通过合理的设计及操作，可以特异性地剪切乙型肝炎病毒（hepatitis B virus, HBV）靶 RNA，为乙型肝炎基因治疗提供了一条新途径。

（2）抗 HIV 感染（Anti-HIV infection）

人类免疫缺陷病毒（human immunodeficiency virus，HIV）是引起获得性免疫缺陷综合征（acquired immunodeficiency syndrome，AIDS）的致病因子，是一种逆转录病毒，包括 HIV-1 和 HIV-2 两种类型，其中 HIV-1 是引起艾滋病的主要病原。核酶可以特异性结合 HIV 病毒靶分子，有效抑制 HIV-1 在细胞中的增殖，而又不影响宿主细胞的 RNA。

（3）肿瘤治疗（Tumor therapy）

多种基因的异常表达与肿瘤的发生密切相关，越来越多的研究表明，核酶能在特定的位点，准确有效地识别和切割肿瘤细胞的 mRNA，从而阻断肿瘤基因的表达，进而抑制肿瘤细胞恶性增殖并诱导其分化和凋亡。

Summary

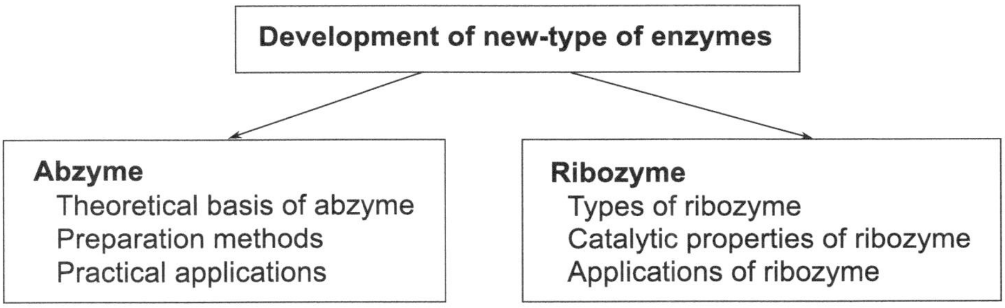

Review Questions

1. Compare the similarities and the differences among enzyme, antibody and abzyme.

2. What's the abzyme? How to design and prepare it?

3. How to define the ribozyme? What's the differences among ribozyme, enzyme and regulatory RNA molecule?

第八章 生物酶工程

Biological Enzyme Engineering

Enzyme can be modified by lots of methods, like physical methods, chemical methods, and molecular modification. Compared to traditional physical and chemical methods, molecular modification is a better choice due to it's specificity.

Gene cloning is a kind of gene engineering technique which can be used to transform DNA into host cell and let it expressed, it's a common way to produce vast enzyme. Protein engineering, whose development is based on the gene engineering, is used for the modification of natural enzyme. There are two general strategies for protein engineering: rational protein design and directed evolution. These methods are not mutually exclusive; researchers will often apply both. Along with the development of protein engineering, there will be more and more enzymes can be producted by microorganisms, therefore contribute to the development of industry and medical science.

随着人们对酶的深入研究以及分子生物学和基因工程技术的发展，定点突变、定向进化等被引入酶工程领域，可以从分子水平上彻底改造、合成并且模拟酶，即生物酶工程的主要内容。生物酶工程主要包括利用基因工程技术生产酶和利用蛋白质工程技术改造酶。

第一节 基因工程技术生产酶

Enzyme Production by Genetic Engineering Technique

建立于 20 世纪 70 年代初的基因工程技术，又称重组 DNA 技术（recombinant DNA technique），是以分子遗传学为理论基础，以分子生物学和微生物学的研究方法为手段，将克隆的天然酶基因与具有自主复制能力的载体 DNA 在体外构成新的重组 DNA，并在受体微生物中复制、转录、翻译，从而获得目的基因产物。这种跨越天然物种屏障的能力，在很大程度上摆脱了对天然酶的依赖。

利用基因工程技术将某种酶基因导入宿主细胞中大量表达，其产物即为克隆酶（cloning enzyme），这是一种大量生产酶的方法。

一、克隆酶的获得（Acquisition of cloning enzyme）

（一）DNA 片段的制备（Preparation of DNA fragments）

从复杂的生物有机体基因组中，经过酶切消化或 PCR 扩增等步骤，分离出带有目的基因的 DNA 片段，常用以下方法。

1）用限制性内切酶将高分子质量 DNA 酶切成一定大小的 DNA 片段。

2）用物理方法（如超声波）取得 DNA 随机片段。

3）在已知蛋白质氨基酸序列的情况下，人工合成相应的基因片段。

4）从 mRNA 反转录产生 cDNA。

5）用聚合酶链反应（polymerase chain reaction，PCR）直接从基因组上扩增所需 DNA 序列。

（二）载体 DNA 的选择（Selection of vector DNA）

1. 质粒（Plasmid）

质粒是细菌染色体外呈环状的 DNA 分子，适用于构建原核生物基因文库和 cDNA 库。

2. 噬菌体 DNA（Phage DNA）

常用的 λ 噬菌体是双链，最适用于构建真核生物基因文库和 cDNA 库。

3. 柯斯质粒（Cosmid）

带有噬菌体 DNA 黏性末端顺序的质粒 DNA 分子，常被用来构建高等生物基因文库。

（三）DNA 片段与载体连接（Ligation of DNA fragments and vector）

在体外，将带有目的基因的外源 DNA 片段连接到能够自我复制并具有选择记号的载体分子上，形成重组 DNA 分子。

1. 连接方法（Ligation methods）

1）黏性末端连接。

2）平头末端连接。

3）同聚寡核苷酸末端连接。

4）人工接头分子连接。

2. 载体特性（Characteristics of vector）

载体的选择在基因工程中是至关重要的一环。基因工程的载体应具有以下性质。

1）在宿主细胞中有独立复制和表达的能力，这样才能使外源重组 DNA 片段得以扩增。

2）分子质量尽可能小，以便在宿主细胞中有较多的拷贝并结合更大的外源 DNA 片段，同时在实验操作中也不易受到机械剪切力的破坏。

3）载体分子中最好具有两个以上的、容易检测的遗传标记（如抗药性标记基因），以赋予宿主细胞不同的表型特征（如对抗生素的抗性）。

4）载体本身最好具有尽可能多的限制性内切酶位点，为避开外源 DNA 片段中限制性内切酶位点的干扰提供更大的选择范围。若载体上的某些限制性内切酶位点位于检测表型的标记基因之内，则可出现插入失活效应，更有利于重组子的筛选。

（四）引入寄主细胞（Transfer DNA into host cell）

重组 DNA 分子转移到适当的受体细胞，并与之一起增殖。常用以下几种方法。

1. 转化（Transformation）

转化是指将质粒 DNA 或以其为载体构建的重组 DNA 导入原核细胞内，使之获得新的遗传特性的方法。受体细胞经过一些特殊方法（如电击法、氯化钙等化学试剂法）处理后，细胞的通透性发生改变，成为能容许外源 DNA 分子通过的感受态细胞。进入细胞的 DNA 分子通过复制，使受体细胞出现新的遗传性状。

2. 转染（Transfection）

转染是指重组质粒载体借助脂质体法、电穿孔法等进入真核细胞（如人和小鼠等动物细胞），而非原核细胞（如细菌），无需构建重组质粒载体，但其中的重组质粒载体也含有外源目的基因。

3. 转导（Transduction）

转导是通过构建含外源基因的重组病毒载体，借助病毒感染受体细胞膜的特性，将外源基因导入受体细胞（真核细胞或原核细胞）。转导的载体是重组“病毒载体”，而转化、转染的载体是重组“质粒”。

（五）重组子的筛选（Selection of recombinant）

从大量细胞繁殖群体中，筛选出获得重组 DNA 分子的受体细胞克隆，方法有如下几种。

1. 直接筛选（Direct screening）

有些载体带有可辨认的遗传标记，能有效将重组分子与本底区分。

2. 间接筛选（Indirect screening）

利用载体分子带有的一个或多个抗药性标记基因，当外源 DNA 插入到抗药基因区后，此基因失活，抗性消失。

3. 核酸杂交（Nucleic acid hybridization）

核酸杂交广泛用于筛选含有特异 DNA 序列的克隆。方法是将菌落或噬菌斑印迹到硝酸纤维素等支持物上，变性后固定在原位，然后与标记的核酸探针进行杂交。

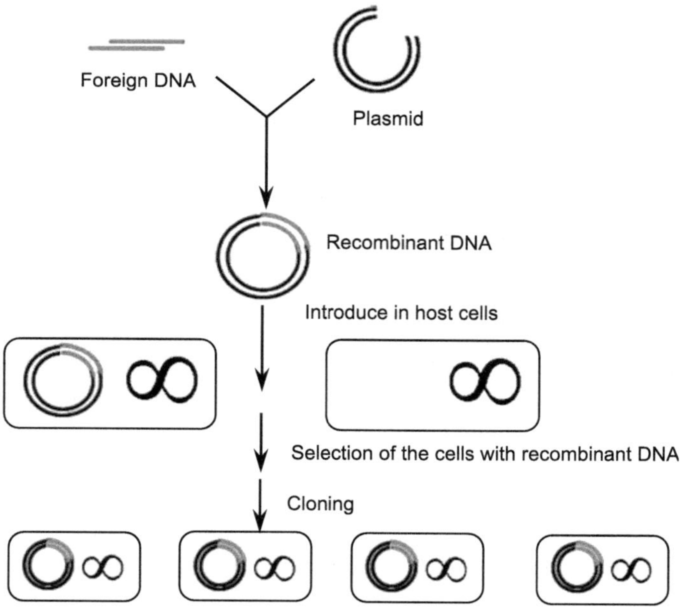

Figure 8-1　Construction of recombinant DNA

4. 免疫学方法（Immunology method）

如果重组克隆能在宿主菌中表达，可以用特异的蛋白质抗体为探针，进行原位杂交，选择特异的克隆。

重组 DNA 的构建流程详见 Figure 8-1。

二、克隆酶的应用（Applications of cloning enzyme）

1. 纤维蛋白溶酶原激活剂（Plasmiraogen activitor）

纤维蛋白溶酶原激活剂是一类丝氨酸蛋白酶，能使纤维蛋白溶酶原水解产生有活性的纤维蛋白溶酶，溶解血块中的纤维蛋白，在临床上用于治疗血栓性疾病，促进体内血栓溶解。利用工程菌株生产的纤维蛋白溶酶原激活剂在疗效上与人体合成的酶完全一致，目前已用于临床试验。

2. 凝乳酶（Chymosin）

凝乳酶是生产乳酪的必需用酶，传统上利用牛犊第四胃的皱胃酶提取制作凝乳酶，来源有限，而从微生物中提取的凝乳蛋白酶常会引起乳酪苦味。因此，人们克隆了小牛凝乳酶基因在酵母系统中表达，得到的凝乳酶与从小牛胃中提取的天然酶性质完全一致。

Box 8-1　Gene cloning

Gene cloning，first appeared in 1970s, is a kind of gene engineering technique which can be used to link DNA fragment with self-replicating vector and then deliver the recombinant DNA into host cells to make it expressed. Gene cloning mainly consists of five steps: ①preparation of DNA fragments; ②selection of vector; ③ligation of DNA fragments and vector; ④transfer plasmid into host cell; ⑤selection of recombinants. So far, there have been more than one hundred of enzymes cloned successfully by gene engineering，likes plasmiraogen activitor and chymosin.

Chymosin is a protease found in rennet. It is widely used in the production of cheese. Because of the imperfections and scarcity of microbial and animal rennets, producers sought replacements. With the development of genetic engineering，it became possible to extract rennet-producing genes from animal stomach and insert them into certain bacteria, fungi or yeasts to make them produce chymosin during fermentation. The genetically modified microorganism is killed after fermentation and chymosin is isolated from the fermentation broth, so that the fermentation-produced chymosin (FPC) used by cheese producers does not contain any GM (genetically modified) component or ingredient.

第二节 蛋白质工程改造酶

Enzyme Modification by Protein Engineering

蛋白质工程（Protein engineering）是以蛋白质结构规律及其与生物功能的关系为基础，通过基因重组技术改变或设计合成具有特定生物功能的蛋白质。酶的蛋白质工程是在基因工程的基础上发展起来的，而且仍需要应用基因工程的全套技术。所不同的是，酶的基因工程主要解决的是酶大量生产的问题，而蛋白质工程则致力于天然蛋白质的改造。

在研究天然酶及其突变体时，通常先通过各种生物化学、光谱学、晶体学等方法获得酶分子特征、空间结构以及结构与功能的关系等方面的信息，然后根据这些信息进行酶分子改造，即酶分子的理性设计（rational design），定点突变（site-specific mutagenesis）是其中之一。不需要准确知道酶蛋白结构与功能等信息，直接通过随机突变、筛选等方法进行酶分子的改造，称酶分子的非理性设计（irrational design），定向进化（directed evolution）是其中之一。两者之间的关系见 Figure 8-2。目前用于酶分子的改造方法主要是定点突变和定向进化。

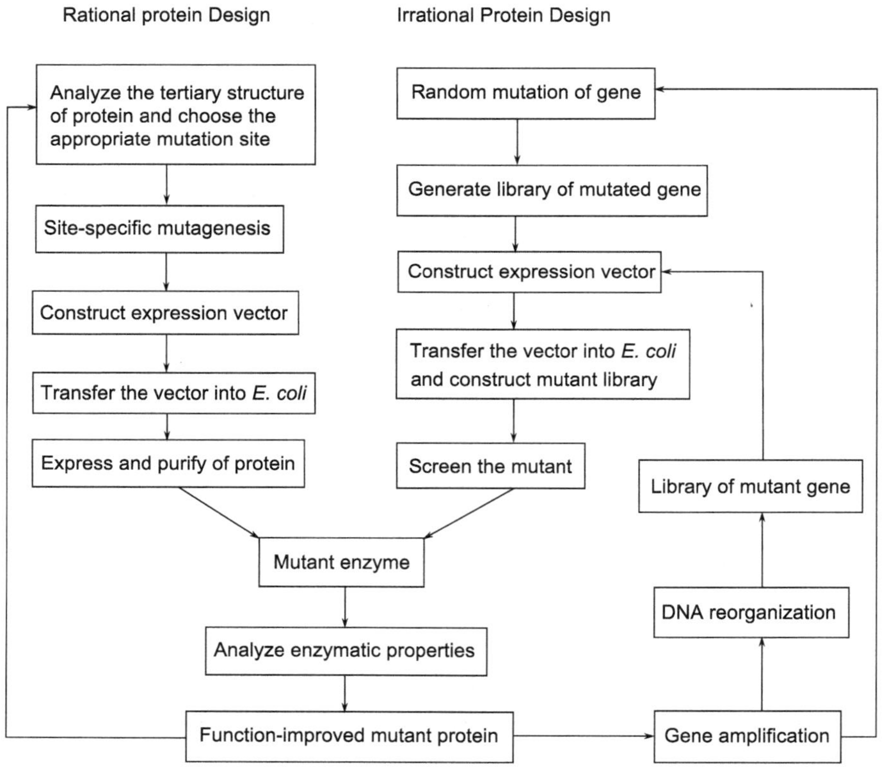

Figure 8-2 Routine of the rational and irrational protein design

Box 8-2 Protein engineering

Protein engineering is the process of developing useful or valuable proteins. It is a young discipline, with much research taking place into the understanding of protein folding and recognition for protein design principles.

There are two general strategies for protein engineering: rational protein design and directed evolution. These methods are not mutually exclusive; researchers will often apply both. In the future, more detailed knowledge of protein structure and function, and advances in high-throughput screening, may greatly expand the abilities of protein engineering. Eventually, even unnatural amino acids may be included, via newer methods, such as expanded genetic code, that allow encoding novel amino acids in genetic code.

一、定点突变（Site-specific mutagenesis）

定点突变是在体外对已知基因的特定核苷酸进行定点改变、缺失或插入，通过改变某个位置的氨基酸来研究酶的结构、稳定性或催化特性，与传统诱变方法具有很大的偶然性而化学修饰方法又不具有通用性相比，该方法具有突变率高、简单易行、重复性好的特点。

（一）定点突变的方法（Methods of site-specific mutagenesis）

1. 寡核苷酸引物定点突变（Oligonucleotide primer site-specific mutagenesis）

利用含有突变碱基的寡核苷酸片段作为引物，在聚合酶的作用下启动 DNA 分子的体外复制，使这段寡核苷酸引物成为新合成 DNA 分子链的一部分而将突变引入。将复制产生的异源双链 DNA 分子转入克隆载体，经复制形成突变型同源双链 DNA 分子。

2. PCR 定点突变（PCR site-specific mutagenesis）

PCR 技术的出现推动了定点突变的发展，通过改变引物 5′端核苷酸（或碱基）组成，使之含有设计的核苷酸序列，保证引物 3′端核苷酸序列能很好地与模板序列相匹配，即可引发 PCR 反应，使基因的 5′端或 3′端区域产生所需要的突变。对于基因中心区段的突变，则可通过重叠延伸（overlap extension）的方法，利用 PCR 技术在目标基因的中心区段引入位点特异性突变和产生重组 DNA 分子。

3. 盒式突变（Cassette mutagenesis）

盒式突变又称 DNA 片段取代法（DNA fragment replacement），利用目标基因中所具有的限制性酶切位点，用具有任何长度、任何序列的 DNA 片段来置换或取代目标基因上的一段 DNA 序列，这种方法可以一次在一个位点上产生 20 种不同氨基酸的突变体。

（二）定点突变的应用（Applifications of site-directed mutagenesis）

利用定向进化技术对酶分子进行改造，可以获得在生物体外的反应条件下仍具有高活性、高专一性和稳定性的突变酶。典型的例子有葡萄糖异构酶和枯草杆菌蛋白酶的改造。

1. 葡萄糖异构酶的定点突变（Site-directed mutagenesis of glucose isomerase）

葡萄糖异构酶是工业上生产高果糖浆的关键酶。研究发现，葡萄糖异构酶热失活与四聚体解聚有关，利用定点突变方法，将在二聚体-二聚体连接中起作用的第 253 位的赖氨酸突变为精氨酸，可使该酶稳定在上限温度为 55～75℃，使果葡糖浆中的果糖含量从 45%提高到 55%。

2. 枯草杆菌蛋白酶的定点突变（Site-directed mutagenesis of subtilisin）

丝氨酸枯草杆菌蛋白酶被大量用于洗涤剂，但洗涤剂中过氧化氢的氧化作用可使天然枯草杆菌蛋白酶的活性降低，通过盒式突变方法，将 Met_{222} 定点突变为 Ala（$M_{222}A$）或 Ser（$M_{222}S$），即可消除失活现象。用于洗涤剂中的酶除了要求不被氧化之外，还要求具有较高的耐热性，通过定点诱变技术，在 Cys_{61} 与 Cys_{98} 之间引入一个额外的二硫键连接，可使枯草杆菌蛋白酶的耐热性增加。

Box 8-3　Site-directed mutagenesis

Early attempts at mutagenesis using radiation or chemical mutagens were non-site-specific, generating random mutations. Analogs of nucleotides and other chemicals were later used to generate localized point mutations. Site-directed mutagenesis, also called site-specific mutagenesis or oligonucleotide-directed mutagenesis, is a molecular biology method that is used to make specific and intentional changes to the DNA sequence of a gene and any gene products. It is one of the most important techniques in laboratory for introducing a mutation into a DNA sequence. However, with decreasing costs of oligonucleotide synthesis, artificial gene synthesis is now occasionally used as an alternative to site-directed mutagenesis.

Proteins may be engineered to produce mutant forms that are tailored for a specific application. For example, commonly used laundry detergents may contain subtilisin, whose wild-type form has a methionine that can be oxidized by bleach, significantly reducing the activity the protein in the process.This methionine may be replaced by alanine or other residues, making it resistant to oxidation thereby keeping the protein active in the presence of bleach.

二、定向进化（Directed evolution）

（一）定向进化的原理（Principle of directed evolution）

与传统的定点突变等理性设计相比，20 世纪 90 年代倡导的酶的定向进化不需要预先了解酶的结构信息、活性部位以及催化机制，只需人为地控制进化条件，模拟自然进化机制，在体外对酶基因进行改造，产生基因多样性，再结合定向筛选技术，获得具有某些预期特征的突变酶，属于酶分子的非理性设计。它能够在很大程度上弥补定点突变技术的不足，从而对酶的功能和性质进行改造或构建出新的非天然酶，解决理性设计所不能解决的问题。

（二）定向进化的步骤（Procedures of directed evolution）

定向进化是通过随机诱变和体外重组产生分子多样性，并通过定向筛选得到优化的突变株。简言之，定向进化=随机突变+选择，具体简述如下。

1）通过随机突变和基因体外重组等方法创建基因多样性。

2）把突变导入适当载体后构建突变体文库。

3）通过灵敏快速的筛选方法，选择目标突变株。

4）反复多次随机突变循环，直至得到预期性状的进化酶。

定向进化的流程详见 Figure 8-3。

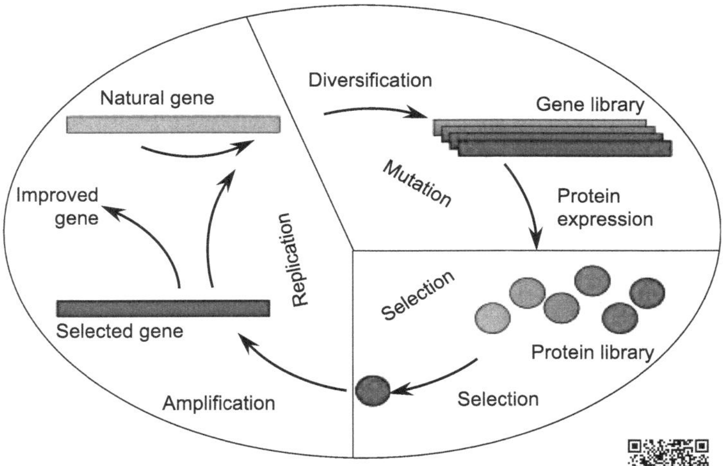

Figure 8-3　Procedure of directed evolution

（三）定向进化的应用（Applifications of directed evolution）

酶分子体外定向进化能够使在自然界需要千百万年的进化过程变为在实验室内几个月或更短时间内完成的过程，并且在其出现的短短几十年内已发展成一门相当成熟的酶分子改造技术，极大地促进了酶工程的发展，现已成功地应用于提高酶分子的催化活力、稳定性、耐有机溶剂等特性，是目前酶分子改造的切实有效的方法。

虽然定点突变的理性设计和定向进化都可以非常有效地对酶分子进行改造，但将两者结合起来使用则代表着未来酶特性改造的发展方向，因为通过定点突变可以向序列中引入关键残基和结构元件，从而在定向进化中增加有益突变重组的频率。另外，定向进化增加了理性设计知识，从而减少了随机突变的序列空间，甚至为理性蛋白质设计提供突变目标。

Box 8-4　Directed evolution

Directed evolution is a method used in protein engineering that mimics the process of natural selection to evolve proteins or nucleic acids toward a user-defined goal. It consists of subjecting a gene to iterative rounds of mutagenesis (creating a library of variants), selection (expressing the variants and isolating members with the desired function), and amplification (generating a template for the next round). It can be performed *in vivo* (in living cells), or *in vitro* (free in solution or microdroplet). Prerequisites for directed evolution are the availability of the gene encoding the enzyme of interest, a suitable (usually microbial) expression system, an effective method to create mutant libraries, and a suitable screening or selection system. Directed evolution is used both for protein engineering as an alternative to rationally designing modified proteins for promoting the catalytic activity, stability, and the tolerance to organic solvent of enzyme, as well as studies of fundamental evolutionary principles in a controlled, laboratory environment.

Summary

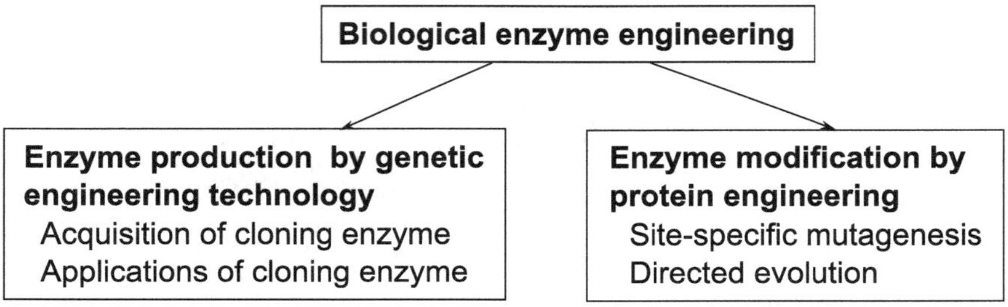

Review Questions

1. Why the development of protein engineering is based on gene engineering? Please describe their relationship briefly.

2. What is rational/irrational design of enzyme? Do you know their differences ?

3. How to acquire cloning enzyme? Please describe the procedures briefly.

下篇　实 验 部 分
Experimental Part

综合性实验

Comprehensive Experiments

综合性实验以本教材内容为设计依据，旨在通过一系列相互关联的实验将酶工程的主要内容有机联系起来，突出理论联系实际的理念，提高学生思考问题、解决问题和归纳问题的能力。

主要内容包括利用各种分离纯化方法从活性干酵母中分离纯化酵母蔗糖酶，利用聚丙烯酰胺凝胶电泳对酵母蔗糖酶进行纯度检验，将纯化的酵母蔗糖酶进行固定化，并对固定化酵母蔗糖酶的性质进行研究，利用制备的固定化酶在酶反应器中以蔗糖为底物制备高果糖浆，最后用化学修饰法研究酵母蔗糖酶活性中心的功能基团。

实验一　酵母蔗糖酶的纯化

Experiment I　Purification of Yeast Sucrase

一、目的（Purpose）

学习并掌握利用若干酶的分离纯化方法从酵母中分离纯化蔗糖酶。

二、原理（Principle）

酵母中含有丰富的蔗糖酶（EC.3.2.1.26），本实验以活性干酵母为原料，通过破碎细胞、选择性变性沉淀、乙醇沉淀、离子交换柱层析分离纯化酵母蔗糖酶，并用尿糖试纸对酵母蔗糖酶活性进行半定量测定。

1. 离子交换层析（Ion-exchange chromatography）

常用的阴离子交换剂有弱碱性的二乙氨基乙基琼脂糖凝胶（DEAE-Sepharose），阳离子交换剂有弱酸性的羧甲基琼脂糖凝胶（CM-Sepharose）。蛋白质的混合物与琼脂糖凝胶离子交换剂的酸性基团或碱性基团结合，结合力的大小取决于彼此之间的静电引力，由于 pH 决定蛋白质的解离程度，因而其大小与溶液的 pH 有关。盐离子能够降低离子交换剂的电荷基团与蛋白质之间的静电引力，通过逐渐增加洗脱液离子强度的梯度洗脱方式，可使结合在层析柱上的蛋白质按照结合力由小到大的顺序依次被洗出层析柱。

2. 尿糖试纸（Urine glucose test strip）

由于蔗糖酶可催化蔗糖生成葡萄糖和果糖，因而可用生成葡萄糖的量表示蔗糖酶活力的大小。将葡萄糖氧化酶和过氧化氢酶及无色化合物固定在纸条上，制成能够半定量测定样品（或尿液）中葡萄糖含量的尿糖试纸。葡萄糖在葡萄糖氧化酶的作用下，生成葡萄糖酸和过氧化氢；过氧化氢在过氧化氢酶的作用下生成水和原子氧；原子氧可将无色化合物氧化成有色化合物。当这种酶试纸与溶液（或尿液）相遇时，很快就会因溶液（或尿液）中葡萄糖含量的由少到多而依次呈现出浅蓝色、浅绿色、棕色或深棕色。尿糖试纸是固定化酶实际应用的范例之一。

三、材料与仪器（Materials and Instruments）

高速离心机，恒温水浴锅，层析柱（1.0cm×10cm），梯度混合器，核酸蛋白检测仪，台式记录仪，恒流泵，活性干酵母，DEAE-Sepharose Fast Flow，95%乙醇，需配试剂如下。

1）1mol/L 乙酸溶液。

2）0.05mol/L Tris-HCl 缓冲液（pH7.3）。

3）考马斯亮蓝 G-250：称取 100mg 考马斯亮蓝 G-250 溶于 50mL 90%乙醇中，加入 85%浓磷酸 100mL，用蒸馏水定容至 1000mL。

4）标准蛋白溶液：准确称取 2.5mg 牛血清白蛋白（Bovine serum albumin，BSA），溶于蒸馏水并定容至 25mL，配成 100μg/mL 标准蛋白溶液。

四、步骤（Procedures)

1. 细胞破碎（Cell disruption）

取 5g 干酵母，加 5g 石英砂，置于预先冷却的研钵中，加 30mL 去离子水，研磨 30min，在冰箱中冰冻约 10min（研磨液面上刚出现结冰为宜），重复 2 次。将研磨液转移至大离心管中，12 000r/min 离心 15min，弃去沉淀。留 0.5mL 上清液用作电泳及蛋白质含量测定的第一组分，其余上清液进行下一步分离纯化。

2. 选择性变性沉淀（Selective denatural precipitation）

将上清液转入三角瓶，用 1mol/L 乙酸溶液逐滴加入，调其 pH 至 5.0，置 50℃的水浴中保温 30min。在温育过程中，注意经常缓慢搅拌液体。之后在冰浴中迅速冷却，以 12 000r/min 的转速离心 20min，弃去沉淀。留 0.5mL 上清液用作电泳及蛋白质含量测定的第二组分，其余上清液进行下一步分离纯化。

3. 乙醇沉淀（Ethanol precipitation）

量出上清液的体积，加入等体积的 95%冷乙醇溶液（预先放在−20℃低温下的时间不少于 30min），于冰浴中温和搅拌 20min。12 000r/min 离心 25min，小心弃去上清液，沉淀沥干。将沉淀溶解在 6mL 0.05mol/L Tris-HCl 缓冲液（pH7.3）中，搅拌（5min 以上）使其完全溶解，12 000r/min 离心 25min，留 0.5mL 上清液作为电泳及蛋白质含量测定的第三组分，其余上清液进行下一步分离纯化。

4. 离子交换层析（Ion exchange chromatography）

装 DEAE-Sepharose Fast Flow 离子交换层析柱，用 0.05mol/L pH7.3 的 Tris-HCl 缓冲液平衡。将乙醇沉淀物上柱，上样后用恒流泵流加相同缓冲液，使没有结合在柱子上的蛋白质穿过层析柱，穿过峰回落走直线后，将梯度混合器的出口连接恒流泵，混合器靠近出口端和远离出口端分别装 30mL pH7.3 的 0.05mol/L Tris-HCl 缓冲液和 30mL 含有 0.5mol/L NaCl 的相同缓冲液（pH7.3）进行 NaCl 梯度洗脱，用恒流泵调至流速为每分钟 5mL，每分钟收集 1 管，洗脱至混合器中液体流完为止，NaCl 浓度以 0～0.5mol/L 线性梯度递增。层析过程中要将分部收集的试管编号与 280nm 下光吸收值在记录仪上出现的峰对应标记好，然后用尿糖试纸半定量测定各管的酶活力。收集酶活力较高的酶液用于酵母蔗糖酶的固定化和化学修饰，留取活力最高 1 管酶液中的 0.5mL 作为电泳第四组分，用于分离纯化后的纯度测定。

5. 蔗糖酶活性的半定量测定（Semi-quantitative assay for sucrase activity）

在白瓷板每孔中分别滴 3 滴待测酶液，再加 3 滴含 5%蔗糖的 pH4.6 的乙酸缓冲液搅匀，37℃恒温培养箱中放置 10min，浸入尿糖试纸，1s 后取出，60s 后与比色卡对照，比较颜色的深浅。

6. 蛋白质含量测定（Determination of protein concentration）

用考马斯亮蓝法测定蛋白质含量。

（1）制作标准蛋白曲线（0～100μg/mL）

以牛血清白蛋白为标准蛋白。取 6 支干燥洁净的试管（以 1 号管为空白对照），按 Table 1 加样并混合均匀，在 595nm 下测定各管吸光度值。以各管蛋白质含量（μg/mL）为横坐标，吸光度值为纵坐标作图。

Table 1　Determination of a standard curve for bovine serum albumin

NO. Reagents	1	2	3	5	6
Standard protein solution/mL	0	0.2	0.4	0.8	1.0
ddH_2O/mL	1.0	0.8	0.6	0.2	0
Coomassie brilliant blue G-250 solution/mL	4.0	4.0	4.0	4.0	4.0
A_{595nm}					

（2）测定蛋白质含量

分别取纯化过程中留取的一组分、二组分、三组分、四组分各 0.4mL，稀释 10 倍。取 5 支干燥洁净的试管（以 1 号管为空白对照），2 号、3 号、4 号、5 号管分别对应上述留取样品的一组分、二组分、三组分、四组分，按 Table 2 加样并充分混合，在 595nm 下比色，记录吸光度值（如吸光度值超出标准曲线的最高值应适当稀释），通过标准曲线得到稀释样品蛋白质含量。

Table 2　Determination of the protein content in four individual samples

NO. Reagents	1	2	3	4	5
Sample solution/mL	0	1.0	1.0	1.0	1.0
ddH_2O/mL	1.0	0	0	0	0
Coomassie brilliant blue G-250 solution /mL	4.0	4.0	4.0	4.0	4.0
A_{595nm}					

（3）计算

$$C=C_s \times n$$

式中，C 为待测样品蛋白质浓度（μg/mL）；C_s 为查标准曲线所得蛋白质样液的浓度（μg/mL）；

n 为稀释倍数。

7. 蔗糖酶活性的定量测定（Quantitative assay for sucrase activity）

DNS 法，见实验三。

五、结果（Results）

1）以梯度洗脱出的管数为横坐标，以吸光度 A_{280}、酶活、NaCl 浓度为纵坐标，绘出层析曲线和酶活曲线图。

2）根据每步纯化样品的体积、蛋白质浓度和酶活力，计算并完成 Table 3 纯化表。根据计算结果判断哪一步纯化效率最高，哪一步纯化效率最低，为什么？

Table 3　Yeast sucrase purification table

steps	Fraction volume /mL	Protein concentration /（mg/mL）	Activity /（U/mL）	Total protein /mg	Total activity/U	Specific activity /（U/mg）	Yield /%	Purification fold
Crude extraction							100	1.00
Heat denaturation								
Ethanol precipitation								
DEAE-Sepharose Fast Flow								

实验二　酵母蔗糖酶的纯度测定

Experiment II　Purity Determination of Yeast Sucrase

一、目的（Purpose）

掌握十二烷基硫酸钠-聚丙烯酰胺凝胶圆盘电泳鉴定蛋白质纯度的方法。

二、原理（Principle）

聚丙烯酰胺凝胶电泳（polyacrylamide gel electrophoresis，PAGE）是以聚丙烯酰胺凝胶作为支持介质的一种电泳方法。

聚丙烯酰胺凝胶是由丙烯酰胺单体（acrylamide，Acr）和交联剂 *N,N'*-甲叉双丙烯酰胺（methylene bisacrylamide，Bis）在催化剂过硫酸铵（ammonium persulfate，AP）和加速剂 *N,N,N',N'*-四甲基乙二胺（tetramethylethylenediamine，TEMED）作用下聚合而成的。化学聚合体系中各组分的作用如下。

1）TEMED 催化 AP 生成硫酸根自由基。

2）硫酸根自由基激活 Acr 单体形成长链。

3）Bis 将单体长链连成网状结构。

聚丙烯酰胺凝胶电泳根据其有无浓缩效应分为连续的和不连续的两种，根据电泳缓冲系统中是否加入变性剂 SDS 等分为非变性的和变性的两种。

十二烷基硫酸钠（sodium dodecyl sulfate，SDS）是一种阴离子表面活性剂，与蛋白质结合后，所带的负电荷大大超过了蛋白质原有的电荷量，消除了不同分子间的电荷差异，并使蛋白质的形状变成长椭圆形，短轴长度相同，长轴长度与蛋白质分子质量成正比，因而蛋白质-SDS 复合物在凝胶电泳中的迁移率不再受蛋白质原有电荷及分子形状的影响，只取决于蛋白质的相对分子质量，所以通常用 SDS-PAGE 测定蛋白质的纯度。

三、仪器与试剂（Instruments and Agents）

稳流稳压电泳仪，垂直式圆盘电泳槽，微量进样器，长针头注射器。试剂如下。

1）凝胶储存液（A 液）：丙烯酰胺 32g、甲叉双丙烯酰胺 1.0g，加水使其溶解后定容至 100mL，过滤除去不溶物，置棕色瓶中，于 4℃下储存。

2）凝胶缓冲液（pH8.9）（B 液）：取 24mL 1mol/L HCl 溶液、18.15g Tris、0.25mL TEMED、4mL 10% SDS，加水定容至 100mL。

3）0.2%过硫酸铵溶液（C 液）：取 0.2g 过硫酸铵加水溶解，定容至 100mL。现用现配。

4）上极电极缓冲液：取 6.32g Tris、3.94g Gly、0.1g SDS，加水溶解，定容至 100mL，使用时稀释 10 倍。

5）下极电极缓冲液：取 12.1g Tris、50mL 1mol/L HCl 溶液、0.1g SDS，加水溶解，定容至 100mL，使用时稀释 10 倍。

6）样品缓冲液（溴酚蓝-甘油溶液）：取 5mL 50%甘油溶液、5mL 上极电极缓冲液、1mL 1%溴酚蓝溶液、4mL 10% SDS 混匀。

7）固定液：12.5%三氯乙酸溶液。

8）染色液：取 0.25g 考马斯亮蓝 R250、90.8mL 50%甲醇溶液、9.2mL 冰醋酸混匀。

9）脱色液：取 7.5mL 冰醋酸、5mL 甲醇，加水 87.5mL 混匀。

四、步骤（Procedures）

1. 凝胶的制备（Gel preparation）

电泳管烘干后，用封口膜封底，每组 4 支电泳管，取 A 液 3mL、B 液 3mL、C 液 6mL 置于烧杯中，轻轻混匀，用移液管沿管壁小心向每支电泳管中加 2.5mL 混合液，用手指轻弹管壁，以赶出管中胶液中可能含有的气泡。然后用滴管在胶液面上小心注入蒸馏水至管顶，以防胶液凝结时表面形成弯月面并隔绝空气。当水层与胶液交界处出现一清晰界面时，表明胶已聚合。

2. 样品的制备（Sample preparation）

将样品缓冲液与大约 5 倍的样品混合，即

1）取第一组分 50μL，加 10μL 样品缓冲液；

2）取第二组分 50μL，加 10μL 样品缓冲液；

3）取第三组分 100μL，加 20μL 样品缓冲液；

4）取第四组分 250μL，加 50μL 样品缓冲液；

分别混匀后供电泳分析用。

3. 加样和电泳（Adding samples and electrophoresis）

聚合后，从电泳管上小心去掉封口膜，用滤纸吸干凝胶上层的水，将其插入圆盘电泳槽的槽洞中。上槽、下槽分别加入约 600mL 的上极、下极电极缓冲液，使电泳管上端、下端及上电极、下电极均浸没在缓冲液中，并使两端管口均不存在气泡。用微量进样器分别向电泳管中加入第一、第二、第三、第四组分样品液。上槽接负极，下槽接正极，以 4mA/管的电流强度电泳，当指示剂溴酚蓝带移至凝胶柱下端约 1cm 处时，停止电泳。

4. 染色与脱色（Colouration and discoloration）

从电泳槽中取出电泳管，将吸满水的长针头注射器针头沿管壁插入到玻璃管壁与凝胶之间进行脱胶，边注水边推进针头，并缓慢放置玻璃管，使凝胶与管壁分离，则胶柱自然滑出，若不能滑出可用洗耳球吹出。将滑出的凝胶放在盛有固定液的试管中固定 30min，再转入染色液中染色 30min，然后用脱色液浸泡至蛋白质区带清晰为止。

五、结果（Results）

观察并记录实验结果，判断酶的纯度，画出圆盘电泳测定各分离组分的条带及酶纯度的结果。

实验三 酵母蔗糖酶的固定化

Experiment III Immobilization of Yeast Sucrase

一、目的（Purpose）

掌握用共价偶联法对酵母蔗糖酶进行固定化的方法，通过测定并计算固定化酶的活力回收和相对活力，对共价偶联法进行评价。

二、原理（Principle）

1. 固定化酶（Immobilized enzyme）

通过物理或化学的方法，将水溶性的酶与水不溶性载体结合，使酶固定在载体上，并在一定的空间范围内进行催化反应的酶称为固定化酶。与游离酶相比，固定化酶有以下优点：①提高酶的稳定性；②易与产物分离；③可反复利用。酶的固定化方法有：吸附法、共价偶联法、交联法、包埋法。本实验用壳聚糖固定化酵母蔗糖酶属于共价偶联法，实验五利用树脂进行固定化则属于吸附法。

2. 蔗糖酶活力测定（Sucrase activity assay）

蔗糖酶催化非还原糖中的α-呋喃果糖苷键水解，具有相对专一性，能催化蔗糖水解生成葡萄糖和果糖。本实验用测定生成还原糖（葡萄糖和果糖）的量来测定蔗糖水解的速度，在碱性条件下，还原糖与3,5-二硝基水杨酸（3,5-dinitrosalicylic acid，DNS）共热，DNS被还原为3-氨基-5-硝基水杨酸（棕红色物质），还原糖则被氧化成糖醛酸及其他产物。在一定范围内，还原糖的量与棕红色物质深浅成比例关系。酶活定义：在540nm光吸收处，光密度每增加0.001个光吸收值定义为1个酶活力单位。

三、材料与仪器（Materials and Instruments）

实验一纯化得到的酵母蔗糖酶酶液，壳聚糖，强碱性苯乙烯系阴离子交换树脂。移液枪，注射器，分光光度计，水浴锅等。试剂如下。

1）1% 3,5-二硝基水杨酸（DNS）试剂：酒石酸钾钠100g溶于400mL蒸馏水，加热中依次加入NaOH 5g，3,5-二硝基水杨酸5g，苯酚1g，亚硫酸钠0.25g，搅拌至溶解。冷却后定容至500mL，储于棕色瓶室温保存。

2）1mol/L NaOH。

3）10%蔗糖溶液（现用现配，以防变质）。

4）0.1mol/L pH7.8 Tris-HCl缓冲液。

5）1%戊二醛溶液：将4mL 25%戊二醛溶液用上述Tris-HCl缓冲液稀释至100mL。

6）0.2mol/L pH4.5乙酸缓冲液。

四、步骤（Procedures）

1. 载体的制备（Preparation of matrix）

1）称取3g壳聚糖溶于98mL蒸馏水中，搅拌均匀，再滴加2mL冰乙酸，搅拌至均匀的黏稠状。

2）称取8g NaOH置于大烧杯中，加入180mL蒸馏水及20mL甲醇。

3）将拔出推塞的注射器架在铁架台上，倒入黏稠状的壳聚糖溶液，使壳聚糖溶液从20cm高的注射器出口滴入大烧杯中，以制备壳聚糖微球载体。

注意：为保证适宜的流速，注射器中的壳聚糖溶液不宜超过10mL，随着壳聚糖溶液逐滴滴入大烧杯，应随时补充壳聚糖溶液至刻度，并不断轻轻晃动大烧杯。若液体表面壳聚糖微球过于密集，应静置片刻，待微球沉入烧杯底部后继续滴加。

2. 偶联戊二醛（Coupling to glutaraldehyde）

壳聚糖溶液滴加完毕后，静置片刻，待微球完全沉入烧杯底部时，反复水洗多次至pH中性，沥干水分。加入1%戊二醛溶液100mL，静置2h，使戊二醛偶联于壳聚糖载体上。

3. 固定化酶的制备（Preparation of immobilized enzyme）

将静置2h后的壳聚糖微球载体中的戊二醛溶液倒掉，再用蒸馏水洗涤5次，以除去多余的戊二醛。然后将实验一纯化得到的酵母蔗糖酶酶液1mL用缓冲液稀释至100mL，与偶联戊二醛的壳聚糖载体混合，静置偶联过夜。

4. 蔗糖酶活力测定（Sucrase activity assay）

分别测游离酶（稀释100倍）、固定化酶（20粒壳聚糖微球重约1g）以及残留酶液的酶活力。具体见 Table 4。

Table 4 Sucrase activity assay with DNS method

No.	1	2	3	4
Sucrose solution/mL	1	1	1	1
Acetic acid buffer/mL	1	1	1	1
Free enzyme / Immobilized enzyme/Residual enzyme	0	1mL (free enzyme)	1g (immobilized enzyme)	1mL (residual enzyme)
After reaction at 37℃ for 10min, 1mL 1mol/L NaOH is added to individual tubes to stop the reaction				
Salicylic acid reagent/mL	1	1	1	1
Incubated in boiling water for exactly 5min , then cooled and diluted to 25mL				
A_{540nm}				

五、结果（Results）

通过计算活力回收和相对活力分析共价偶联法对酶活力的影响，从而对固定化方法进行评价。

$$活力回收=\frac{固定化酶总活力数}{溶液酶总活力数}\times 100\%$$

$$相对活力=\frac{固定化酶总活力数}{溶液酶总活力数-残留酶活力数}\times 100\%$$

实验四 固定化酵母蔗糖酶性质的研究

Experiment IV Properties of Immobilized Yeast Sucrase

一、目的（Purpose）

掌握米氏常数（K_m）的测定方法以及固定化对酶稳定性的影响。

二、原理（Principle）

酶固定化后，由于载体带电性质的不同，会引起酶与底物亲和力的变化，从而引起米氏常数（K_m）值的改变。通过测定变性剂乙醇对固定化酶与游离酶活力的影响，研究固定化酶稳定性的变化。

三、材料与仪器（Materials and Instruments）

实验一纯化得到的酵母蔗糖酶酶液（稀释 100 倍使用）以及实验三得到的固定化酶。仪器、试剂同实验三。

四、步骤（Procedures）

1. 制作葡萄糖标准曲线（Drawing glucose standard curve）

准确称取干燥恒重的葡萄糖 1g，加少量水溶解，再加入 8mL 12mol/L 浓盐酸，以蒸馏水定容至 1000mL，为 1mg/mL 葡萄糖标准溶液。

（1）葡萄糖梯度溶液的制备

取 6 支试管，分别按 Table 5 操作。

Table 5 Preparation of glucose gradient standard solution

No.	1	2	3	4	5	6
Glucose standard solution/mL	1	2	4	6	8	10
ddH_2O/mL	9	8	6	4	2	0
Final concentration of glucose solution /（mg/mL）	0.1	0.2	0.4	0.6	0.8	1

（2）OD 值的测定

另取 7 支试管，分别按 Table 6 操作。

Table 6 Determination of OD value of standard glucose gradient solution

No.	1	2	3	4	5	6	7
Glucose gradient solution /mL	1	1	1	1	1	1	1 (ddH_2O)
Salicylic acid reagent/mL	1	1	1	1	1	1	1
Incubated in boiling water for exactly 5min, and then cooled down							
ddH_2O/mL	8	8	8	8	8	8	8
A_{540nm}							

以测定的吸光度为纵坐标，葡萄糖含量为横坐标，绘制葡萄糖标准曲线。

2. 米氏常数（K_m）的测定（Determination of Michaelis constant）

米氏方程：$v=V_{max}[S]/（K_m+[S]）$，表示酶促反应的起始速度（v）与底物浓度（[S]）之间的关系。

利用双倒数作图法，以 1/[S]为横坐标，$1/v$ 为纵坐标，根据 $1/v=(K_m/V_{max})\times(1/[S])+1/V_{max}$ 作出一条直线，$1/V_{max}$ 为直线与纵坐标的交点，$1/K_m$ 为直线与横坐标的交点，由此得出 K_m 值。

首先制作葡萄糖标准曲线，然后分别按 Table 7、Table 8 的操作步骤测定固定化酶和游离酶的底物浓度与光吸收值的关系（注：20 粒壳聚糖微球重约 1g），按下式计算酶促反应速度 v：

$$酶促反应速度\ v\ (mg/min) = C\times V/t$$

式中，C 为根据吸光值查标准曲线得到的葡萄糖浓度（mg/mL）；V 为显色反应后定容体积

（mL）；t 为酶促反应时间（min）。

（1）固定化酶的酶促反应

按照 Table 7 操作进行。

Table 7　Reaction procedure of the immobilized sucrase

No.	1	2	3	4	5	6	7
Sucrose solution/mL	0	0.1	0.2	0.4	0.8	1.6	2
ddH_2O/mL	2	1.9	1.8	1.6	1.2	0.4	0
Acetic acid buffer/mL	1	1	1	1	1	1	1
IE/g	1	1	1	1	1	1	1
After reaction at 37℃ for 10min, 1mL 1mol/L NaOH is added to individual tubes to stop the reaction							
Salicylic acid reagent/mL	1	1	1	1	1	1	1
Incubated in boiling water for exactly 5 min , then cooled and diluted to 25mL							
A_{540nm}							

（2）游离酶的酶促反应

按照 Table 8 操作进行。

Table 8　Reaction procedure of the free sucrase

No.	1	2	3	4	5	6	7
Sucrose solution/mL	0	0.1	0.2	0.4	0.8	1.6	2
ddH_2O/mL	2	1.9	1.8	1.6	1.2	0.4	0
Acetic acid buffer/mL	1	1	1	1	1	1	1
Free enzyme/mL	1	1	1	1	1	1	1
After reaction at 37℃ for exactly 10min, 1mL 1mol/L NaOH is added to individual tubes to stop the reaction							
Salicylic acid reagent/mL	1	1	1	1	1	1	1
Incubated in boiling water for exactly 5min , then cooled and diluted to 25mL							
A_{540nm}							

3. 固定化酶的稳定性（Stability of immobilized enzyme）

通过用变性剂乙醇分别作用于固定化酶和游离酶，然后测定固定化酶和游离酶的残余酶活力，比较固定化酶和游离酶对变性剂乙醇抵抗力的不同，即稳定性的差异。

（1）乙醇对固定化酶活力的影响

按照 Table 9 操作进行。

Table 9 Effect of ethanol treatment on immobilized enzyme activity

No.	1	2	3	4	5	6	7
Sucrose solution/mL	1	1	1	1	1	1	1
Acetic acid buffer/mL	1	1	1	1	1	1	1
Anhydrous ethanol/mL	0	0.1	0.2	0.4	0.8	1.6	2
ddH_2O/mL	2	1.9	1.8	1.6	1.2	0.4	0
Concentration of ethanol/%	0	2.5	5	10	20	40	50
IE/g	0	1	1	1	1	1	1
After reaction at 37℃ for 10min, 1mL 1mol/L NaOH is added to individual tubes to stop the reaction							
Salicylic acid reagent/mL	1	1	1	1	1	1	1
Incubated in boiling water for exactly 5min , then cooled and diluted to 25mL							
A_{540nm}							

（2）乙醇对游离酶活力的影响

按照 Table 10 操作进行。

Table 10 Effect of ethanol treatment on free enzyme activity

No.	1	2	3	4	5	6	7
Sucrose solution/mL	1	1	1	1	1	1	1
Acetic acid buffer/mL	1	1	1	1	1	1	1
Anhydrous ethanol/mL	0	0.1	0.2	0.4	0.8	1.6	2
ddH_2O/mL	2	1.9	1.8	1.6	1.2	0.4	0
Concentration of ethanol/%	0	2.5	5	10	20	40	50
Free enzyme/mL	0	1	1	1	1	1	1
After reaction at 37℃ for 10min, 1mL 1mol/L NaOH is added to individual tubes to stop the reaction							
Salicylic acid reagent/mL	1	1	1	1	1	1	1
Incubated in boiling water for exactly 5min , then cooled and diluted to 25mL							
A_{540nm}							

五、结果（Results）

1. 米氏常数（K_m）的测定（Determination of Michaelis constant）

采用双倒数作图法分别得出固定化酶与游离酶的 K_m 值，分析固定化酶 K_m 发生变化的原因。

2. 固定化酶的稳定性（Stability of immobilized enzyme）

根据实验结果分析，与游离酶相比，固定化酶的稳定性发生了什么变化。

实验五 利用固定化酵母蔗糖酶制备果葡糖浆

Experiment V Preparation of High Fructose Corn Syrup by Immobilized Yeast Sucrase

一、目的（Purpose）

掌握固定化酶在酶反应器中催化蔗糖生成高果糖浆的原理与方法。

二、原理（Principle）

酶经过工业化生产、纯化及固定化等过程后，便可按照人们的意愿应用于催化特定的生物化学反应。无论是游离酶还是固定化酶，所催化的化学反应均需要在酶反应器中完成。

蔗糖是由葡萄糖和果糖以糖苷键连接的双糖。在蔗糖酶的作用下，可获得葡萄糖和果糖的混合物，即为果葡糖浆。本实验采用吸附法固定化酵母蔗糖酶，利用摇床模拟分批搅拌罐式反应器进行固定化酶催化底物蔗糖生成葡萄糖和果糖，完成在实验室条件下从酶的纯化到固定化，再利用固定化酶完成催化反应的一系列过程。

三、材料与仪器（Materials and Instruments）

阿贝折射仪、圆盘旋光仪、层析柱、移液枪、水浴摇床。实验一得到的酶液。0.5mol/L NaOH溶液；0.5mol/L HCl 溶液；0.05mol/L Tris-HCl 溶液（pH7.3）；20%蔗糖溶液；0.2mol/L 乙酸缓冲液（pH 4.5）。

四、步骤（Procedures）

1. 树脂预处理（Resin pretreatment）

将凝胶树脂放入盛有去离子水的大烧杯中浸泡约 1h。将上清液倒出后，加入 0.5mol/L NaOH 浸泡 0.5h，倒出上清液，加入去离子水冲洗多遍直至中性，然后加入 0.5mol/L HCl 浸泡 0.5h，之后用去离子水洗涤至少 5 次。

2. 吸附（Adsorption）

称取 20g 湿树脂，装入干净的试管中，用 0.05mol/L pH7.3 的 Tris-HCl 缓冲液配制体积比为 20%的酵母蔗糖酶液，再以体积质量比为 1∶1 的比例与树脂混合，静置吸附 10h 左右。

3. 酶促反应（Enzymatic reaction）

将固定化酶装入三角瓶，加入 20mL 蔗糖溶液和 20mL 乙酸缓冲液，将三角瓶置于 50℃水浴摇床中，振荡反应 48h 左右，收集反应液。

4. 测定（Assay）

用阿贝折射仪测定反应液在 20℃时的固形物含量（Brix），用圆盘旋光仪测定反应液的

旋光度 α。

五、结果（Results）

根据下式计算糖液中的果糖含量（%）：

$$果糖含量=\frac{52.5^{\circ}-\dfrac{100\times\alpha}{L\times G}}{145-0.346(T-20)}\times 100\%$$

式中，52.5°为 20℃时葡萄糖的比旋光度；α 为果葡糖浆的旋光度；L 为旋光管的长度（dm）；G 为果葡糖浆的固形物含量（Brix）；145 为 20℃时葡萄糖的比旋光度–20℃时果糖的比旋光度；T 为果葡糖浆的温度。

附：Brix(%)值与折射率（nD）换算表

%	nD	%	nD	%	nD
0	1.3330	29	1.3794	58	1.4374
1	1.3344	30	1.3812	59	1.4397
2	1.3359	31	1.3830	60	1.4419
3	1.3373	32	1.3848	61	1.4442
4	1.3388	33	1.3866	62	1.4465
5	1.3303	34	1.3884	63	1.4488
6	1.3418	35	1.3903	64	1.4511
7	1.3433	36	1.3922	65	1.4535
8	1.3448	37	1.3940	66	1.4558
9	1.3463	38	1.3960	67	1.4582
10	1.3478	39	1.3979	68	1.4606
11	1.3494	40	1.3998	69	1.4630
12	1.3509	41	1.4018	70	1.4655
13	1.3525	42	1.4037	71	1.4679
14	1.3541	43	1.4057	72	1.4704
15	1.3557	44	1.4079	73	1.4729
16	1.3573	45	1.4097	74	1.4754
17	1.3589	46	1.4118	75	1.4779
18	1.3605	47	1.4138	76	1.4804
19	1.3622	48	1.4159	77	1.4830
20	1.3638	49	1.4179	78	1.4855
21	1.3655	50	1.4200	79	1.4881
22	1.3672	51	1.4222	80	1.4907
23	1.3689	52	1.4243	81	1.4933
24	1.3706	53	1.4265	82	1.4960
25	1.3723	54	1.4286	83	1.4986
26	1.3741	55	1.4243	84	1.5013
27	1.3758	56	1.4330	85	1.5040
28	1.3776	57	1.4352	86	1.5067

续表

%	nD	%	nD	%	nD
87	1.5094	91	1.5205	95	1.5320
88	1.5122	92	1.5234		
89	1.5149	93	1.5262		
90	1.5177	94	1.5291		

实验六 酵母蔗糖酶活性功能基团的化学修饰

Experiment VI Chemical Modification of Functional Groups in Yeast Sucrase

一、目的（Purpose）

掌握用化学修饰法确定酶活性中心必需基团的方法。

二、原理（Principle）

N-溴代琥珀酰亚胺（NBS）能特异地修饰蛋白质分子中色氨酸残基的吲哚基团，使吲哚基氧化成羟吲哚衍生物，从而改变吲哚基的化学性质。若色氨酸残基是酶活性中心的必需基团，那么经 NBS 修饰后，酶活性丧失的程度与修饰剂的浓度有化学计量关系，且在底物存在的情况下，修饰剂 NBS 不影响酶的活力。

三、材料与仪器（Materials and Instruments）

恒温水浴锅、分光光度计、移液枪。实验一纯化得到的酵母蔗糖酶酶液（稀释 100 倍使用），1mmol/L 的 *N*-溴代琥珀酰亚胺（NBS）溶液，1% 3,5-二硝基水杨酸（DNS）试剂，10%蔗糖溶液，1mol/L NaOH，0.2mol/L pH4.5 乙酸缓冲液。

四、步骤（Procedures）

N-溴代琥珀酰亚胺（NBS）对蔗糖酶的修饰与酶活测定，酶活测定方法同实验四。

取 8 只试管，编号，按 Table 11 操作。

Table 11 Effect of NBS on yeast sucrase activity

No.	1	2	3	4	5	6	7	8
Sucrase solution/μL	0	100	100	100	100	100	100	100
Acetic acid buffer/μL	100	100	100	100	100	100	100	100
1mmol/L NBS/μL	0	100	80	60	40	20	0	100（Adding later）
ddH_2O/μL	200	0	20	40	60	80	100	0

续表

No.	1	2	3	4	5	6	7	8
Con. of NBS/(mmol/L)	0	1	0.8	0.6	0.4	0.2	0	1
Modified at 37℃ in water bath for 20min								Well shaking at room temperature
Sucrose solution/μL	100	100	100	100	100	100	100	100（Adding first）
After reaction at 37℃ for 10min, 1mL 1mol/L NaOH is added to individual tubes to stop the reaction								
Salicylic acid reagent/μL	100	100	100	100	100	100	100	100
Incubated in boiling water for exactly 5min , then cooled, following by addition of 4.5mL ddH₂O								
A_{540nm}								
Relative enzyme activity (The enzyme activity of No.7 is 100%) /%								
(Comparing with the enzyme activity in No.7)								

五、结果（Results）

以 NBS 浓度为横坐标，相对活力为纵坐标绘制折线图，分析不同浓度的 NBS 对酵母蔗糖酶活力的影响，得出结论。

Essentials of Comprehensive Experiments

The comprehensive experiments include four main parts: purification and purity determination of yeast sucrase, immobilization of yeast sucrase and its properties, production of high fructose corn syrup from sucrose using immobilized sucrase, and chemical modification of functional groups of yeast sucrose.

1. Purification and purity determination of yeast sucrase

As there is abundant sucrase in yeast, in this experiment, the active dry yeast was used as the raw material for preparation of sucrose. Cell disruption was achieved by a grinding and freeze-thaw method. The supernatant from centrifugation was heated to remove impurity proteins, since sucrase is temperature insensitive and would not co-precipitate with other proteins. After centrifugation, cold ethanol was added to the supernatant to precipitate some proteins. The precipitant was collected by centrifugation and then dissolved and subjected to DEAE-Sepharose fast flow ion exchange chromatography. After gradient elution, the fractions were collected and the sucrase activities were semi-quantitatively determined by urine glucose test strip. The fractions with sucrase activities were collected for further use.

The purity of the yeast sucrase was then determined by SDSPAGE. These samples from each step of the above purification process were mixed with the loading buffer and added into loading holes, respectively, for electrophoresis. After dyeing and decolorization, the purity of the final sample can be exhibited and less bands are observed with the purification progress.

2. Immobilization of yeast sucrase and its property study

Immobilization is an imperative step in industrial processing of enzyme, because immobilized enzyme has many advantages over free enzyme. Once the enzyme is immobilized, it can be reused and the product is enzyme-free. Immobilization can improve the stability of enzyme, so it's quite ideal for continuous operation. In the experiment, two distinct methods, adsorption and covalent coupling, are employed to immobilize the yeast sucrose obtained above. Yeast sucrase was immobilized onto resin by reversible physical adsorption or the covalent coupling using chitosan-coupled glutaraldehyde. The 3, 5-dinitrosalicylic acid method was used to determine the sucrase activity. Activity recovery and relative activity of the immobilized enzyme were calculated by the formula.

Because of different charges of the immobilized support, the affinity between enzyme and its substrate can change, resulting in changes in the K_m value. In this experiment, the K_m values of the free and immobilized enzymes were determined by double reciprocal plots, respectively, and the reasons for two different K_m values need to be analyzed. The stability of both immobilized sucrase and free sucrase was compared by determination of their residual enzyme activities after treated with denaturant ethanol. The different ethanol resistance of immobilized enzyme and free enzyme indicated differences in stability.

3. Production of high fructose corn syrup from sucrose using immobilized sucrase

After these processes of preparation, purification and immobilization, the refined enzyme may be applied to catalyze specific biochemical reactions and produce specific products as needed. For a free enzyme or an immobilized enzyme, the catalytic reaction needs to be completed in an enzyme reactor. Different kinds of enzyme reactors have been used in the lab and in the industry. In this experiment, a packed-bed reactor was used for immobilized sucrase to convert sucrose into glucose and fructose. Fructose has a high sweetness and is one of the safest and the healthiest sugar due to its advantages over sucrose, which does not cause obesity and dental caries. The fructose content was calculated according to the formula by determination of solid content using Abbe refractometer and measurement of the optical rotation value by disk polarimeter.

4. Chemical modification of functional groups in yeast sucrose

The functional groups at yeast sucrase activity center can be identified by specific chemical modifiers. *N*-bromosuccinimide (NBS) can specifically modify the indole groups of tryptophan residues in protein molecules. In this experiment, the tryptophan residues located at the activity center of sucrase were determined based on the following two guidelines. First, the degree of activity loss is proportional to the concentration of the modifier. Second, addition of substrate before chemical modifier must reduce the inactivation effect caused by the modifier.

Flow Chart of the Comprehensive Experiments

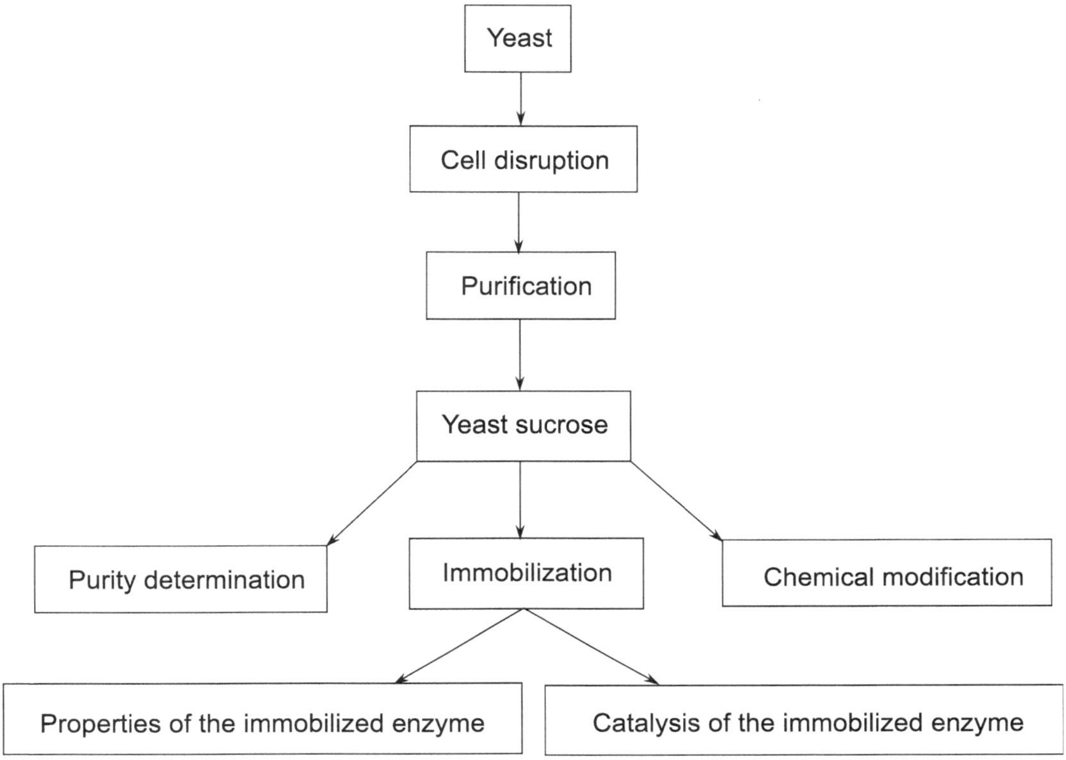

主要参考文献

References

陈守文. 2008. 酶工程. 北京: 科学出版社.

郭勇. 2016. 酶工程. 4 版. 北京: 科学出版社.

聂国兴. 2013. 酶工程. 北京: 科学出版社.

Aehle W. 2007. Enzymes in industry: Production and applications. 3rd ed. Weinheim: Wiley-VCH.

Buchholz K, Kasche V, Bornscheuer U T. 2012. Biocatalysts and enzyme technology. 2nd ed. Hoboken: Wiley-Blackwell.

Ghosh R. 2006. Principles of bioseparations engineering. Singapore: World Scientific Publishing Co. Pte. Ltd.

Guo Y. 2012. Enzyme engineering. 3rd ed. Beijing: Science Press.

Janson J C. 2012. Protein purification: Principles, high resolution methods, and applications. 3rd ed. New Jersey: John Wiley & Sons.

Stanbury P F, Whitaker A, Hall S J. 1999. Principles of fermentation technology. 2nd ed. Oxford: Butterworth-Heinemann.

Todaro C M, Vogel H C. 2014. Fermentation and biochemical engineering handbook. 3rd ed. Norwich: William Andrew.

英汉名词对照表

Terms in English and Chinese

A

absorption	吸收
abzyme	抗体酶
acetic acid	乙酸
acetone	丙酮
acetonitrile	乙腈
acquired immunodeficiency syndrome，AIDS	获得性免疫缺陷综合征
acrylamide, Acr	丙烯酰胺
actinomycetes	放线菌
activation energy	活化能
active center	活性中心
active site	活性部位
activity recovery	活力回收
acyl amino acid	乙酰氨基酸
acylase	酰基转移酶
adherent culture	贴壁培养
adsorbent	吸附剂
adsorption	吸附
adsorption chromatography	吸附层析
adsorption drying	吸附干燥
affinity chromatography	亲和层析
affinity partitioning	亲和分配
agarose	琼脂糖
agarose gel	琼脂糖凝胶
air-flow drying	气流干燥
alcohol	酒精
alkylation	烷基化
allolactose	别乳糖
alumina	氧化铝
amino acid	氨基酸
amino group	氨基
amino-acylase	氨基酰化酶
ammonia	氨水
ammonium sulfate	硫酸铵
ammonium persulfate, APS	过硫酸铵
amylase	淀粉酶
angular acceleration	角加速度
anhydrous ethanol	无水乙醇
anion	阴离子
anode	阳极
antibacterial circle	抑菌圈
antibiotic	抗生素
antibody	抗体
antigen	抗原
antigenicity	抗原性
anti-tumour	抗肿瘤
aqueous phase	水相
aqueous two-phase extraction, ATPE	双水相萃取
Arthrobacter	节杆菌属
artificial organ	人工脏器
artificial seed	人工种子
Asparaginase	天冬酰胺酶
Aspergillus	曲霉属
Aspergillus niger	黑曲霉
Aspergillus oryzae	米曲霉
atmospheric pressure filtration	常压过滤
attachment culture	贴壁培养

autolysis 自溶作用
auxotrophic mutant 营养缺陷型突变株
azide method 叠氮法

B

Bacillus 芽孢杆菌属
Bacillus subtilis 枯草芽孢杆菌
back extraction 反萃取
bacteriophage 噬菌体
bacteriostatics 抑菌物
bacterium, bacteria (复) 细菌
ball mill 球磨机
barley 大麦
batch stirred tank reactor, BSTR 分批搅拌罐式反应器
bating agent 软化剂
bead mill 珠磨机
bifunctional reagent 双功能试剂
binding site 结合部位
binodal curve 双节点曲线
biocatalyst 生物催化剂
biochemical oxygen demand, BOD 生化需氧量
bioreactor 生物反应器
biosensor 生物传感器
biospecific adsorption 生物专一性吸附
biosynthesis 生物合成
biotechnology 生物技术
biuret test 双缩脲法
bovine serum albumin, BSA 牛血清蛋白
Brevibacterium flavum 黄色短杆菌
bubble column reactor, BCR 鼓泡塔式反应器
buffer 缓冲剂

C

cake layer 沉积层
calcium alginate 海藻酸钙
calcium carbonate 碳酸钙
calcium chloride 氯化钙
calcium phosphate 磷酸钙
callus 愈伤组织
calorific value 热值，卡值
cAMP acceptor protein, CAP 环腺苷酸受体蛋白
Candida 假丝酵母属
Candida utilis 产朊假丝酵母
carbohydrate 碳水化合物
carbon dioxide 二氧化碳
carbon source 碳源
carboxyl group 羧基
carotene 胡萝卜素
carrier ampholyte 载体两性电解质
casein 酪蛋白
cassette mutagenesis 盒式突变
catabolite activator protein, CAP 分解代谢物活化蛋白
catabolite repression 分解代谢物阻遏
catalysis 催化作用
catalyst 催化剂
catalytic efficiency 催化效率
catalytic site 催化部位
cathode 阴极
cation 阳离子
cavitation 空穴作用
cell disruption 细胞破碎
cell suspension 细胞悬液
cellulose 纤维素
central dogma 中心法则
centrifugal force 离心力
centrifugal radius 离心半径
centrifugation 离心
centrifuge 离心机
centrifuge tube 离心管
ceramic 陶瓷
cesium chloride, CsCl 氯化铯
charge 电荷
charcoal 活性炭
cheese whey 干酪乳清

chelator	螯合剂
chlorophyll	叶绿素
chloroplast	叶绿体
chromatography	层析
chromosome	染色体
chymosin	凝乳酶
chymotrypsin	胰凝乳蛋白酶
clay	黏土
cleavage ribozyme	剪切型核酶
cloning enzyme	克隆酶
CM-Sepharose	羧甲基琼脂糖凝胶
coccus	球菌
code	编码
cofactor	辅因子
colony	菌落
color circle	呈色圈
complex precipitation	复合沉淀
concanavalin A, Con A	伴刀豆凝集素 A
concentration	浓缩，浓度
concentration gradient	浓度梯度
conformational change	构象变化
conjugant	接合子
conjugation	接合
constitutive enzyme	组成酶
continue synthesis	延续合成型
continuous stirred tank reactor, CSTR	连续搅拌罐式反应器
coomassie brilliant blue	考马斯亮蓝
copy	拷贝
co-repressor	辅阻遏物
cosmid	拷斯质粒
coupling reagent	偶联剂
covalent bonding	共价结合
critical point	临界点
cross flow filtration	错流过滤
crosslinked enzyme crystal, CLEC	交联酶晶体
cross-linking	交联
crystal	晶体
crystallization	结晶
culture	培养
curd	凝乳
cyanogen bromide, CNBr	溴化氰
cyclic AMP, cAMP	环腺苷酸
cytosol	细胞溶质，胞液

D

dairy	乳制品
dansyl chloride, DNS-Cl	丹磺酰氯
dead-end flow filtration	死端过滤
DEAE-Sephadex	二乙氨基乙基葡聚糖凝胶
DEAE-Sepharose	二乙氨基乙基琼脂糖凝胶
decline phase	衰退期
decolorization	脱色
degradation	降解
dehydration	脱水
delayed synthesis	滞后合成型
denaturant	变性剂
denaturation	变性
density	密度
density-gradient centrifugation	密度梯度离心
deoxyribozyme	脱氧核酶
desalination	脱盐
desiccation	干燥
desolvation	去溶剂化
detector	检测仪
detergent	去污剂
dextran	葡聚糖，右旋糖酐
diabetes	糖尿病
dialysis	透析
diastase	淀粉酶
diauxic growth	二次生长
diazo method	重氮法
dicarbonyl compound	二羰基化合物
dielectric constant	介电常数
diethyl pyrocarbonate, DPC	焦碳酸二乙酯

differential centrifugation	差速离心
diffusion limitation	扩散限制
diffusion membrane separation	扩散膜分离
digestion	分解
dilution rate	稀释率
dilution spread method	稀释涂布法
directed evolution	定向进化
disk polarimeter	圆盘旋光仪
disk-bowl centrifuge	碟片式离心机
disruption	破碎
dissolved oxygen, DO	溶氧
distribution coefficient, Kd	分配系数
disulfide bond	二硫键
dithiothreitol, DTT	二硫苏糖醇
divalent ion	二价离子
donor	供体
double reciprocal plot	双倒数作图
dough	生面团
downstream processing	下游加工过程
dry sterilization	干热灭菌
dye-binding assay	染料结合法
dyeing	染色
dynamic property	动力学特性

E

EDTA	乙二胺四乙酸
electro dialysis	电渗析
electrode	电极
electro-membrane separation	电场膜分离
electrophoresis apparatus	电泳仪
electrophoresis cell	电泳槽
electrophoresis, EP	电泳
electrostatic force	静电引力
elicitor	刺激剂
eluent	洗脱剂
elution	洗脱
embedding method	包埋法
enrichment	富集培养
entrapment	截留，包埋
enzymatic hydrolysis	酶解
enzyme	酶
enzyme activity	酶活力
enzyme reactor	酶反应器
enzyme-linked immunoassay	酶联免疫测定
Escherichia coli	大肠杆菌
essential group	必需基团
ethanol	乙醇
equilibrium	平衡
eukaryote	真核生物
evaporation	蒸发
exchanger	交换剂
extracellular enzyme	胞外酶
extraction	提取，萃取

F

fed batch culture	补料分批培养
feedback inhibition	反馈抑制
feedback repression	反馈阻遏
fermentation	发酵
fiber	纤维
filter paper	滤纸
filtration	过滤
filtration sterilization	过滤除菌
fixed-bed reactor	固定床反应器
flocculating	絮凝化
flow rate	流动速度
fluidized bed reactor, FBR	流化床式反应器
Folin-Ciocalteu assay	福林酚法
formulation	配方
fraction collector	分部收集器
fractional salting-out	分段盐析
fractionation	分馏
fragrance	香精，香料
free enzyme	游离酶
freeze drying	冷冻干燥
freeze-thaw	冻融
French press	弗式压碎器
fructose	果糖

fungus, fungi (复)	真菌
fusant	融合子

G

gel entrapment	凝胶包埋
gel filtration chromatography	凝胶过滤层析
gene engineering	基因工程
gene recombination	基因重组
germ	细菌，微生物
glucoamylase	葡萄糖淀粉酶
gluconolactone	葡萄糖酸
glucose	葡萄糖
glucose isomerase	葡萄糖异构酶
glucose oxidase	葡萄糖氧化酶
glucose sensor	葡萄糖传感器
glutaraldehyde	戊二醛
glycerol	甘油
glycopeptide	糖肽
gradient elution	梯度洗脱
gradient mixing device	梯度混合器
gravity force	重力
grid method	网格法
grinding	研磨
growth circle	生长圈
guanidine group	胍基

H

hairpin ribozyme	发卡状核酶
half-life	半衰期
hammerhead ribozyme	锤头状核酶
hapten	半抗原
heat denaturation	热变性
heat exchanger	热交换器
hepatitis	肝炎
high fructose corn syrup	高果糖浆
high performance liquid chromatography, HPLC	高效液相层析
high pressure infusion system	高压输液系统
high-speed centrifuge	高速离心机
homogenate	匀浆
homogenization	均化作用
homogenizer	均质器
horizontal screw decanter centrifuge	卧式螺旋离心机
hormone	激素
human immunodeficiency virus	人类免疫缺陷病毒
hybridization	杂交
hybridoma	杂交瘤
hydration shell	水化膜
hydraulic pressure	液压
hydrogen bond	氢键
hydrolysis	水解
hydrophilic group	亲水基团
hydrophilicity	亲水性
hydrophobic group	疏水基团
hydrophobic interaction chromatography, HIC	疏水层析
hydrophobicity	疏水性
hydroxyapatite	羟基磷灰石

I

imidazole group	咪唑基
immobilization	固定化
immobilized enzyme	固定化酶
immunoaffinity chromatography	免疫亲和层析
immunogenicity	免疫原性
immunoglobulin	免疫球蛋白
immunology	免疫学
impeller	叶轮
impurity	杂质
in vitro	体外
in vivo	体内
incompatibility	不相溶性
indolyl group	吲哚基
induced enzyme	诱导酶
inducer	诱导物
induction	诱导

ingredient 成分
inner core 内核
inoculation 接种
inoculum 接种物
inoculum development 种子的扩大培养
insulin 胰岛素
intermediate theory 中间产物学说
intermolecular cross-linking 分子间交联
intracellular enzyme 胞内酶
intramolecular cross-linking 分子内交联
intron 内含子
iodine, I 碘
iodoacetamide, IAA 碘乙酰胺
iodoacetic acid, IAA 碘乙酸
ion exchange chromatography 离子交换层析
ionic strength 离子强度
irrational design 非理性设计
isobaric separation 等压分离
isoelectric focusing, IEF 等电聚焦
isoelectric point, pI 等电点
isoglucose 糖类代用品
isolation 分离
isomer 同分异构体
isomerase 异构酶
isomerization 异构化
isopycnic gradient centrifugation 等密度梯度离心
isothermal separation 等温分离

K

kinetics 动力学

L

lac operon 乳糖操纵子
lactase 乳糖酶
lactic acid 乳酸
lactic acid bacillus 乳酸杆菌
lactose 乳糖
lag phase 延滞期
L-amino acid L-氨基酸
L-asparaginase L-天冬酰胺酶
lattice entrapment 网格包埋
lectin affinity chromatography 凝集素亲和层析
Leuconostoc 明串珠菌属
ligand 配基
ligase 连接酶
line filtration 直流过滤
lipase 脂肪酶
lipid body 脂质体
L-methionine L-蛋氨酸
low-speed centrifuge 低速离心机
log phase 对数期
L-phenylalanine L-苯丙氨酸
L-tryptophan L-色氨酸
L-valine L-缬氨酸
lysozyme 溶菌酶

M

macroenvironment 宏观环境
macromolecule 大分子
main chain 主链
mass transfer 物质转运
matrix 载体
medicine 药物
medium 培养基
membrane 膜
membrane reactor, MR 膜反应器
mercaptoethanol, ME 巯基乙醇
metabolite 代谢物
methanol 甲醇
micelle 胶团
Michaelis constant, K_m 米氏常数
Michaelis-Menten equation 米氏方程
microbe 微生物
microbial sensor 微生物传感器
Micrococcus 微球菌属
microencapsulation 微囊法
microenvironment 微观环境
microfiltration 微滤

micromolecule modification	小分子修饰
microorganism	微生物
microsome	微粒体
mid-term synthesis	中期合成型
mimetic enzyme	模拟酶
mineral	矿物质
mitochondria	线粒体
mobile phase	流动相
modification	修饰
modifier	修饰剂
moist heat sterilization	湿热灭菌
mold, mould	霉菌
molecular biology	分子生物学
molecular exclusion chromatography	分子排阻层析
molecular sieve chromatography	分子筛层析
molecular weight, MW	分子量
molecule	分子
Monascus	红曲霉属
Monascus purpureus	紫红曲霉
monoclonal antibody	单克隆抗体
monosaccharide	单糖
monovalent ion	单价离子
mortar	研钵
Mucor	毛霉属
Mucor racemosus	总状毛霉
mutagen	诱变剂
mutant	突变体
mutation	突变
mutation breeding	诱变育种
myeloma	骨髓瘤

N

N,*N*,*N*',*N*'-Tetramethylethylenediamine, TEMED	四甲基乙二胺
N,*N*'-methylenebiaacrylamide, Bis	*N*,*N*'-甲叉双丙烯酰胺
nanofiltration	纳滤
N-bromosuccinimide, NBS	*N*-溴代琥珀酰亚胺
negative regulation	负调控
N-ethylmaleimide, NEM	*N*-乙基马来酰亚胺
nitrous acid	亚硝酸
nomenclature	命名法
non-membrane filtration	非膜过滤
normal phase chromatography	正向层析
No-spore forming bacillus	无芽孢杆菌
nuclei	细胞核
nucleic acid	核酸
nucleotide	核苷酸
nucleozyme	核酶（广义）

O

octyl	辛基
OD（optical density）value	光密度值
oligonucleotide	寡核苷酸
oligosaccharide	低聚糖
operator	操纵基因
operon	操纵子
optical rotation value	旋光值
organic polymer	有机聚合物
organic solvent	有机溶剂
organic acid	有机酸
osmosis	渗透
osmotic pressure	渗透压
overexpression	过表达
overlap extension	重叠延伸
oxidase	氧化酶
oxygen	氧气

P

packed column reactor, PCR	填充床式反应器
partition chromatography	分配层析
pectin	果胶
pectinase	果胶酶
PEGylation	聚乙二醇化
pellet	小球颗粒

penicillin acylase	青霉素酰化酶
Penicillium	青霉属
Penicillium chrysogenum	产黄青霉
Penicillium citrinum	橘青霉
pepsin	胃蛋白酶
pepsinogen	胃蛋白酶原
peptide chain	肽链
peristaltic pump	蠕动泵
permeate	渗透，渗透物
petrol ether	石油醚
phage	噬菌体
pharmaceutical	药物
phenol group	酚基
phenyl	苯基
phenylalanine	苯丙氨酸
phenylglyoxal	苯乙二醛
phenylmethanesulfonyl fluoride, PMSF	苯甲基磺酰氟
phosphorylation	磷酸化
pigment	色素
pilus	纤毛
plasmid	质粒
plasmiraogen activitor	纤维蛋白溶酶原激活剂
plug-flow reactor, PFR	活塞流反应器
polyacrylamide gel electrophoresis, PAGE	聚丙烯酰胺凝胶电泳
polyethyleneglycol, PEG	聚乙二醇
polymer	聚合物
polymerase chain reaction, PCR	聚合酶链式反应
polymerase	聚合酶
polymeric aromatic resin	聚合芳香树脂
polypeptide	多肽
porous polymer	多孔聚合物
precipitant	沉淀剂
precipitation	沉淀
precursor	前体
preparation	制备
pressure membrane separation	加压膜分离
pressure filtration	加压过滤
primary screening	初筛
primer	引物
product polishing	成品加工
proenzyme	酶原
prokaryotic gene	原核基因
promoter	启动基因
protease	蛋白酶
protein	蛋白质
proteolytic inhibitor	蛋白水解抑制剂
protoplast	原生质体
protoplast fusion	原生质体融合
Pseudomonas	假单胞菌属
purification	纯化
purification fold	纯化倍数

R

racemic mixture	外消旋混合物
radiation sterilization	辐射灭菌
rational design	理性设计
reagent	试剂
receptor	受体
recombinant	重组子
recombinant DNA technology	DNA 重组技术
recorder	记录仪
recovery	回收
reducing agent	还原剂
refractometer	折射计，屈光仪
regulation	调节
regulatory gene	调节基因
regulatory protein	调节蛋白
relative activity	相对活力
relative centrifugal force, RCF	相对离心力
relative mobility, m_R	相对迁移率
relative molecular mass, M_r	相对分子质量
rennin	凝乳酶
repressor	阻遏物
repressor protein	阻遏蛋白
resin	树脂

retentate	萃余物，渗余物
reverse micelle extraction	反胶团萃取
reverse micelle, RM	反胶团
reverse osmosis	反渗透
reverse transcriptase	逆转录酶
reversed phase chromatography	反向层析
Rhizopus	根霉属
Rhizopus oryzae	米根霉
ribosome	核糖体
ribozyme	核酶（狭义）
RNA polymerase	RNA 聚合酶
rotating rotor	转子
rotating shaft	旋转轴
rotation speed	转速
ruminant	反刍动物

S

saccharification	糖化（作用）
Saccharomyces cerevisiae	酿酒酵母
salicylic acid	水杨酸
salting in	盐溶
salting out	盐析
saturation	饱和度
screen	筛选
secondary metabolite	次级代谢物
secondary screening	复筛
sedimentation	沉降
self-splicing	自我剪接
semi-permeable membrane	半透膜
separation	分离
serum albumin	血清白蛋白
shear force	剪切力
shear stress	剪应力
side chain group	侧链基团
silica gel	硅胶
site-specific mutagenesis	定点突变
sodium alginate	海藻酸钠
sodium dodecyl sulphate, SDS	十二烷基硫酸钠
solubility	溶解性
sonicator	超声发生器
sorbitol	山梨醇
space arm	连接臂
spacer	手臂
sparger	喷洒器
spatial conformation	空间构象
specific activity	比活力
specific growth rate	比生长速率
splenocyte	脾细胞
splicing ribozyme	剪接型核酶
spore	芽孢
spray drying	喷雾干燥
starch	淀粉
stationary phase	稳定期
stepwise elution	阶段洗脱
steric restriction	空间位阻
sterilization	灭菌
stirred tank reactor, STR	搅拌罐式反应器
strain improvement	菌种改良
streaking method	划线法
Streptococcus	链球菌属
Streptomyces	链霉菌属
structural gene	结构基因
sublimation	升华
substrate	底物
substrate analogue	底物类似物
substrate specificity	底物特异性
subtilisin	枯草杆菌蛋白酶
subunit	亚基
sucrase	蔗糖酶
sucrose	蔗糖
suction filtration	抽滤
sulfhydryl group	巯基
supercritical fluid extraction, SFE	超临界流体萃取
supernatant	上清液
superoxide dismutase，SOD	超氧化物歧化酶
surfactant	表面活性剂
survival rate	存活率
suspension culture	悬浮培养

synchronous synthesis	同步合成型
synthesis	合成
syrups	糖浆

T

template	模板
tetrahymena	四膜虫
tetranitromethane, TNM	四硝基甲烷
thin-layer chromatography	薄层层析
tie line	系线
tissue culture	组织培养
total filtration system	全量过滤
transcription	转录
transductant	转导子
transduction	转导
transfection	转染
transformant	转化子
transformation	转化
transition-state	过渡态
translation	翻译
transparent circle	透明圈
Trichoderma	木霉属
Trichoderma viride	绿色木霉
Triton	曲拉通
trp operon	色氨酸操纵子
trypsin	胰蛋白酶
tryptophan	色氨酸
Tween	吐温
tyrosine	酪氨酸

U

ultracentrifuge	超速离心机
ultrafiltration	超滤
ultrasonic wave	超声波
ultrasonication	超声破碎法
ultrasound generator	超声波发生器
ultraviolet absorbance	紫外吸收法
ultraviolet, UV	紫外线
urease	脲酶
urine glucose test strip	尿糖试纸

V

vaccine	疫苗
vacuum drying	真空干燥
vacuum filtration	真空过滤
Van der Waals force	范德瓦尔斯力
vapour	蒸气
variant	突变体
vector	载体
velocity	速度，速率
virus	病毒

W

wheat germ agglutinin, WGA	麦胚凝集素
whey	乳清

X

xanthophyll	叶黄素

Y

yeast	酵母菌
yeast sucrase	酵母蔗糖酶
yield	产量

Z

zymogen	酶原

其他

1-ethyl-3-(3-dimethylaminopropyl) carbodiimide, EDC	水溶性碳化二亚胺
1,2-cyclohexanedione	1,2-环已二酮
2-hydroxy-5-nitrobenzyl bromide, HNBB	2-羟基-5-硝基卞溴
2,3-butanedione	2,3-丁二酮
2,4-dinitrofluorobenzene, DNFB	2,4-二硝基氟苯
3,5-dinitrosalicylic acid, DNS	3,5-二硝基水杨酸
β-galactosidase	β-半乳糖苷酶